全球化时代的研究型大学

——美英日德四国的政策与实践

马万华 等 著

教育科学出版社
·北京·

本书是北京大学国际高等教育研究中心、教育部国际高等教育培育基地和北京大学教育学院“教育经济与财政研究平台项目”的重要研究成果之一

序

《全球化时代的研究型大学——美英日德四国的政策与实践》是北京大学国际高等教育研究中心研究成果的集成。中心成立于2009年，依托北京大学教育学院的学术力量和北大国际合作部的实践经验，力图对世界高等教育国际化的发展趋势展开研究，并为我国高校的世界一流大学建设提供有益的参照。如今，历时数年艰苦的工作，北京大学国际高等教育中心终于拿出了这样一本有分量的著作，我深感欣慰。在书中，几位作者试图从政策和实践的两个视角对四个发达国家政策演进和世界著名研究型大学科学研究的形式与内容加以解读，从而揭示国家在高等教育国际化中的策略与措施，大学主动地适应时代变迁并在全球化的世界里扮演知识传承、创新和引领社会的重要角色。我在阅读后，为他们宽广的视野和对典型案例的深入剖析深深打动。对中国高等教育研究者和大学建设者而言，我认为本书有以下两层重要意义。

首先，书中将全球化与国际化作为世界高等教育最重要的趋势和特征之一加以深入分析，应该说抓住了当前大学建设的关键和精髓。值得注意的是，全球化和国际化是两个既相联系又有本质区别的概念。本书对全球化和国际化进行了概念的区分，并由此展开对美英日德四国在国家和大学两个层面所采取的政策和不同的实践特色进行探讨。虽然美英日德四国的高等教育发展的历程不同，其采取的策略、路径也各有特色，但都建成了有重要影响力的研究型大学。这些大学又分别对所在国家的经济社会发展作出了重要贡献。

因此，如何保持优势适应时代变迁的挑战，如何推进国际化以使高等教育能适应社会需求和全球战略，如何协调研究型大学建设与国际化目标的追求之间的关系是研究型大学普遍关注的问题。

阅读本书，读者们可以发现：研究型大学在其国家的知识创新过程中发挥了重要作用，没有一批这样的大学也就没有上述国家经济社会的快速发展，应该说研究型大学引领了近代以来大学的发展，塑造了今天大学的基本形态。同样，政府层面的政策引导和支持在大学的发展中也发挥了重要的作用。

此外，这本书还有更深一层的意义，即如何从我们自身大学建设的实际出发，主动融入这一波高等教育国际化潮流之中，以国际合作提升我们的办学水平和国际影响。当今世界，经济全球化使国际政治和经济格局都发生了深刻的变化，中国与世界各国的联系也日趋紧密。高等教育作为国家发展战略的重要组成部分，其国际化的发展趋势日益加强。这给中国高等教育的发展带来新的机遇和挑战。如何理解国际高等教育的发展趋势，因势利导，为我所用，不仅需要我们具有广阔的国际视野，而且更需要我们对国际高等教育发展的新问题和新趋势进行广泛深入的研究和分析。本书特别辟出“全球化与国际化对建设‘世界一流’大学的启示”一章，应该说突出了可贵的问题意识。中国的大学理应学习和借鉴一切文明成果、先进经验。同时，也不能照搬任何国家大学的现有模式，必须有所创造，有所创新，才能有所成就。

以上是我对这本书的一些粗浅理解，远不能涵盖书中的诸多优点，相信广大读者在阅读中会有更多的共鸣。我也希望本书能够对相关的政策制定、学者研究，以及对高等教育改革和发展感兴趣的各方面人士，尤其是对关心高等教育如何推进国际化的读者提供一个比较教育学的视角，从而进一步思考中国的一流大学建设，为中国尽早建成世界一流大学提供借鉴。

李岩松

2012年9月20日

目　　录

第一章　全球化、国际化与全球性研究型大学

第一节　全球化的内涵与高等教育

对于全球化（globalization），研究者们通常把它归类到经济学领域（乌尔里希·贝克，Ulrich Beck）①。在描述这一概念或解释其内涵时，通常用经济全球化（economic globalization）表述。目前，经济全球化内容主要涉及国际贸易、国外直接投资、资本的跨国流动和全球市场等。比如，来自世贸组织（World Trade Organization，WTO）的拉米（Lamy）解释道："全球化可以从不断加速扩张的市场资本主义发展的历史阶段来定义，就像19世纪经历的工业革命一样，因为近来的技术革命导致了经济和社会力量的重新组合，这一组合使社会在新的领土维度发生了根本性的变革。"② 在这一解释中有两个基本概念应该引起注意，即"技术革命"和"领土维度"的变化。这里，技术革命指的是互联网技术的发展，与知识创新有关。而领土维度的变化，并不是指一个国家地理位置、国土疆界的变化，而是指技术革命带来的信息交流速度加快和空间缩小。因此，目前的经济全球化在很大程度上是通过技术革命实现的。

对于什么是经济全球化似乎已经形成了共识，但是，不同的国际组织给出的定义是有差别的。比如，经合组织（Organization of Economic Cooperation and Development，OECD）在定义全球化时强调国家间的相互依赖性，

---

① 乌尔里希·贝克. 什么是全球化？全球主义的曲解应对全球化［M］. 常和芳，译. 上海：华东师范大学出版社，2008.

② Lamy，P. Humanising globalization［EB/OL］.［2006－01－30］. Santiago de Chile，Chile. http：//www. wto. org/english/news_ e/sppl_ e/sppl16_ e. htm.

提出全球化是“不断增长的货物、服务、金融系统、企业与工业、技术和竞争的国际市场和经济领域变革。全球化要求贸易壁垒减少、高度整合的金融市场、世界范围内的直接投资，结果是，在一个国家中跨国企业成为国家经济的重要组成部分，产品生产呈现国际化趋势，技术改革周期缩短，国际竞争加剧。国与国之间在贸易、金融投资、技术转让和资本转移等方面呈现出实质性的国家间的相互依赖性。”① 而世界银行（World Bank）对全球化与国际贸易解读中特别强调由国际贸易与金融带来的人员与思想的全球整合。比如，在该组织的官方网站上就这样写道：“全球化是由贸易、金融、人员和思想在全球市场中不断整合，导致国家间的相互依赖不断增长。其中的两个基本要素就是国际贸易和跨国投资。”②

全球化是目前社会生活的一个现实，它绝不仅仅局限于经济领域，其影响也不总是积极的。比如，联合国减除贫困与发展委员会（United Nations Poverty and Development Division，UNPDD）就提出全球化是“一个不断增加的、跨越国家之间界限的行动，它影响到生活的方方面面：包括经济、社会、文化和政治等方面。但是，目前，全球化却被简单地用来表述全球国家间相互依赖的经济增长……相伴随的是不断增长的和不同形式的货物与服务的跨境交易、国际资本流通、国际移民和技术传播。但是上述方面的全球化并不意味着社会的、文化的和其他形式的全球化就不重要，人们之所以很少关注这些方面因为它们对经济安全和发展不合时宜”③。

从联合国减除贫困与发展委员会的表述中可以看出一些国际组织在定义全球化时的策略选择。该委员会提出的“不合时宜”应该是指经济全球化给世界各国所带来的冲击，尤其对发展中国家的冲击。目前国际上出现的区域冲突和领土争端都与全球化过程中的势力范围和资源争夺紧密联系在一起，使目前的全球化出现了“你中有我，我中有你”的现象。这种现象无疑对传统国家主权、经济结构、发展模式、社会文化传统等诸多方面都提出了挑战。因为国家与国家之间在文化传统、政治理念和道德价值观上存在巨大的差异。

---

① OECD，OECD Handbook on Economic Globalisation Indicators［M］. OECD Publishing，2005：16.

② Subbotina，T & Sherum，K. Beyond Economic Growth：Meeting the Challenges of Global Development［M］. Washington，D. C：The World Bank，2000.

③ United Nations Poverty and Development Division，Economic and Social Survey of Asia and the Pacific［M］. New York：The United Nation，1999.

即便从经济的角度讲，全球化动态发展过程中的不平衡和不平等问题也日趋严重。经济全球化是在发达国家和发展中国家经济实力相差悬殊的境况下进行的，经济实力强的国家很容易从全球化过程中获益。相关数据显示，在1965年，七个主要发达国家人均收入是世界最贫困国家的20倍，1995年扩大到39倍①。目前，可能会更高。

除此之外，发展中国家内部也出现了社会阶层分化和发展不平衡等问题。比如，在我国经济改革过程中，存在着区域发展不平衡和城乡收入差距等问题。这些不平等现象的出现对发展中国家的社会稳定和可持续发展带来了巨大的压力。因此，国际上一些有良知的学者对目前的全球化现象进行分析，发现全球化不仅是经济的，也是政治的、文化的和教育的。表现在政治方面，维哥纳（Wagner，P.）认为，通过国际贸易组织（WTO）建立的国际犯罪法庭（International Court of Criminal Justice）就是发达国家试图建立全球立法系统的一个尝试，该组织在世界范围内提倡"民主和人权"价值观就是其国际政治表现②。在文化领域中，美国化（Americanization）成为唯一的一种发展目标，无论表现在商业文化、营销手段，还是青少年的饮食习惯中，麦当劳和星巴克在中国的发展就是一个典型的案例。其中有着深刻的内涵。

对于全球化概念的不同解释反映出不同国际组织的立场和价值观。作为全球化的发起者，世界银行、世贸组织和经合组织等国际组织显然是在通过全球化中的经济因素来推动其发展过程。而研究者们更应该看到这一过程的其他因素。笔者认为，全球化是以经济为核心，又与政治、文化、教育、科技、军事、安全、意识形态、生活方式、价值观念等多层次和多领域的内容相互联系、影响和制约的多元概念。

在一个多层次的视角中，全球化过程中涉及的人员流动和思想传播显然与高等教育相关。跨国企业的全球生产行为不仅涉及当地环境保护、有限资源的利用，还涉及技术更新、知识创造和人才培养等众多方面。最近20年，中国、美国、英国、日本和德国进行的种种高等教育变革都有全球化的影子。从各国高等教育改革目标上看，全球化对国际高等教育在发展目标、战略选择、办学形式、管理模式、教学内容和教学方法等方面的冲击不亚于经

---

① 薛荣久，经济全球化的影响与挑战［EB/OL］.［2003－11－16］. http：//www.lwlm.com/guojijingji/200412/8947.htm.

② Wagner，P. Higher Education in an Era of Globalization：What is at Stake?［G］// Odin J. & Maincas，P.（ed.）Globalization and Higher Education. Honolulu：University of Hawaii Press，2005：7－23.

济领域。因为全球化使高等教育的功能和特征都发生了变化，全球化是世界各国高等教育变革的推动力。

从这一角度出发，全球化并不是一个完全的经济学概念，更不是一个新概念，源于中国的“丝绸之路”就是早期贸易全球化的一种表现形式。实际上，在欧洲从15世纪末和16世纪初哥伦布的全球航海活动开始，欧洲人就开始了对世界其他地方施加影响，使欧洲将自己的文化传播到世界各地，为后来的殖民主义发展奠定了基础。但是当时的国际贸易、文化传播和西方国家对世界的经济掠夺所波及的范围、内容和对世界政治格局造成的影响都无法与目前全球化的深度和广度相比。目前的“地球村”（global village）概念使人们的生产形式、贸易行为、文化活动以及教育领域中的知识生产和人才培养模式等众多方面发生了根本性的变化。这些变化表现在世界各国的政治、经济、法律、技术、教育、文化交流和环境等众多层面，使各国在对高等教育的发展和建设上，都面临着大学治理模式、办学理念、功能和结构及学生教育等问题。在钟秉林看来，全球化极大地冲击着人们的思维、生活和学习方式①。换句话说，全球化正在改变人们的生活方式，也毫无疑问地改变着高等教育的发展模式。

目前的全球化始于20世纪后期。20世纪80年代末，“冷战”的结束为全球化进程创造了加速发展的契机。在政治上，苏联的解体使世界政治格局发生了根本性的变化。虽然出现了强权政治，而反霸权主义使目前的国际关系呈现出多级化趋势。除了局部冲突外，相对的世界和平促进了国际贸易的繁荣。同时技术革命改变了人类的生活和生产方式，使世界各国的经济增长不再局限于传统的工业化大生产，而是依赖于知识和人才。所谓“知识经济”就是利用知识和信息的生产、传播和使用等手段来促进经济增长。这就意味着知识经济主要是以智力资源为依托的。在1990年，联合国首先提出知识经济（knowledge economy）概念。这一概念的提出与目前的经济全球化概念的提出是同步的。毫无疑问，知识经济依托于高等教育，因为高等教育是人才和知识生产的集中地。正如阿特巴赫（Altach，P.）所说：“由于知识经济对21世纪世界发展的核心作用，无论是在国内，还是在国际上，高等教育都表现出了前所未有的重要性，这是由其在培养适应性的经济人才

① 钟秉林. 适应全球化变革需要　重塑高等教育质量观［N］. 中国教育报，2008-01-10.

和创造新知识方面的作用所决定的。”①

知识经济赋予了高等教育新的含义。对于全球化与高等教育两者之间的关系，道德斯（Dodds，A.）认为是全球化影响高等教育，而不是高等教育影响全球化②。道德斯的观点虽然有点武断，但从中可以看出高等教育并没有逃离全球化。直到现在，国内仍然有一些学者认为高等教育与全球化关系不大，高等教育主要关注的是国际化，这一看法是有局限的。在整个世界都处于一个全球化的大进程中，各国都把培养能为己所用的人才看得如此重要，而高等教育转型也是为适应全球化而动的时候，它怎么能与全球化无关？

经济全球化进程中所进行的区域政治重组是建立在区域或跨区域市场整合和国际间人才或劳动力再分配的基础上的。在这样的背景下，高等教育在人才培养目标和科学研究的取向上不可避免地要遭遇全球化的调整。尤其是目前的金融危机使高等教育经费短缺的情况下，一些发达国家借机将多年积累起来的教育资源推向世界，把输出高等教育作为拉动经济增长、促进经济复苏的重要手段。在澳大利亚输出高等教育已经是该国 GDP 增长的三大支撑产业之一。在美国目前 10 个服务贸易顺差的行业中，教育排在第四位，仅次于旅游服务业，排在第一位的是版税和知识传播，排在第二位的是金融服务③。

这使得全球化过程中曾经处于非核心地位的高等教育在仅仅 20 多年的时间中，成了世界各国国家战略的重要组成部分。实际上，在 1994 年，在一些发达国家的倡导下，在第 8 轮关税与贸易总协定（GATT）的谈判中，就把教育作为服务贸易包括其中④。教育的“进出口”活动在“打破贸易壁垒、促进贸易自由化”的旗帜下，以“跨国教育”、“网络教育”、“境外办学”和“合作办学”等多种形式发展起来。值得特别提出的是目前高等教育所经历的全球化就是从教育被列入关贸总协定开始，而且来势凶猛。它代

① 阿特巴赫，P. 全球化与大学：不平等世界的神话与现实［J］. 北京大学教育评论，2006，4（1）：92－108.

② Dodds，A. How Does Globalization Interact with Higher Education? The Continuing Lack of Consensus［J］. Comparative Education，2008，44（4）：505.

③ Douglass，J. et al，US Higher Education as an Export：it is about the Money，but also Much More［J］.［2011－04－30］. http：//cshe. berkeley. edu/research/rugg/Brief_US_HE_Exports. 4. 30. 2011. pdf.

④ Barrow，C. et al. Globalization，Trade Liberation，and Higher Education in North America：The Emergence of a New Market under NAFTA?［M］. Dordrecht，The Netherlands Kluwer Academic Publisher. 2003：1.

表的是发达国家对发展中国家提出的教育贸易诉求。为了应对这一贸易诉求，许多发展中国家，也包括发达国家的政府和高等教育机构都开始改变他们的高等教育政策和国际化策略。比如，中国采取的中外合作办学政策不仅为本国的大学提供了与外国大学合作的机会，也有效避免了外国教育机构直接进入中国教育市场带来的文化冲击。

因此，阿特巴赫①认为全球化意味着更广泛的社会、经济和技术力量，正是这些力量形成了21世纪的社会。在21世纪的社会中，一些发达国家，也包括一些发展中国家面临的问题是人口老龄化、年轻人数量减少、低生育率等问题。解决这些问题的策略之一就是输入发展中国家或是欠发达国家受过良好教育的年轻人，以永久居留权和国籍为承诺补充本国劳动力人口不足问题，这应该也是教育全球化的另一重要内容之一。

教育竞争是全球化过程中不可忽视的主题。为了提高竞争力，目前出现了高等教育区域化现象。其中最吸引人们注意力的就是1999年开始的博洛尼亚进程（The Bologna Process）为欧盟在高等教育领域的发展创造了空间。欧洲各国高等教育的合作实际上是欧洲中小国家联合起来参与全球教育竞争的策略选择：中小国家只有形成合力，才能参与到更大的国际竞争或合作中。但是，即使在欧盟内部，教育强国和弱国之间也存在不平衡现象。在国际学生流动中，更多东欧国家的学生流向西欧，极大地缓解了西欧各国的智力压力，但是东欧也出现了人才流失的现象。

第二节　全球化与伟大的智力竞争

最近由普林斯顿大学出版社出版的《伟大的智力竞争：全球性大学是如何重塑世界》一书为我们提供一个清晰的高等教育全球化视角。该书的作者，韦达夫斯基（Wildavsky，B.），通过分析目前出现的许多新现象指出了高等教育参与全球化的若干重大变革②。这些重大变革包括：世界范围内的人才竞争（worldwide race for talent）、跨越国界的分校建设（branching out）、对世界一流的追求（Wanted：World-class universitis）、全球大学排名（college rankings global）、盈利性机构的全球扩张（for-profit on the move）和

① 阿特巴赫，P. 全球化与高等教育变革的推动力［J］. 国际高等教育，2008（1）：1.

② Wildavsky，B. The Great Brain Race：How Global Universities are Reshaping the World［M］. New Jersey：Princeton University Press，2010.

智力的自由贸易（the free trade in minds）等内容。通过对这些问题的讨论，作者认为高等教育如同其他行业一样已经在很大程度上全球化了。比如，学生和学者的国际流动在中世纪大学刚出现时就开始了，但当时的学生和学者流动与目前的国际学生流动在数量、目的、目标、流动的范围和动机上都发生了变化。移民、追求高收入、提高社会地位和声望与传统的寻求学术与思想的自由形成鲜明的对比。而且当时的所谓全球流动也只局限于英国、意大利、法国和德国等欧洲国家。甚至到了20世纪初期，国际学生流动的目的地仍然是欧洲。这一点对当时的美国也不例外，成批的美国学生以留学德国为荣。欧洲学术中心地位在第一次世界大战以后才开始发生变化。随着美国研究型大学实力的增强，留学美国逐渐变成了潮流。赢得这一竞争，既有政治、经济和军事方面的原因，也有教育因素。就拿美国来说，在20世纪30年代，通过相关移民政策，接收大批欧洲的受迫害学者，或通过建立交换项目——一种“软实力外交”的做法——吸引更多的人才提高美国大学的学术水平。在1946年美国颁布的“富布莱特文化交流法案”（Fulbright Cultural-Exchange Act）就把学生和学者的交流作为“软外交”（soft diplomacy）的重要组成部分。在过去的20年，尽管欧盟通过博洛尼亚进程（Bologna Process）、伊拉斯蒙德斯计划（Erasmus Mundus）和亚洲连接计划（Asia Links）等策略同美国展开了激烈的争夺，美国仍然是接收留学生和学者数量最多的国家。

根据美国的国际教育协会（Institute of International Education，IIE）官方网站的最新统计，2010年，全球约有370万的学生和学者在国外学习或进修。这样大规模的学生和学者流动在高等教育史中是前所未有的。但是，目前的国际学生和学者的流向与以前相比没有什么太大的变化，仍然是美欧发达国家。其中，在美国的国际学生就有723 277人，占国际学生和学者总数的20%；英国为12%，法国为8%，德国为7%，加拿大为5%。上述五个国家获得的留学生份额就占了总数的52%。再加上欧洲其他国家、新西兰、澳大利亚和日本等国，发达国家所占的总份额达75%左右。近年来，随着中国经济的平稳发展和政策选择，招收国际学生的数量有所增加，从1995年的1.4%上升到2009年的7%。除了学生和学者的流动，管理人员流动也被看作是全球化进程的一个标志。最为有力的证据是传统的精英型大学，如英国的牛津和剑桥两所高校都在全球范围内招募他们的校长和管理者，以此进行领导力创新。

全球化中垄断的形成，不仅使国家间长期处于竞争状态，跨国企业也长期处于挑战性的竞争之中。因此，人们经常会看到企业的跨国兼并，区域性裁员和竞争困难等现象。这些现象如果频繁发生，就会导致不平等和不稳定问题。在高等教育中，虽然表现形式不同，但也出现了同样的竞争问题。虽然在高等教育中很少出现跨国兼并现象，但是，人员国际流动的直接后果是发展中国家的智力流失（brain drain）。从改革开放以来，中国约有 140 万人出国留学，回归人数却只有 39 万，滞留在海外的留学生已经超过百万，无论数量还是比例都是世界罕见①。

为了缓解发展中国家的人才流失问题，以经合组织为代表的一些国际组织提出了智力循环（brain circulation）和智力交流（brain exchange）的概念，以此推动学者的全球流动。但仔细地审视一下，就不难发现，在大多数情况下，所谓的“智力交流”或“智力循环”只是适用于发达国家，即发达国家通过“智力循环”淘汰那些知识结构老化者，不断更新其智力结构而已，对发展中国家来讲，真正意义上的智力循环远没有实现。

也是为了改变人才流失现象，一些发展中国家不得不采取一些特殊政策和措施吸引学者回归。比如，在印度，过去的几十年中成立了很多学术计划和项目，目的都是为了引进那些已经在海外定居并且很有成就的学者回国。其中，印度选择的一个明智做法就是使这些学者的工资待遇与他们在海外的收入相匹配。这一做法起到了一定的作用，越来越多的海外印度人回国创业，他们不仅带回了数额可观的资金，而且还将先进的技术、管理经验和方法带回了印度，使印度的企业能及时了解和把握国际经济发展的潮流和趋势，从而与国际接轨。

但是，学者回归不仅包括工资待遇问题，还包括学术环境和文化的重新适应。在印度的大学和实验室中，学术环境和条件存在各种各样的问题。因此，有一些回归的学者发现他们的工作环境和学术文化适应都遇到了很大的挑战，也有人因为无法适应，最终又回到了曾经工作过的发达国家。从这一点看，高等教育要素的国际流动与经济全球化之中要素的流动一样，都具有明显的不平等性。

近几年，我国政府和大学也采取了许多策略引导在海外定居的学者和科学家回国。目前最引人瞩目的就是“111 计划”。该计划是以国家重点学科为基础，从世界排名前 100 位的大学及科研机构的优势学科中，引进 1 000

① 邱琪. 大量精英滞留海外，中国人才流失严重［EB/OL］.［2009 - 07 - 21］. http://news. youth. cn/gn/201112/t20111229-1884785. htm.

名具有国际领先水平的学术带头人及一批具有创新能力的优秀学术骨干，配备一批国内优秀的科研骨干，形成一批高水平的研究队伍，建立100个左右的研发基地。“111计划”在国内外引起了极大的反响。一方面，它表达了我国政府、科技界和学术界在人才需求方面的急切性和紧迫感：引进一批在国际上具有影响力的科学家回国以提升国家竞争力。另一方面，我国的许多大学也把握这一机会建立研究中心和实验室，提高科研水平。到目前为止，该计划已经甄选了662位科学家，其中310位已经在为建设世界一流的大学工作①。虽然，建立在13亿人口之上的“111计划”看上去显得微不足道，但这一举措在一定程度上缓解了国家发展中创造力不足的问题。

另外，应该注意的是全球化在高等教育领域中指向的内容和范围与经济领域不同，它既包括先进的信息技术、教育的市场化和商品化、学生和学者的区域与跨区域流动、高等教育经费的新模式，也包括全球范围内对科学或学术的新共识和英语作为科学研究国际语言的统治地位等。

受全球化市场和金融危机的影响，高等教育出现了“商品化”趋势。赢利性教育机构已经在世界范围内建立起来。在教育产业链中，不仅包括四年制的教育机构，也包括教育评估机构、辅导考试公司、认证组织以及留学咨询公司。赢利性高等教育机构的发展是以需求为导向的。尽管如此，人们需要思考如何将“高等教育”与一般商品区别开来。高等教育具有鲜明的政治取向和文化价值观。因此，在全球化过程中，“智力自由贸易”概念应该引起注意，它是全球化中高等教育的一个新命题。

第三节　高等教育全球化与国际化

在目前的研究中，还很少看到“高等教育全球化”的提法，原因是学者们对此非常慎重。作为一个新事物，目前的全球化仅有20多年的历史。因此，全球化对高等教育的影响存在许多不确定因素。同时，由于受到全球化的冲击，对于什么是高等教育国际化也变得越来越模糊了，一些研究者甚至有意或无意地把全球化的办学行为都等同于国际化了。

出现这种情况的一个重要原因是经济全球化来势凶猛，尤其是发展中国家受到了更大的冲击。在社会转型过程中，这些国家还没有完成农业经济向

① 马万华，阿特巴赫．海外学者回归：路径与策略问题［J］．北京大学教育评论，2011（专刊：1）．

工业经济的转型，就迎来了后工业时代。这种混合经济并存的现象是独特的，也难以驾驭的。在高等教育中也出现了同样的问题。比如，我国的高等教育毛入学率1998年不过10%左右，2008年超过了23%，仅用10年时间就实现了高等教育的大众化，而美国则用了30年。发展的速度太快，高等教育大众化过程中的问题还没搞清楚，就遭遇到了向全球开放教育市场的问题。同时，高等教育国际化也发生了巨大的变化。传统上的高等教育国际化主要指学者和学生的区域与国际流动，目前的高等教育国际化与传统的高等教育国际化相比要复杂得多。比如，奈特（Knight，J.）发现，40年前人们谈论高等教育国际化常用的概念是：国际教育、国际化发展与合作，比较教育与函授教育，而15年前常用全球化、无边界教育、跨境教育、跨国教育、虚拟教育、海外教育国际化、本土教育国际化等概念①。从奈特的比较中不难发现高等教育国际化的内容和内涵仅在过去的几十年里已经发生了很大的变化。

近年来，国际高等教育领域又出现一些新的概念：全球教育、国际学生流动、连锁学位项目、大学的国际拓展项目、海外合作办学和国际合作研究等。上述这些概念在不同的国家和在不同的语境下具有不同含义。如果一定要进行分类的话，无边界教育、跨国教育、海外合作办学、大学国际拓展项目和连锁学位项目等应该是发达国家有目的地向外输出教育，属于全球化范畴；而国际学生和学术流动、大学课程国际化、区域研究项目和国际合作研究等应该属于国际化范畴。这些是高等教育机构为了实现国际化而采取的策略和措施。

著名经济学家，罗宾逊（Robinson，D.）在其著作《企业国家化导论》中提出经济学中的国际化是企业有意识地追逐国际市场的行为，即包括产品的国际流动和生产要素的国际流动。在高等教育中，国际化就不仅仅是产品和生产要素的国际流动。因为人员和思想的流动要比物品的国际流动复杂得多，涉及文化和价值观等众多问题。在全球竞争中，奈特提出发达国家中有实力的大学，在海外建分校，形成大学的托拉斯等②。这样，高等教育国际化掺杂着全球化的成分也就不足为奇了。

目前，在高等教育国际化过程中，也出现了不同的利益群体（Stake-

---

① Knight，J. Higher Education in Turmoil：The Changing World of Internationalization ［M］. Rotterdam：Sense Publishers，2008.

② Knight，J. Borderless Offshore，Transnational and Cross-border Education：Definition and Data Dilemmas ［M］. London：Obervatary on Higher Education，2005.

holders)。这些不同利益群体的出现，与传统的高等教育国际化中以学生和学者个人的游学为主形成了鲜明的对比。现在，高等教育国际化的利益群体包括政府、大学、相关的盈利（非盈利）性中介与培训机构和参与国际流动的学生和家长等。对于不同的利益群体国际化的含义与目的存在巨大的差异。尤其是政府的出现改变了高等教育国际化的初衷。从战略的角度，政策制定者出于国家发展的整体考量，将国际化维度引入高等教育的目标和功能，并通过相关政策推动高等教育国际化是目前许多国家的做法①。作为高等教育提供者，大学既是国家高等教育国际化政策的执行者，也是国际化的受益者，通过其内部课程、教学、科研、学生和科研人员的国际化提高自身国际学术影响力。对于学者和学生而言，参与国际化过程的目的和目标更是各异，提高学术能力、扩大国际视野、改变生活环境、实现社会向上流动或者移民都可能是他们参与国际化的目标和目的。

20 世纪后半叶，一些国家通过国际合作和交流强化高等教育国际化，从而提高本国高等教育的国际竞争力。从这一含义上看，高等教育国际化是国家发展战略的重要组成部分，这时的高等教育国际化表现出强烈的国家工具理性特征。这一点充分地表现在美国和日本的高等教育国际化发展战略中。“二战”后，美国联邦政府把大学的国际化看成是实现国家外交的重要手段，因此，把大量外国援助经费投到了高等教育。美国研究型大学今天所具有的全球竞争力实际上是美国联邦政府的高等教育国际化政策推动的结果。

高等教育国际化的国家工具理性特征是通过大学的国际化实践体现出来的。大学通过开展教育交流项目、实施跨文化课程、引进留学生与外国学者、在课程中采用多语言教学等拓展国际空间。通过这些实践活动，培养具有国际意识、国际交往能力、国际竞争能力的人才，使之能立足于本土，放眼于世界，积极主动地参与国际竞争②。因此，一些研究者认为，高等教育国际化是指一种国家高等教育面向国际发展的、动态的、渐进的过程，是把国际的、跨文化的、全球的观念融入到高等教育的教学、研究和服务等各项功能的过程。

对于高等教育为什么要国际化，学者们也进行了大量的因素分析，其中

① Zolfagharl. A. et al., Internationalization of Higher Education: Challenges, Strategies, Policies and Programs [J]. US-China Education Review, 2009 (5): 1-9.

② 什么是教育国际化？定义是什么？[EB/OL].[2008-01-15]. http://zhidao.baidu.com/question/43374649.html.

程荣凯的总结很有说服力。他认为多种因素在推动目前的国际化进程（见表1－1）。

表1－1　程荣凯的高等教育国际化因素分析

背景因素	说　明
经济因素	• 国家、企业对全球劳动力的需求 • 培养学生全球竞争能力 • 增加薪酬及附加收入资源的管道
政治因素	• 国家安全、世界和平 • 国家文化保存及认同 • 多元文化、人员流动
社会文化因素	• 国际认同、国家主义、区域传统 • 多元文化主义 • 全球化认同
学术因素	• 教育资源增加 • 教育竞争力 • 教育品质
个人因素	• 生涯发展 • 学术成就 • 全球化能力

资料来源：程荣凯．科技大学国际化发展指标体系建构之研究［D］．台北：台湾师范大学博士论文．2009：23.

从程荣凯的分析中可以看到，国际化同全球化一样，具有政治和经济因素。但是，与全球化不同的是，国际化的因素设计是为了应对全球化的。对于高等教育全球化和国际化的关系，学者们从各自不同的角度给出不同的解释。比如，阿特巴赫认为全球化作为当今世界不可逆转的趋势，推动了高等教育国际化的进程，国际化指的是政府、高等教育机构和个人为了回应全球化而采取的一系列政策和措施①。而司各特（Scott，P.）认为，国际化和全球化是两个相互对立的概念，国际化反映的是在主权国家主导的世界秩序中进行交流，强调国家间的战略关系；而全球化代表的是一个非常不同的现

① Altach，P. & Knight，J. The Internationalization of Higher Education：Motivations and Realities［J］. Journal of Studies in International Education，2009（11）.

象，不仅仅涉及主权国家间的全球市场竞争和封锁，也反映了国家间的高强度合作，但是这一合作是随着国家利益的变化而变的，具有不稳定性①。

在这里，两位学者的观点各有侧重，都表述了全球化与国际化之间的相互联系，而又承认是两个不同的过程。笔者认为高等教育全球化与国际化之间的差别主要表现在下列几个方面。

1. 全球化强调一体化和标准化，比如在高等教育中，要求统一学制，统一学位年限和统一质量。而国际化是国与国（Inter-national）之间的行为，国家之间的交流，目的是了解彼此的不同，因此具有多元理性特征。

2. 全球化弱化国家教育主权，尤其是当国际组织以不同的手段影响一个国家教育规划制定之后，这一情况会更为明显。而国际化是国家主导的，承认国家主权和国际参与。

3. 全球化中，教育要素的流向往往不具有相互性。尤其是教育资源过剩的国家利用自身发达的高等教育以获得其他国家资源为目的时，教育资源流动呈现出单向性；而国际化是以寻求知识、增进了解、加强合作等为目的，表现出教育要素流动的相互性。

4. 全球化中，竞争赋予了高等教育更多负面的含义，如教育输出、文化渗透和教育殖民等；而国际化强调平等合作，相互了解，人员交流和合作研究等，赋予了高等教育更多积极的内涵。

5. 全球化的竞争性会加速世界高等教育的分化，弱小的大学或高等教育系统的发展空间会不断地受到挤压。高等教育国际化促进文化多元，培养学生建立文化间的理解、尊重和包容性。这样的国际化超越了全球化中的经济竞争和政治霸权，体现了国家间的独立和人类的和谐。

第四节　国际化与全球性研究型大学

在 1994 年，就有人提出"全球大学"（global university）的概念，当时并没有引起多少人的注意。2003 年，在耶鲁大学成立四百周年的庆典上，莱文（Levin，R.）校长用"全球大学"的概念来描述耶鲁大学四百年来取得的成就。在 2004 年，纽曼（Newman，F.）等人的研究中用"全球机构"（global institutions）来表明有竞争力的研究型大学已经参与到经济全球化过

① Scott，P. Massification，Internationalization and Globalization［G］// Scott，P.（ed.）The Globalization of Higher Education. Buckingham：Open University Press，1998：108－129.

程中。2005年9月10日美国出版的《经济学家》（Economist）杂志中刊登了一篇题为“智力事业：高等教育的调查”的文章。这篇文章中提到“高等教育最重要的发展是出现了全球大学的超级联盟，这种联盟的革命性意义不仅仅体现在它们把整个世界作为其舞台”。时至今日，“全球研究型大学”（global research universities）已经被看作是“全球化的动力”①。在2010年，耶鲁校长莱文又一次强调，“我们的目标是成为一个真正的全球大学——不仅为美国培养领导人，探索知识前沿，而且为整个世界培养领导人才”。莱文的雄心壮志也能从哈佛大学校长福斯特（Faust，D.）的演讲中窥见一斑，她说“我们是一所美国的大学，但是我们负有全球的沟通网络和全球责任”②。

研究型大学走向世界是以知识经济为推动力的。在定义知识经济时，托夫勒（Toffler，A.）非常简洁地说道：“我们一生中最重要的经济发展是一种创造财富的新制度的崛起，这种新制度不再是基于体力，而是基于人们的大脑。”③

全球性研究型大学的形成与全球化有着密切的关系。20世纪90年代，在柏林墙倒塌和苏联解体之后，世界经历了一场巨大的政治、经济和社会变革。当世界各地的政治家们饶有兴趣地讨论新的世界秩序时，跨国公司与国际企业通过WTO建立起了一个全球市场或者全球生产系统。同样，高等教育，或者更具体地说一些国际化程度很高的大学，已经积累了丰富的国际化经验，做好了走向全球的准备。在论述全球化与大学的关系时，鲁比（Ruby，A.）的话最为经典。他说：“大学是知识的创造者和传播者，大学塑造全球化的程度就像其被全球化所塑造的程度一样深刻。”④

全球性研究型大学是一个高度国际化了的大学，没有高度的国际化，就很难在科学研究和高层次人才培养上立足于世界。

对于全球性研究型大学的国际化特征，2010年3月18日《波士顿环球报》（The Boston Globe）发表了一篇题为“学生、教师赋予了哈佛全球联络

---

① Marginson，S. Global Research：a force for globalization [EB/OL]. [2010-03-25]. http：//www. university world news. com/article. php? story=20100326113121559.

② The Boston Global：Students，faculty give Harvard a global reach [J]. http：//www. boston. com/news/education/higher/articles/2010/03/18/students_ faculty_ give_ harvard_ a_ global_ reach/? page=1. 2010-03-18

③ Toffler，A. Power，Shift：Knowledge，Wealth and Violence at the Edge of the 21st Century [M]. New York：Bantovm Book，1990：9.

④ Ruby，A. Reshaping the University in an Era of Globalization [J]. The Phi Delta Kappan，2005，87（3）：233-235.

网”的文章。这篇文章系统地描述了哈佛大学的国际化程度，其中有这样几点特别值得注意。第一，本国学生的出国留学经历，仅2009年一年，哈佛大学就有1 678位本科生参加了海外学习项目，占本科生总数的1/4。第二，校本研究机构的海外扩展，哈佛的研究中心遍布全球，最近又在位于南非的德班建立了艾滋病研究实验室，在中国的香港建了哈佛商学院，在上海设立了办公室。第三，国际学生的数量和国际学生的国家分布。1999年，哈佛校园有3 099位国际学生，到2009年，国际学生数达到了4 131位。让人印象深刻的是这些学生来自140个国家。学生生源国家的分布覆盖面代表了大学的国际影响力。第四，教师的研究范围也呈现出覆盖全球的趋势。其中，中国、俄罗斯、印度、巴西和古巴等都是他们研究的对象。第五，私人基金支持大学的全球联络网是美国全球研究型大学独一无二的。该报告显示，仅2008年一年，哈佛大学就得到1亿美元用于拓展国际联络网的捐赠①。为了促进大学的国际化向纵深发展，该校校长就像外交官一样频繁穿梭于世界各地。

对于全球性研究型大学形成的策略和国际化发展过程，以及高等教育在国家发展不同阶段的战略意义，本书将在第二章的美国高等教育国际化的政策和实践、第三章的英国高等教育国际化的政策和实践、第四章的日本高等教育国际化的政策和实践和第五章的德国高等教育国际化的政策和实践中分别详细地讨论。

经济危机和教育经费的短缺已经迫使一些发达国家的大学，包括教学型大学走向全球。“跨国高等教育”（transnational higher education）这一术语不仅适用于全球性研究型大学，而且适用于教学型大学。研究发现，发达国家大学的海外拓展表现为多种形式。目前最流行的是海外分校。美国顶尖的研究型大学在世界其他地方建立分校，如哈佛大学、康奈尔大学、西北大学、卡耐基梅隆大学、乔治城大学、佛罗里达州立大学和乔治亚理工学院等在世界不同的地方建有分校、实验室或研究中心。再如，英国诺丁汉大学在宁波建的分校和美国纽约大学的上海分校。这些都应该属于输出教育范畴。发展中国家对于优质教育资源的渴望，促使一些发达国家的教学型大学也参

① The Boston Globe. Students Faculty Give Harvard a Global Reach [EB/OL]. [2010-03-18]. http://www.boston.com/news/education/higher/articles/2010/03/18/students_faculty_give_harvard_a_global_reach/?page=1.

与到海外办学中①。例如，美国的富兰克林大学已经在东欧、印度和中国开发了全球课程；亚利桑那州立大学也已经在两三年前与中国和其他国家的一些大学尝试开发了联合学位项目。美国教学型大学包括许多类型，如社区学院、州立大学、文理学院、技术学院和职业技术大学。但是这些学院和大学的全球拓展与研究型大学走的不是一样的路径。它们主要走的是职业教育和商业化的路子。

许多原因可以解释教学型大学向全球拓展的行为，其中一个重要原因是为了顺应全球化需要而培养技术型的劳动力。与教学型大学不同的是，全球性研究型大学的全球拓展主要关注科学研究、知识生产和学生领导力的培养。比如，耶鲁大学和斯坦福大学都与北京大学有合作教学项目。这两所学校每学年都为其本科生在北京大学的校园里开设研修课程。通过这种方式，他们能充分利用北京大学优秀的学术环境培养美国学生的多元文化视野。

就科学研究的强度和大学国际化的程度而言，能够被称之为全球性研究型大学的学校不多。因此，有人会问到底哪些大学算是全球性研究型大学。一个时期以来，许多研究机构以科研能力和世界声誉为标准对全世界上千所大学进行排名。目前被广泛引用的有三个评估机构：上海交通大学、英国的《泰晤士报》高等教育副刊和美国的《新闻周刊》。本文引用上海交通大学2004年的全球大学排名，2005/2006年英国《泰晤士报》高等教育副刊和2006年美国《新闻周刊》的排名，看一下相关的情况。从这三个引人注目的排名中，我们可以发现一些共性的东西。

根据上海交通大学2004年的排名，前15名的大学是：哈佛大学、剑桥大学、斯坦福大学、伯克利加州大学、麻省理工学院、加州理工学院、哥伦比亚大学、普林斯顿大学、芝加哥大学、牛津大学、耶鲁大学、康奈尔大学、圣地亚哥加州大学、洛杉矶加州大学、宾夕法尼亚大学。

根据英国《泰晤士报》高等教育副刊2005年的排名，前15名的大学是：

哈佛大学、剑桥大学、牛津大学、麻省理工学院、耶鲁大学、斯坦福大学、加州理工学院、伯克利加州大学、伦敦帝国学院、普林斯顿大学、芝加哥大学、哥伦比亚大学、杜克大学、北京大学、康奈尔大学。

根据美国《新闻周刊》2005年的排名，前15名的大学是：

---

① Levin, J. Globalizing the Community Colleges: Strategies for Change in the Twenty-First Century [M]. New York: Palgrave, 2001.

哈佛大学、斯坦福大学、耶鲁大学、加州理工学院、伯克利加州大学、剑桥大学、麻省理工学院、牛津大学、旧金山加州大学、哥伦比亚大学、密歇根大学、洛杉矶加州大学、宾夕法尼亚大学、杜克大学、普林斯顿大学。

在上述三个排名中，虽然大学出现的顺序不同，但它们实际上已经得到了共同的认可：它们是世界上最有影响力的大学。笔者认为能够在三个排名都得到认可的大学应该是本文所指的世界最顶尖的全球性研究型大学。

针对全球性研究型大学的区域分布，本文采用了上海交通大学 2006 年的全球大学排名作为参考。目前科研能力最强的和国际化水平最高的大学基本分布在美洲和欧洲。根据上海交通大学 2006 年世界大学排行看全球性研究型大学的区域分布（见表 1－2）。

表 1－2　世界大学排名的地区分布

	美　洲	欧　洲	亚　太	非　洲
前 10	8	2	0	0
前 50	39	9	2	0
前 100	57	35	8	0
前 500	198	205	93	4

资料来源：根据 2006 年上海交通大学的全球大学排名整理而成。

与 2006 年的排名相比，在 2011 年上海交通大学的世界大学排名中，非洲有一所大学进入了 100 强，而亚太进入 100 强的则少了三所，欧洲也由 2006 年的 35 所降到了 33 所，美洲由 2006 年的 57 所变成了 61 所。这一变化也许能给我们一点启示：就是美洲高等教育的全球竞争力在加速。

讨论全球性研究型大学的形成，高等教育史学家们总会回顾大学从中世纪到现代社会的发展历程。事实上，现在的全球性研究型大学的起源并不古老。传统研究型大学的概念源于 19 世纪早期的德国，因洪堡的观点而得以发展。洪堡（Wlhelm Von Humboldt）提出精英大学（Universitas litterarum）的概念，是想使大学成为一个为了给学生提供全面的教育而进行教学与科研的统一体。德国洪堡大学成为了世界研究型大学的先驱，这是无可否认的。19 世纪晚期，美国的约翰·霍普金斯大学的建立就是验证洪堡思想影响力的一个典范。当时吉尔曼（Gilman，D.）心中关于研究型大学的想法仍然遵循的是德国模式，即大学开展的研究是为了培养高层次人才服务的。但是，当时，美国大学的使命与德国大学完全不同。1862 年《莫雷尔法案》（Morril Act）的基本思想是授权美国的各州使用公共财产建立大学和学院，以帮助地方政府和百姓解决他们日常生活中遇到的问题。尤其是“二战”

以后，当美国联邦政府开始将大学里的科学研究纳入国家研发体系之后，许多美国研究型大学经历了一个深层的转型：大学要服务于国家的需要，知识生产要服务于经济发展。

在研究中，笔者发现全球性研究型大学与传统的研究型大学的基本内涵变化主要表现在下列几个方面。

1. 办学使命的跨国界、全球性和前瞻性。

2. 科学研究更多地关注于解决人类面临的共同问题。

3. 学术研究从传统的独立探究转变为团队合作、跨学科研究、乃至国际合作。

4. 大学、政府和企业之间建立起了新型的合作关系。

5. 对大学高层管理者采取了世界范围内的招募制度，大学学生和学者构成高度国际化。

6. 大学内部从管理，教学到后勤服务的国际化。

7. 与国际组织，非政府组织，或政府组织建立起广泛的联系。

8. 办学经费的多样化等①。

如果洪堡眼中的研究型大学被认为是德国延续了约两个世纪的传统研究型大学类型的话，那么今天的全球性研究型大学则源于“二战”后的美国，是美国联邦政府用科学政策和外交政策改变了大学中的科学研究模式并将美国的高等教育推向世界。正如盖格（Geiger，R.）所说，全球性研究型大学的推动力是基于国家发展规划的理念和伴随而来的科学扩张。科学具有广泛的权威，也是社会的经济财富②。经历了半个世纪的发展，除了知识发现外，大学还承担着知识转化的重任。在传统的研究型大学曾经占统治地位的个人学术研究已经变成了“大科学”（Big Science）的概念。在西方论述现代大学与政府和企业界的关系时，经常会看到“双重整合”（dual integration）③ 的概念。所谓双重整合，简言之，就是美国联邦政府通过各种法案保护本国大学的利益，比如知识产权法；同时促进大学与企业联合，使研究型大学中的研究尽快转化成知识产权。发展到今天，美国大学与企业的合作

① 马万华．全球性研究型大学的出现：伯克利加州大学［J］．清华大学教育研究，2008（1）：49－55.

② Geiger，R. To Advance Knowledge［M］. New York：Oxford University Press，1986.

③ Kleinman，D. & Vallas，S. Science，Capitalism，and the Rise of the “Knowledge Workers”：the Changing Structure of Knowledge Production in the United States［J］. Theory and Society：2001，30（4）：451－492.

已经跨越了国界，形成科学研究的国际网络。最近，美国汽车界巨头福特汽车公司宣布将资助 12 所大学的 13 个研究项目。这 12 所大学来自全世界不同国家，其中包括位于美国底特律的韦恩州立大学、位于加利福尼亚州帕罗奥图市的斯坦福大学、位于德国亚琛的亚琛工业大学和位于中国北京的清华大学。这项研究资助主要目的是要解决以下这些问题：检测由纳米材料制成的热固性塑料的性能，为患糖尿病的司机开发一种安全警报系统，研究用于电动交通工具的电池对环境和经济造成的影响。

对于跨国企业全球整合科学研究的现象，马金森和罗斯（Marginson, S. & Rhoades, G.）有过清楚的描述①。同样的案例还有许多。以跨国企业整合大学科学研究的直接后果就是科学研究的商业化。对于这种现象，斯劳特和莱斯利（Slaughter, S. & Leslie J.）认为，当研究变成了社会不可或缺的消费品时，尤其在应用科学领域，科研成果转化使一些研究者们迅速成为“超级明星和企业家”——一些学者掌握了知识的垄断权——就会导致学术资本主义（academic capitalism）②。学术资本主义概念的提出表明在全球化过程中高等教育内部和科学研究领域知识分子的社会分层。

第五节　全球化对高等教育的挑战

对于全球化的优势，经常有这样的描述：全球化使世界范围内的资金、技术、产品、市场、资源、劳动力进行有效合理的配置；给世界各国人民提供了选择物美价廉的商品和优质服务的机会，促进贸易和投资自由化；加速技术转让和产业结构调整进程等。基于这些优点，它会促进发展中国家的经济繁荣和机会的增加，更为有效地利用资源、技术的引进和经济增长并提高生活水平、减少贫困等③。但是能否获得这些好处，还取决于发展中国家是否能够主动地参与到全球化进程。在许多情况下，由于资金匮乏、管理不善和技术不到位等众多因素，发展中国家无法驾驭目前的全球化进程，因而会失去发展机会。表现在高等教育中，来自发达国家的全球性大学利用“声誉

① Marginson, & G. Rhoades. Beyond National States, Markets, and Systems of Higher Education: a Glonacal Agency Heuristic' [J]. Higher Education, 2002, 43 (3): 281 –309.

② Slaughter, S. & Leslie, L. Academic Capitalism: Politics, Policies, and the Entrepreneurial University [M]. Baltmore: Johns Hopkins University Press, 1997.

③ Burande, A. Advantages of Globalization [EB/OL]. [2012 – 11 – 20]. http://www.buzzle.com/articles/advantages-of-globalization.html.

效应”、“品牌效应”或“学位承诺”等在一些发展中国家办分校，建立合作项目。表面上是促进发展中国家高等教育的国际化，实则可能不然。因为，在许多情况下由于各方面的差异，发展中国家对发达国家的高等教育处于消化不良状态。长此以往，会使发展中国家的高等教育处于不利的发展地位。这与经济领域中，全球范围内的贫富差距进一步扩大是一样的。

正如阿特巴赫所说，高等教育的优势资源主要集中在发达国家，少数发达国家主导了高等教育的全球化进程，并从中获得了大部分的经济利益；而中等收入国家和发展中国家则扮演了高等教育的购买国身份。最新的研究还表明，虽然机会和潜在的利益与风险并存，在全球竞争中，无论是发达国家的高等教育还是发展中国家的高等教育在全球化进程中，都面临众多挑战，并不是所有的发达国家都能从全球化中获利、平等分享全球化的成果，也不是所有的发展中国家在全球化过程中总是处于劣势，关键是看谁能抓住机遇。因为，无论生产力提高或降低都会造成失业，使得弱小国家、团体或个人参与竞争困难。简言之，就像在经济领域一样，全球化带给高等教育的是格局重构：在竞争中，谁都可能胜出，但是强者胜出的机会大于弱者。

由于优质教育资源的短缺，发展中国家不得不采取了引进来的办法，鼓励境外办学机构海外扩张。一些发达国家的高等教育机构借机实现教育输出利益的最大化。其中，不乏降低合作办学的质量、降低招收留学门槛、降低学生出国学习层次等现象。出现了教育的商业化、商品化和低品质的“学位加工厂”。最近陈倩儿报道的美国北达科他州狄克森州立大学对留学生滥发文凭事件不是偶然的①。因此，对教育质量的监管提出了挑战：谁来管理全球化中的高等教育的质量和如何监管。

还有英语作为国际学术语言使非英语国家处于不利的竞争地位。比如，在国际学术研究中非英语语言的学者就面临双重挑战。一方面，他们必须用本民族语言写作和从事研究以得到本土学术界的了解和认可；另一方面，他们要付出巨大的努力参与到国际学术研究中。而在许多情况下，本土与国际的学术环境并不一致。因此，在英语独霸的国际学术环境中，非英语学者要在国际学术界站有一席之地常常要付出加倍的努力，尤其是在发展中国家中顶尖的大学里。

从一开始高等教育全球化就带有很强的来自发达国家的政治和经济诉求。正如狄巴加（Dibaja，Z.）所说的：“全球化方案主要是以西方的声音

① 陈倩儿. 一座“文凭工厂”的跨国骗局［N］. 中国青年报，2012－02－22.

所提出的假设和所作出的反应为基础的。在一个全球化的世界，各个社会是在一个新的旗帜下被邀请来庆祝第三个千年的来临，这个旗帜就是：如果你不能变成像我们这样，那么你可以和我们一起或者在我们的领导下去生活。"① 狄巴加的话直接道出了高等教育全球化隐含的政治内涵。就是教育全球化会影响到一个国家的教育主权，但是目前对教育主权的内容和范围的研究还有限。因此，要驾驭全球化对高等教育带来的各种冲击，就要加速提高本土高等教育的质量，加速本土高等教育的国际化。

*　　　　*　　　　*

本章参考文献

中文文献

［1］阿特巴赫，P. 全球化与大学：不平等世界的神话与现实［J］. 北京大学教育评论，2006（1）：92－108.

［2］阿特巴赫，P. 全球化与高等教育变革的推动力［J］. 国际高等教育，2008（1）：1.

［3］陈倩儿. 一座"文凭工厂"的跨国骗局［N］. 中国青年报，2012－02－22.

［4］程荣凯. 科技大学国际化发展指标体系建构之研究［D］. 台北：台湾师范大学，2009：23.

［5］马万华和阿特巴赫. 海外学者回归：路径与策略问题［J］. 北京大学教育评论，2011 专刊：1.

［6］马万华. 全球性研究型大学的出现：伯克利加州大学［J］. 清华大学教育研究，2008（1）：49－55.

［7］乌尔里希·贝克. 什么是全球化？全球主义的曲解应对全球化［M］. 常和芳，译. 上海：华东师范大学出版社，2008.

［8］薛荣久. 经济全球化的影响与挑战［EB/OL］.［2003－11－16］. http：//www. lwlm. com/guojijingji/200412/8947. htm.

［9］钟秉林. 适应全球化变革需要重塑高等教育质量观［N］. 中国教育报，2008－01－10.

① Zuhair D. Globalization：The Last sky［G］// Cristobal Kay（ed.）Globalization，Competitiveness and Human Security. London：Frank Cass & Co LTD. 1997：107－127.

外文文献

[1] Altbach, P. & Knight, J. The Internationalization of Higher Education: Motivations and Realities [J]. Journal of Studies in International Education, 2009 (11): 290 -305.

[2] Barrow, C. et al. Globalization, Trade Liberation, and Higher Education in North America: The Emergence of a New Market under NAFTA? [M]. Dordrecht, The Netherlands: Kluwer Academic Publisher, 2003: 1.

[3] The Boston Global: Students, Faculty Give Harvard a Global Reach [J]. http://www. boston. com/news/education/higher/articles/2010/03/18/students _ faculty_give_harvard_a_global_reach/? page = 1.

[4] Dodds, A. How Does Globalization Interact with Higher Education? The Continuing Lack of Consensus [J]. Comparative Education. 2008 (4): 505.

[5] Douglass, J. et al. US Higher Education as an Export: it is about the Money, but also Much More [EB/OL]. http: //cshe. berkeley. edu/research/rugg/Brief_ US_ HE_ Exports. 4. 30. 2011. pdf, 2011 -04 -30.

[6] Geiger, R. To Advance Knowledge [M]. New York: Oxford University Press, 1986.

[7] Kleinman. D & Vallas, S. Science, Capitalism, and the Rise of the "Knowledge Workers": the Changing Structure of Knowledge Production in the United States [J]. Theory and Society, 2001 (4): 451 -492.

[8] Knight, J. Borderless Offshore, Transnational and Cross-border Education: Definition and Data Dilemmas [M]. London: Obervatary on Higher Education, 2005.

[9] Knight, J. Higher Education in Turmoil: The Changing World of Internationalization [M]. Rotterdam: Sense Publishers, 2008.

[10] Lamy, P. Humanising Globalization [N/OL]. Santiago de Chile, Chile. http: //www. wto. org/english/news_ e/sppl_ e/sppl16_ e. htm2006 -01 -30.

[11] Levin, J. Globalizing the Community Colleges: Strategies for Change in the Twenty-First Century [M]. New York: Palgrave, 2001.

[12] Marginson, S. and Rhoades, G. Beyond National States, Markets, and Systems of Higher Education: a Glonacal Agency Heuristic [J]. Higher Education, 2002 (3): 281 -309.

[13] Marginson, S. Global Research: a Force for Globalization [EB/OL].

[2010 - 03 - 25]. http: //www. university world news. com/article. php? story =20100326113121559.

[14] OECD. OECD Handbook on Economic Globalization Indicators [M]. OECD Publishing, 2005: 16.

[15] Ruby, A. Reshaping the University in an Era of Globalization [J]. The Phi Delta Kappan, 2005 (3): 233 -235.

[16] Scott, P. Massification, Internationalization and Globalization [G]. Scott, P. (ed.) The Globalization of Higher Education. Buckingham: Open University Press, 1998: 108 -129.

[17] Slaughter, S. & Leslie, L. Academic Capitalism: Politics, Policies, and the Entrepreneurial University [M]. Johns Hopkins University Press, 1997.

[18] Toffler, A. Power Shift: Knowledge, Wealth and Violence at the Edge of the 21st Century [M]. New York: Bantam Book, 1990: 9.

[19] United Nations Poverty and Development Division, Economic and Social Survey of Asia and the Pacific [M]. New York: The United Nation, 1999. http: //www. unescap. org/drpad/publication/survey1999/svy4a. htm.

[20] Wagner, P. Higher Education in an Era of Globalization: What is at Stake? [G]. Odin J. & Maincas, P. (ed.) Globalization and Higher Education, Honolulu: University of Hawaii Press, 2005: 7 -23.

[21] Wildavsky, B. The Great Brain Race: How Global Universities Are Reshaping the World [M]. New Jersey: Princeton University Press, 2010.

[22] Subbotina, T. & Sherum, K. Beyond Economic Growth: Meeting the Challenges of Global Development [M]. Washington, D. C. The World Bank. 2000: 66 -73.

[23] Zolfagharl. A. et al. Internationalization of Higher Education: Challenges, Strategies, Policies and Programs [J]. US-China Education Review, 2009 (6): 5.

[24] Dibaja, Z. Globalization: the Last Sky [G]. Cristobal Kay (ed.) Globalization, Competition and Human Security. London: Frank Cass & Co LTD. 1997: 111 -112.

网页资源

国际教育协会（IIE）网站，http: //www. iie. org/en/Research-and-Publications/Open-Doors/Data/Fast-Facts

第二章　国际化与研究型大学：美国的政策与实践

在经济全球化的过程中，如何提高国家竞争力，不同的国家根据自身发展采取不同的政策、策略和措施。在过去的半个世纪，美国联邦政府将研究型大学纳入国防、外交、经济和文化等国家发展战略中，使美国高等教育不仅为国家培养和吸引各类国际人才，同时也发挥着知识生产、传播、应用和科技创新与产业服务的功能，为美国经济的可持续发展和巩固其国际地位提供动力。在金融危机的背景下，美国的高等教育表现出不同寻常的国际竞争力。目前，美国不仅吸引了全世界最多的国际学生，同时成了全球知识中心，一时间全世界教育改革都在向美国看齐。人们不禁要问，为什么美国的高等教育能在短短的半个世纪就超越欧洲经历几个世纪建立起来的学术中心地位。本文从历史发展的角度，以美国高等教育国际化为脉络，探讨美国联邦政府如何使用政策或策略推动美国高等教育国际化和研究型大学建设，提高其全球竞争力。

第一节　美国高等教育国际化主体变迁与发展阶段

在众多的关于美国高等教育的研究中，人们一直误认为美国联邦政府对美国高等教育发展影响甚微。事实并非如此。试想一下，如果美国联邦政府没有在1860年颁布《莫里尔法案》，把办公立高等教育的权力下放到州，并给予私立高等教育更多的办学自主权，美国的高等教育可能不会像今天这样强盛。因此，认真地分析美国高等教育的发展过程和影响因素后，就不难发现美国联邦政府对美国高等教育国际化和美国研究型大学国际竞争力建设是最大和最有力的推手。尤其是在“二战”后，美国联邦政府全面地将高等教育纳入到国家发展的各项战略中，并通过不同的法案、策略和手段推动高等教育国际化和研究型大学建设，使高等教育在其全球战略中为美国的国际政治、经济、国防安全和文化发展服务。

比如，在研究型大学建设方面最具典型的案例就是1941年启动的“曼哈顿计划”（Manhattan Plan）。该计划汇集了来自多所大学的1 000多位科学家和研究人员，并在1942年12月2日，在芝加哥大学建成世界上第一个实验型原子反应堆，成功地进行可控链式反应实验。该计划从此将美国研究型大学中的科学研究纳入到美国国家科技发展的长期规划中。在国际化方面，1946年7月13日，杜鲁门总统下令成立了一个28人委员会。该委员会的重要任务是“探索高等教育在美国民主中的作用和让高等教育发挥作用的方法和手段”①。当时杜鲁门最关心的是两个方面的问题：第一，通过什么样的方式和方法为更多的年轻人提供高等教育机会，丰富大学课程，尤其在国际事务和社会理解方面；第二，建立什么样的经费支持框架扩大高等教育规模。针对杜鲁门的动议，美国的社会力量，如大型独立基金会，也为大学国际化和科学研究进程推波助澜。又如，从1952年到1964年，福特基金会就“为了在政府和企业的设计研究方面有所作为，向大学提供1.38亿美元的帮助”②。通过联邦政府和美国社会力量长期不懈的努力，美国的大学像磁铁一样吸引了大量的国际学生，并形成了一个庞大的高等教育链条，向世界各国扩展。在这里，人们不禁要问高等教育国际化的目的是什么？仅仅是为了应对全球化吗？从美国高等教育国际化的实践中不难发现国际化在美国高等教育的发展过程中，不仅仅是用来作为应对全球挑战的工具，也是国家发展战略的重要组成部分。在这里，美国之所以能在半个世纪的时间里成为世界学术中心，联邦政府的高等教育战略起到了重要的作用。

在美国高等教育发展过程中由于发展的阶段不同，参与国际化的行为主体也不同。比如，在传统的精英高等教育中，国际化是以个体参与国际化为主；在大众化的高等教育发展阶段，推动国际化的主体是美国联邦政府；到了高等教育的普及化阶段，主导高等教育国际化的是高等教育机构——大学。同时，也由于高等教育发展的阶段不同和主导国际化的主体不同，对国际化的诉求也存在巨大的差异。如果说，个人主导的国际化主要是为了寻求

---

① Thelin, J. A History of American Higher Education [M]. Baltimore: Johns Hopkins University Press, 2004: 268.

② Chomsky, N. et al (ed.). The Cold War & the University: Toward an Intellectual History of the Postwar Years [M]. New York: The New Press, 1997: 118.

知识和学术交流，以政府主导的高等教育国际化具有明显的政治、经济和文化诉求，这时的高等教育国际化就体现出很强的国家工具理性特征。以大学主导的国际化则逐渐从国家工具理性向商业理性转变。比如，奈特在对美国高等教育国际化的动力机制分析中，就较全面地阐述美国联邦政府、社会与大学在国际化过程中的文化理念、政策目标和活动基础。研究发现美国高等教育的国际化既包括军事、也包括文化、政治和经济因素。在不同的主导者中，其理念、政策、项目与活动内容也不相同。为了便于理解，将奈特的分析进行了一个简单的归类（见表2－1）。

表2－1　美国高等教育国际化中三个行为主体国际化理念、政策和活动的比较分析①

<table>
<tr><th>内容
主体</th><th colspan="2">理念</th><th>政策</th><th>项目、活动</th></tr>
<tr><td rowspan="3">国家
（联邦政府或者联邦政府授权机构、组织）</td><td>文化</td><td>跨文化理解；意识形态博弈；文化输出</td><td rowspan="3">教育和与之相关的国际维度的国家政策，如：教育国际化政策；外交政策（技术援助、国际研究等）；移民政策；国家领导（机构）发布的关注国际化理念、目标、措施等的报告、演讲。</td><td rowspan="3">全国或者地区性的推动、促进高校国际化的项目，包括由政府组织、非政府组织实施的项目，如：大规模学者、学生交流项目；外国语项目；访问学者项目；国际问题研究项目；等等。</td></tr>
<tr><td>政治</td><td>外交政策；国家安全；国际了解；国际和平；战略合作</td></tr>
<tr><td>经济</td><td>经济增长；国际竞争；劳动力市场；贸易发展</td></tr>
</table>

① Knight, J. Internationalization Remodeled: Definition, Approaches, and Rationales [J]. Journal of Studies in International Education, 2004 (8): 5－31.

续表

主体＼内容		理念	政策	项目、活动
社会组织（半政府组织、协会、私人基金会等）	文化	跨文化理解；意识形态博弈；西方文化、价值输出	由半政府或者私人组织/机构发布的具有一定影响力的报告，如国际化调查报告；推动国际化战略、目标的报告。	由半政府或者私人组织/机构发起、资助、实施的推动国际化的项目，如：学生、学者流动项目；外国语项目；国际问题研究项目；等等。
	经济	劳动力市场、国际竞争；贸易发展		
	学术	国际地位/声誉；战略合作；教育质量		
高等院校（公私立大学、学院以及营利性大学）	文化	多元跨文化理解；文化价值观输出、融合	院校将国际化维度融入高校的使命、目标、规划之中的政策（策略），如：院校领导关于推动高校国际化的演讲或者声明；院校的规划、管理文本中涉及的学生、教师国际交流、外国教师聘任以及国际大学合作方面的政策等。	由院校、院系或者学者发起的推动人员、资源等国际流动的项目，如：国际合作科研项目；课程国际化项目；联合双学位项目；访问学者项目；科研合作项目；联合办学项目；跨国远程教育项目；等等。

在美国高等教育的大众化阶段，其国际化由三个重要主体构成：美国联邦政府、美国的社会力量和高等院校。表中具体地表述了不同行为主体在国际化中关注的核心问题。其中，美国联邦政府对美国高等教育国际化既有政治诉求，也有经济目标和外交考量，而社会力量根据国家发展的需要推动高等教育国际化。高等院校，或者更确切地说，美国的研究型大学在美国联邦

政府和社会力量推动的国际化中是最大的赢家：一方面积极地配合了政府和社会在国际化上的政治、经济和文化诉求，另一方面也积极地提高大学国际化水平和加强自身能力建设。

根据特洛（Trow，M.）在1970年提出的高等教育阶段发展理论，美国的高等教育经历了三个阶段：第一阶段为传统的精英教育，从时间上划分可以从殖民地时期到“二战”前；第二阶段为大众化阶段，具体时间段为“二战”前后到20世纪60年代末；普及高等教育阶段则是从70年代开始。美国高等教育国际化阶段性特征基本上与美国高等教育发展阶段相吻合。根据相关研究，美国高等教育国际化可以分成三个阶段，它们分别是个人主导的国际化，时间为殖民地时期到“二战”；政府主导的国际化时期，时间为1940年到1980年；之后为院校主导的国际化时期。

在精英教育阶段，美国的高等教育国际化是以追求欧洲文化传承和学术发展为主要目标的。进入大众化的发展阶段，美国高等教育在联邦政府的主导下，积极推进国际化。这时的国际化成了推广美国社会价值观和实现美国外交政策的重要发展战略：通过美国大学的国际化增强与其他国家的政治互信，保护国家安全；促进国际理解和战略合作。一句话，就是通过高等教育国际化建立美国的势力范围。1980年以后，普及高等教育阶段使美国的大学，尤其是研究型大学成为国际化的主导力量。这时，高等教育国际化的主要目标是大学内部的课程整合和管理结构调整，吸引更多的国际学生，为国家获得最好的人力资源，提高大学的国际竞争力，为大学自身走向世界做准备。

进入21世纪，美国高等教育已经积累了大量的国际经验，尤其是研究型大学，无论在科研实力、国际合作和国际人才培养上都已经积累了丰富的经验。目前的任务是如何利用已有的经验，通过国际合作科研、课程国际化、访问学者、联合办学，跨国远程教育和海外建分校等众多不同项目走向世界。通过上述形式实现“全球延伸”（global reach）已经成了美国研究型大学目前的当务之急。当然任何一个国家的高等教育国际化都不可能是一帆风顺的。针对美国高等教育国际化过程中的一些做法，世界著名国际高等教育专家阿特巴赫教授在2008年2月14日的英国《高等教育时报》上提醒到，目前美国一些大学一窝蜂地到发展中和中等发达国家办学，已经形成了市场泡沫①。

① Altbach，P. The ‘Global Market’ Bubble [N]. Times Higher Education，2008-02-14.

第二节 美国早期的高等教育国际化与大学建设

在美国高等教育国际化发展的早期，也就是从殖民地时期到“二战”前，主要表现为个体性。这时的美国学者或学生流动主要是根据个体的兴趣和追求选择流动的目的地，其中较少掺杂社会和政府行为。在美国，以个人主导的国际化过程出现了两个令人瞩目的特征。首先是美国青年到欧洲留学，其次是大批欧洲学者到美国避难。留学欧洲学者和学生带回了欧洲大学的办学模式和学术理念，欧洲学者向美国迁移，为美国大学的崛起奠定了人才和知识基础。

一、精英教育与个体学生参与的国际化

如果以年轻学者或学生出国留学作为国际化的开端的话，美国高等教育国际化可以追溯到 17 世纪的殖民地时期。当时开始富起来的农场主们大多把自己的子女送回欧洲接受高等教育。在美国建国时，也就是 1776 年，华盛顿总统提出了建立国家大学的设想，其中主要目的之一就是要改变新建国家中的年轻人出国留学的现象，使美国的青年人能在本国接受高等教育，免除年轻人从美洲到欧洲的路途之苦，也节省留学费用。但是华盛顿总统关于建立国家大学的建议被国会否决了，终止本国学生出国留学的设想也随之破灭，直到第一次世界大战之后，才出现转机。

这期间所谓的美国高等教育的国际化实际上指的是“欧洲化”，而且是以美国输出学生的形式体现出来的。根据陈学飞的研究，从 1815 年 4 位美国青年赴德国留学起，到第一次世界大战前，约有 1 万名美国青年到德国学习，仅柏林大学就接纳五千多名美国学生①。这些留学生在德国受到黑格尔、马赫、费希特、洪堡等思想家的极大影响，并把德国大学精神带回了美国。因此，人们在考察美国大学的办学模式时会发现德国大学办学思想的影响。许多留学生回国后成为美国大学的建设者和管理者。这一时期的美国高等教育国际化理念多是受文化和学术理念推动的。因为当时美国移民大多是欧洲人，寻根与寻找文化一脉相承。同时，当时的学术中心在欧洲或者更具体地说是在德国。

当时国际化的参与者主要来自于富起来的农场主和在企业经营中发家的

① 陈学飞. 高等教育国际化：跨世纪的大趋势［M］. 福州：福建教育出版社，2002：33.

家庭，将子女送回欧洲留学。因为没有国家政策协调年轻人的留学行为，因此被称之为“个人参与的国际化时期”。在19世纪末到20世纪初，美国是全球最大的留学生派出国之一。据美国教育委员会（Commission of Education，CE，1902）发布的报告显示，1902年美国有415名学生在德国的大学留学，占德国全部留学生的22%①。在此后的若干年中，虽然苏联赴德留学生人数逐渐超过美国，但美国始终是德国较大的留学生派出国。

在接收留学生方面，根据美国联邦教育局（United States Bureau of Education）提供的数据显示，1904年共有来自74个国家的2 673名学生赴美接受高等教育。同年，德国接收的留学生总数为8 786人，法国为2 046人。1911—1912年，赴美国大学、学院和技术学校留学的学生达到4 856人，其中主要的留学生来源地为加拿大、西印度群岛、日本、中国、墨西哥、英国、印度和斯里兰卡等国家。在1920—1921年，在美国大学学习的外国留学生总数为5 227人②。

二、联邦政府对高等教育国际化的早期影响

吸引外国学生到美国留学是美国联邦政府的一项重要国策。比如，以政府行为吸引中国留学生到美国留学就是从庚子赔款开始。对于为什么美国联邦政府要用赔款吸引中国学生，时任美国伊利诺伊大学校长詹姆士1906年给罗斯福的一份备忘录中写道：“哪个国家能够做到教育这一代中国青年人，哪个国家就能由于这方面所支付的努力，而在精神和商业上取得最大的收获。”詹姆士认为“商业追随精神比追随军旗更为可靠。”（详见百度百科“庚子赔款”条目）詹姆士对美中关系的远见卓识和为美国称霸世界可谓用心良苦：用中国人的钱造就一批为美国从知识和精神上支配中国的新领袖。1907年6月，当时的美国总统罗斯福采纳了詹姆士的建议。1908年10月28日中美两国政府草拟了派遣留美学生规程。在规程中，规定了学生学习的专业领域包括：农业、机械工程、矿业、物理、化学、铁路工程和银行等。这些领域占了总招收学生名额的80%，法律、政治、财经、师范等专业占的名额为20%。可以说当时中国非常缺乏这些领域的人才。

根据相关统计，仅1935年就有1033人利用庚子赔款到美国留学，使得

① Wheeler, R. The Foreign Studeents in American [M]. New York: Association Press, 2007: 8.

② 曾满超，等. 美国、英国、澳大利亚的高等教育国际化 [J]. 北京大学教育评论，2009 (2): 75-77.

当年留美学生数量达到高峰（详见百度百科“庚子赔款”条目）。这一举措毫无疑问扩大了在美国留学生的规模，同时也为美国通向中国奠定了基础。这说明早在20世纪初美国联邦政府就把大学的国际化纳入到国家发展战略中了。后来美国联邦政府为了接受流亡学者改变了移民政策就更能说明这一国策。

三、流亡学者与美国的研究型大学

从19世纪末到20世纪初，欧洲的学术中心地位逐渐向美洲转移，发生这一根本性变化的原因首先应归功于当时留学欧洲的美国留学生。他们学成回国后，大多参与了美国高等教育建设与发展。这些留学生深受德国学术方法论和美国实用主义的影响，深谙美国高等教育和社会发展需要。其中约翰·霍普金斯大学的建立就最有代表性，该大学首任校长吉尔曼在就职演说中发誓将该大学办成“为世界提供知识的大学”。1900年，美国大学联合会（American Association of Universities，AAU）的成立是美国研究型大学建设的里程碑，当时14所有研究生院的大学结成联盟，开启了美国高等教育崛起的大门。

其次，最为重要的是发起于欧洲的两次世界大战。战争不仅为美国带来了财富，也带来了人才。两次世界大战使欧洲的学术元气大伤，且不说没有人愿意在战火纷飞的地方求学，欧洲国家之间的内部矛盾和德国的排犹政策使成千上万的学者背井离乡，尤其是在死亡边缘上挣扎的科学家与学者们最后不得不到美国寻找生机。此时的美国移民政策为研究型大学获得这些欧洲学者起到了积极的推动作用。

在19世纪末和20世纪初，美国联邦政府出台了系列排斥中国人、亚洲人和犹太人的移民法案。美国国内也出现了大规模的反犹运动。但是，当希特勒开始迫害犹太人时，美国联邦政府却表现出相反的态度，欢迎欧洲富有的或有知识的犹太人到美国避难成了当时美国的一项基本国策。由于罗斯福政府的这一移民政策，1933—1944年，大约有22 842名到25 535名欧洲知识分子来到美国。为了生计，一些人到了美国以后放弃了原来所从事的学术研究。即便如此，仍然有15 000—17 000人到美国后继续从事在大学中的科学研究和教学工作①。

① 胡小芬，郭飞．罗斯福时代的美国欧洲犹太知识移民政策（1933—1945）［J］．全球视野理论，2008（7）：140.

这期间美国知识与技术移民政策得到了美国研究型大学的积极配合。比如，1929—1945 年，时任芝加哥大学校长的哈钦斯（Hutchins，R.）列出了一个名单，记载了一些欧洲著名学者的下落，要求其助手必须在三年之内至少邀请四位著名的德国学者到芝加哥大学任职。在普林斯顿负责前沿科学研究所（Institute of Advance Research）的著名教育学家弗莱克斯纳（Flexner，A.）在 20 世纪 30 年代还专程赶到欧洲，聘请许多一流自然科学家到前沿科学研究所任职，其中有数理科学方面的爱因斯坦、威尔（Weyl）和纽曼（Von Neumann）、人文科学家赫兹菲尔德（Herzfield）和帕诺夫斯基（Panofsky）等，除此之外，该研究所还接收了一大批慕名而来的欧洲年轻学者。

根据相关统计数据，“二战”前美国大肆招揽欧洲科学家的做法并没有因为战争的结束而终止，欧洲的科学家和工程师自愿加入到移民行列，使知识移民的规模和范围在战后的十年呈现出不断增加的趋势。格鲁贝尔和斯哥特（Grubel，H. & Scott，A.）根据美国国家科学基金委员会和美国移民局提供的数据发现，从 1949 年到 1960 年，移民美国的科学家和工程师超过 4 万人（见表 2 -2）。

表 2 -2　1949—1960 年移民美国的技术人员数量①

年份	1949	1950	1951	1952	1953	1954	1955	1956	1957	1958	1959	1960
数量	1 234	1 517	1 561	2 297	2 718	3 200	2 862	3 760	5 823	5 190	5 081	4 326

这些科学家和工程师们大多来自法国、德国、爱尔兰、意大利、挪威、澳大利亚、瑞典、瑞士、英国和加拿大。学者的聚集不仅为美国节省了大量人才培养经费，也有力地补充了美国在科学与工程方面人才培养能力的不足。根据格鲁贝尔和斯哥特提供的数据，仅 1961 年移民美国的科学家和工程师人数为 3 922 人，虽然比 1960 年的 4 326 人有所减少，但是仍相当于美国当年 53 所大学授予的科学与工程学士学位的总数量。

毫无疑问大批移民科学家和工程师推动了美国研究型大学的科学研究，为美国在科学研究方面的国际地位奠定了人才基础。20 世纪美国的高等教育之所以能够在短短的几十年中取代欧洲几百年建立起来的知识中心地位，原因可能就在于此。

① Grubel, H. and Scott, A. The Immigration of Scientists and Engineers to the United States, 1949—1961 [J]. The Journal of Political Economy, 1966, 74 (4): 369.

四、美国研究型大学的早期国际化特征

早在 1900 年之前，美国的高等教育国际化就逐渐开始发生变化。首先是美国联邦政府和学术界已经达成共识：通过国际理解提升美国的国家影响力。比如，1909 年利用庚子赔款招收中国留学生和 1893 年在芝加哥召开国际博览会（international expositions）——后来称为“世界展”（World's Fairs）——都是美国高等教育国际化的实践。20 世纪初美国联邦政府小规模地开展了一系列教育援助项目。比如，1898—1901 年，美国在其殖民地古巴建立了 90 所学校，这在当时被认为是建立国家影响力的一种最重要的途径。仅 1900 年，古巴就有 1 300 名教师到当时的哈佛大学学习教学方法。此时美国的教育援助对象主要是其殖民地。

其次是美国大学中研究生教育和研究型大学的崛起逐渐改变了美国学生留学欧洲的势头。1860 年《莫里尔法案》颁布以前，美国的高等教育发展非常缓慢。《莫里尔法案》的颁布为美国高等教育的发展注入了活力。《莫里尔法案》颁布的原因是美国当时农业发展逐渐进入机械化，而制造业、矿山开采和未来的建筑业发展需要大批专门人才和工程师，因此，联邦政府把联邦的土地赠给各州举办高等教育。从 1860 年到 1900 年的 40 年间，美国高等教育进入了跨越式发展阶段，数百所“赠地大学”应运而生。一大批新型的大学，如约翰·霍普金斯大学、芝加哥大学、斯坦福大学、加利福尼亚大学等随即建立起来。而一些老牌的大学，如哈佛大学、哥伦比亚大学和耶鲁大学等也从传统的文理学院开始向现代研究型大学转型。学生规模迅速扩大，1860 年美国大学的在校生是 22 464 人，1930 年大学生在校人数为 489 500 人，增长了将近 22 倍①。学生数量的增加为美国的研究生教育提供了发展的空间。

这一时期，美国高等教育国际化中的人员流动与交流使大学中萌生了国际化的学术因素。比如，1901 年哥伦比亚大学卡彭特（Carpentier，W.）慷慨捐赠，建立了中国研究教席，该教席是哥伦比亚大学东亚研究系的前身。其他一些大学，如康奈尔大学和哈佛大学等也都在私人捐赠下建立了类似的外国文化研究教职或者机构。随着“一战”的结束，远东地区政治形势日益重要，“古典东方学”成为了大学课程国际化的核心。此时，美国高等教

① 黄福涛. 20 世纪西方高等教育发展的特征与趋势 [J]. 厦门大学学报（哲社版），1999 (2)：101 - 107.

育的国际化已经开始体现其政治方面的内涵，1925 年，美国太平洋关系研究所（Institute of Pacific Relationship，IPR）① 的成立表明其重要性。该研究所是由洛克菲勒基金会（Rockefeller Foundation）资助，主要目的是为环太平洋国家提供讨论问题和建立关系的平台，该组织主要是由专业人员、学者和国际项目的管理者构成。

进入 20 世纪 30 年代，许多大学除了接受了欧洲落难的科学家外，还承担起为军方培养外语和区域知识服务人员的责任。据统计，到 1944 年，57 所美国高等教育机构共培养了 15 000 名相关人员。此时，民间也出现了一些专门致力于推动学生交流的相关组织，如 1948 年建立的国家外国学生咨询协会（The National Association of Foreign Student Advisers，NAFSA）。该协会的宗旨之一就是帮助美国大学中的外国学生管理人员更好地为外国留学生服务，其中包括为他们提供专业知识。又如，美国的移民法、各类签证要求和外国留学生的文化适应等方面。在短短的几年中，该协会的工作范围不断扩大，其内容不仅包括对管理人员的培训，也扩大到对外国学生的招收工作、培训英语语言专业人员和为外国学生提供社区服务的志愿者。该组织的成立是美国高等教育国际化的重要标志。

第三节　国家战略中的高等教育国际化：策略与措施

“二战”以后，美国高等教育国际化全面上升到国家战略层面上是联邦政府为扩大美国的国际影响力、提高美国的国际地位，采取了一系列的政策和措施。其中包括立法、经费投入和调动社会力量参与到大学国际化中。

一、立法：将美国高等教育国际化纳入国家战略中

“二战”以后，1944 年，美国联邦政府为了解决复员军人的安置问题，颁布了“复员军人法案”（Servicemen's Readjustment Act，GI Bill）。该法案对美国高等教育大众化起到了积极的推动作用。当复员军人们拿着联邦政府的钱敲开高等教育的大门时，为战时生源和经费短缺的美国大学带来了新的

① Woods，L. Rockefeller Philanthropy and the Institute of Pacific Relations：A Reappraisal of Long-Term Mutual Dependency [J]. Voluntas：International Journal of Voluntary and Nonprofit Organizations，1999 (2)：152 - 166.

生机，尤其是美国的研究型大学。两年后，联邦政府又启动了富布莱特学者和学生交流项目（Fulbright International Exchange Program），以此为国际学者和学生提供到美国交流的机会，增强他们对美国文化的了解。这一时期，美国联邦政府推动高等教育国际化和科学研究的主要特点表现在以下几个方面：首先，体现在大学课程设置的国际化方面，区域研究中心的形成为培养学生国际化视野提供了知识平台。其次，美国联邦政府通过与大学签订的各种援外合同，将大学里的研究成果推广到国外或把科学研究项目直接放在海外。这些研究主要集中在农业和公共卫生等领域。第三，联邦政府通过立法推动研究型大学中学生和学者的国际交流。“二战”前，由于战争的需要，美国高等教育国际化逐渐受到美国联邦政府的关注，而成为一项“联邦事务”。

随着“二战”的结束，美国人民开始反思战争悲剧，认为人与人之间、国与国之间缺乏了解是战争的根源，因此，美国形成了一股非常强大的社会力量致力于对不同社会形态和文化展开广泛的研究，以增加不同文化间的相互理解，实现世界的永久和平。为了这一理念，美国联邦政府采取了一系列的措施。美国高等教育从 1940 年到 1950 年，经历了 10 年的课程国际化改革。这一课程改革的理念是使“每一个学生都要有全球知识”（global knowledge for all of the students），实现这一目标的途径是向学生提供不同的海外学习机会。也就是说，从这时开始美国学生到海外留学不一定要到欧洲，也可以到其他国家。另外，将区域研究融入大学的通识教育课程中。这一策略在耶鲁大学国际教育研究院（Institute of International Studies，Yale University）就有这样的记录。“二战”期间，该大学国际化的主要内容包括为美国军队对世界各国语言、文化、历史和经济需要而设立的培训项目。“二战”后，该大学将这些培训项目转变成了跨学科的研究中心。当时，在耶鲁大学有东亚、东南亚、苏联与东欧研究中心。这些研究中心在大学教务长的管理之下，有许多大型基金会资助。为其提供经费最多的有福特基金会和卡耐基基金会。

1960 年，耶鲁大学将所有的研究中心集中在一个专门的国际与区域协调委员会。该委员会的主要功能是协调彼此之间的工作，拥有硕士学位授予权，同时将博士学位纳入到耶鲁大学的政治学院。耶鲁大学保留并发展这些中心的目的就是为学生提供对其他文化有一些基本的概念和互动机会。

战时大学在国家军事事务的参与使得美国联邦政府看到了高等教育在国家发展战略中的作用，因此，在战后的一系列立法中，美国联邦政府都将大学的国际化纳入其中。比如，1944 年罗斯福总统签署了战争财富使用法案

（Surplus Property Disposal Act，1944）。同年签署了“退伍军人权利法案”。这两个法案对美国高等教育国际化似乎没有什么直接关系，但是它们为1946年富布莱特文化与交流法案奠定了基础，因为它们无论从经费和学生资源上都为富布莱特学者交换项目提供了保障。1945年9月，年轻的富布莱特（Fulbright，J.）参议员提出利用美国战争财富建立学者交流项目以促进国际间学者相互了解的议案。该议案一提出，就得到了国会的积极回应，并在1946年采用了富布莱特的名字命名了该法案，将美国高等教育的国际化上升到了国家层面。

其后，美国国会相继通过了一系列的法案，包括1947年6月出台的“马歇尔计划”（The Marshall Plan）。该法案主要是为欧洲盟国战后恢复经济发展提供经费和技术支持，与美国高等教育也没有直接联系，但是它为后来的面向发展中国家的外援法案奠定了基础，美国的研究型大学在外援法案中扮演着重要角色。1948年1月美国国会通过了《信息及教育交流法案》（Smith-Mundt Act），俗称“史密斯－蒙特法案”。该法案主要是1944年的“剩余财产法案”（The Surplus Property Act）和1946年的“富布莱特文化交流法案”的补充法案。该法案强调交换项目，应该从学生和学者交流扩大到为外文书籍和出国进行文化考察提供政策和经费支持。在通过该法案时，美国国会就强调：“真理可以成为有力的武器”，并宣称，用“讲真理”的方法解释美国的动机，鼓励道德和提供希望，让人们信服美国思想、方法和生活，“与美国在世界上的负面影响宣战”。同时该法案中还表达了三个“保护”的概念：要求政府允许媒体使用私人资源，禁止联邦政府垄断广播事业，禁止联邦政府在国内散发信息，因为国会怀疑政府中一些亲苏势力会影响美国①。该法案为后来的教育交流项目建立了基本框架。随后在1949年杜鲁门总统发布了“第四点计划”。

在战后短短的几年内，上述法案的密集出台为美国的崛起和高等教育国际化做了多方面的铺垫和准备。后来，推动高等教育国际化的重要法案还有1958年的“国防教育法”（National Defense Act）、1961年的“外国援助法案”（Foreign Assistance Act）和“国际教育法案”（International Education Act）等。这些法案的出台得到了美国高等教育的积极响应。比如，就在杜

① Gumperz，E. Internationalization：American Higher Education：Innovation and Structural Change［M］. University of California at Berkeley：Center for Research and Development in Higher Education，1970.

鲁门的“第四点计划”出台之后，当时的密歇根州立大学校长·汉纳（Hannan，J.）博士代表所有州立大学和公立学院允诺：美国的大学将在食品安全和对外援助方面与政府合作。到了20世纪60年代美国国际开发署和各大学之间的合作已经形成了规范，彼此之间还制定长期的合作承诺，其中包括：更加灵活的项目协议和更好的联络；通过大幅度地加强有关机构建设的经费，更好地利用现有的知识资源；在项目的计划和监督检查方面，大学和政府的整体战略目标和承诺达成一致；大学在全面扩大公众对于国际技术援助的理解方面要起领导作用；国际开发署和大学应共同合作，加强美国大学的国际能力等。

在肯尼迪和约翰逊任总统期间，美国大学对美国国际援助的参与达到了高峰。随着美国联邦政府农业技术援助的减少，美国大学对于国际开发署的参与也开始减少，但并没有停止，本文的后面还将具体谈到美国高等教育机构目前在外援法案中的角色和作用。

下文将详细分析对美国高等教育国际化起着关键作用的几个重要法案。

二、促进国际学生和学者交流的《富布莱特文化交流法案》

上文提到美国在“一战”前利用庚子赔款接受中国留学生，“二战”前又修改移民法案，吸引了大批的流亡学者。美国联邦政府也清楚地看到仅仅靠这些还不足以扩大美国的国际影响。因此，根据美国参议员富布莱特提案于1946年建立了“富布莱特学者交流项目”。该项目是由当时的民主党参议员富布莱特在参与讨论《1944年剩余财产法案》（Surplus Property Act of 1944）时提出的一个修正案。在这一修正案中，他主张将美国政府在海外各国剩余的战争物资就地变卖，以所得的经费用于美国与该国进行国际教育交流的费用，以增加该国对美国的了解，减少美国在国际上的冲突。美国国会在当年8月通过了该法案。为了执行该法案，美国联邦政府组织成立一个由美国学术界杰出人士组成的“外国奖学金董事会”（Board of Foreign Scholarships），负责监督富布莱特文化交流项目的运作。

在《富布莱特文化交流法案》的框架下，1961年，美国联邦政府又颁布了《教育与文化双边交流法》（Mutual Educational and Cultural Exchange Act），俗称《富布莱特－海斯法》（Fulbright-Hays Act）。这一法案进一步巩固了《富布莱特文化交流法案》，从而实现文化交流计划的整合。《富布莱特－海斯法》是美国历史上第一个提出为研究生和学者从事海外研究提供固定资金支持的法案。该法案的诞生与美国20世纪60年代采取的外交策略有关。这一法案的主要目的是通过文化交流增强美国人民和其他国家人民的相互理解，并以此为世界带来和平和幸福。该法案的经费可以以奖学金、合同和其他方式用于本国学生和学者，也可以用于在美国学习的外国学生、教师和学者，还可以用于从事非营利活动的组织。在该法案中，第一次规定允许外国学生带家属到美国留学。

这些相关的规定促使美国大学中国际学生的数量迅速上升。在 1960 年，美国的外国学生数量仅为 53 107 人，到了 1982 年，数量增加到了 336 990 人①。更为引起关注的是从 20 世纪 60 年代开始，科学家移民美国的数量逐渐减少，这无疑影响到了美国对高层次人才的需求。美国留学生规模的扩大正好解决了美国经济高速发展过程中人才短缺问题。这些留学美国的学生，在获得博士学位之后，大多留在了美国。从 70 年代后期开始，大批中国留学生选择在美国就业就是一个很好的说明。

几十年来，富布莱特交流项目不断扩大，时至今天已经包括不同的种类：在“富布莱特美国学者计划”（Fulbright U. S. Scholar Program）中，每年大约有 1 100 名美国学者和专业人员到世界 125 个国家进行讲学和从事专业研究。“富布莱特专家项目”（Fulbright Specialist Program）是一个专门为美国教授和专业人员设立的海外两到六个星期的专家咨询项目，主要向海外大学和学术机构提供咨询，咨询的内容包括课程、教师发展、机构规划等相关内容。“富布莱特访问学者项目”（Fulbright Visiting Scholar Program）主要向 95 个国家的 800 位外国学者提供到美国大学从事讲学和博士后研究经费。“富布莱特居住项目”（Fulbright Scholar-in-Residence Program）是针对美国不同大学设立的，每年有 50 个名额，邀请外国学者到美国的黑人或印第安人大学从事一个学期或一学年的教学和研究活动。“富布莱特新世纪学者”（Fulbright New Century Scholars Global Program）是 2003—2004 年开始的新项目。每年通过竞争形式在世界范围内选取 30 个著名学者和专业人士，通过学者们的多学科背景深入地研究共同关心的全球性问题。该项目启动五年来，已经对环境、疾病和国际高等教育问题展开合作研究，成果显著。

富布莱特项目中还有许多针对学生的项目：比如，“富布莱特美国学生项目”（Fulbright U. S. Student Program）主要给美国学生提供海外学习机会。每年有 1 500 名美国学生能够获得时间长短不一的项目支持。“富布莱

① Agarwal, V. & Winkler, D. Migration of Foreign Students to the United States [J]. The Journal of Higher Education, 1985 (5): 509 - 522.

特英语助教项目”［The Fulbright English Teaching Assistantships（ETA）Program］，给美国英语学生助教提供到海外教授英语的机会。与美国学生富布莱特项目相对应的是“富布莱特外国学生项目”（Fulbright Foreign Student Program），该项目是为外国学生、年轻学者和艺术家一年以上到美国的学习机会，每年提供大约 1 700 个奖学金名额，此外还为 1 350 位已经在美国就读的学生续奖学金。“富布莱特外语助教项目”（Fulbright Foreign Language Teaching Assistant Program）是专为从事英语教学的外国教师提供到美国大学进修英语的机会，同时加强这些教师对美国文化和习惯的了解。“国际富布莱特科学与技术奖学金”（The International Fulbright Science and Technology Award）的范围很窄，每年为 40 位在科学、工程和技术相关领域的杰出外国学生提供到美国著名大学攻读博士学位的机会。“富布莱特教师交换项目”（The Fulbright Teacher Exchange Program）是美国与世界 10 个国家的一对一项目，每年有 120 位教师参与交换。

最值得一提的是在《富布莱特文化交流法案》框架下，1978 年建立的“胡伯特·汉佛莱奖学金项目”（Hubert H. Humphrey Fellowship Program）。该项目只为发展中国家和新兴经济体国家的领袖人才设立。获得该奖项的人要到美国选定的 18 所美国大学学习一年，进行领导能力培训。涉及的学科主要是公共政策和管理领域。2008—2009 年，86 个国家的 154 人获得此项资助。从项目设立到现在，已经有来自 156 个国家的 4 150 人获得该奖学金。

实施富布莱特法案的资金最初来源主要是美国国会拨款，后来有许多项目演变成双边政府项目：由美国政府、相关国家政府和私人机构共同承担费用，以工资补助、减免学费和提供住宿等方式间接支付。比如，在中国实施的“富布莱特学者交流项目”就是由美国联邦政府和中国政府共同出资的。

中国学生、学者和教师从 1979 年开始有机会参与到该项目中。当时，中国与美国之间本着平等和互惠互利的原则，以促进教育领域的合作和交流为目的，开始了交流计划。自 1979 年以来，该项目为我国高等院校培养了大量的师资，在我国大学的学科建设方面发挥了积极的作用。

根据富布莱特官方网站公布的数据，从 1946 年到现在已经有大约 294 000人参加了不同的富布莱特项目，其中 111 000 人来自美国本土，183 000人来自 155 个其他国家。

从上述种类繁多的项目中，人们可以看出《富布莱特文化交流法案》的目的和意义。尤其是从美国高等教育国际化发展的角度来看，富布莱特项目无疑是具有重要影响力的国际化项目。值得一提的是参与到该项目的美国海内外学生和学者基本是来自顶尖的研究型大学。在项目结束后，有人进入派出国的政府机关，有人进入国际组织的决策层，有人进入世界最好的研究型大学。从这些人身上所展示出的国际影响力远远大于富布莱特参议员最初的设想。

三、“第四点计划”与美国大学的海外研究

1949 年 1 月 20 日，美国总统杜鲁门在就职演说中提到美国全球战略的四点计划，即支持联合国、支持战后欧洲经济复兴计划、援助自由世界抵御侵略和援助落后地区计划。其中，他着重阐述了“第四点计划”（Point Four Program），即对亚、非、拉美不发达地区实行经济技术援助。该计划也被称为“发展中国家技术援助计划”（Technical Assistance Program for Developing Countries）。这是《马歇尔计划》的一个补充计划，美国国会于 1950 年 6 月通过了该计划。根据百度百科“第四点计划”网站提供的信息和数据，该计划将埃及、伊拉克、沙特阿拉伯、约旦、黎巴嫩、伊朗、以色列等国都列入其中，1951 年底扩展到 33 个国家。通过该计划，美国逐渐控制了中东，并对该地区的石油资源逐渐形成垄断。数据显示，仅从 1945 年到 1955 年的 10 年间，美国在该地区石油工业中的投资就增加了 400 亿美元。而在 1939 年，美国在中东石油开采额中所占的比例仅为其中的 13.1%，1956 年则增加到 65%。

该计划的重要目的是为了遏制前苏联在中东的地位和共产主义的扩散，强化美国在资本主义世界的领袖地位。正如 1949 年 6 月杜鲁门总统的国情咨文曾指出：美国必须为欠发达地区提供一个坚实的经济基础。因为在杜鲁门看来，没有这样的经济基础就无从满足这些地区人民的种种希望。倘若欠发达地区遭到挫折，希望破灭，就会转而追求那些鼓吹通过专制取得发展的“异端邪说”。所以美国必须帮助这些地区。杜鲁门认为美国是有能力提供这种援助的唯一国家。他的观点促成了 1950 年“第四点计划”的出台。

“第四点计划”最为核心的成分是技术援助。其中发现新知识和为经济落后国家培训技术人员的任务落到了大学的肩上。由此形成了战后高等教育国际化的一个重要领域——技术和教育援助。为了使大学能够顺利地参与到该计划中，1950 年美国联邦政府先后成立了“外事运行管理机构”（Foreign Operations Administration）和“国际合作管理机构”（International Cooperation Administration）。1951 年，美国大学开始通过与联邦政府签约的形式向其他

国家提供技术和教育援助。根据相关统计，从该年起，通过签约形式提供教育援助的学校逐渐增多。到 1967 年，美国 101 所高等院校与联邦政府签订了 144 份国际援助合同，涉及 1.97 亿美元的联邦开支。此外，还有 128 所院校与美国国际开发署（Agency for International Development）签订了 166 份培训、科研和技术服务合同，涉及金额总计 3 000 万美元①。这些项目和经费对战后经费短缺的美国大学来说不仅是雪中送炭，更是奠定了其国际化的基础和发展方向。

随着参与教育援助计划的院校数量的不断增加，合同的性质也逐渐发生变化。最初，是大学教授以专家身份在一定的时间段内被“借调”到某个政府服务项目中，后来发展到大学直接负责国际援助项目。

20 世纪 60 年代，美国国际开发署和美国各大学之间的合作就已经形成了规范。尤其是在肯尼迪和约翰逊任总统期间，美国大学参与美国国际开发工作达到了高峰。近年来，虽然美国的国际援助项目在逐渐减少，但是大学始终是该项目的积极参与者。根据美国国际开发署的官方网站信息和数据，2012 年，在美国国际开发署下属的合作研究支持项目中，有 8 个大的合作项目，美国的 60 所大学与来自 60 个发展中国家的研究机构合作，从事与食品、疾病和减少贫困相关的研究。2008 年，美国国际开发署向美国参与研究、培训和技术转让的大学提供了 2 900 万美元的经费支持。

四、进一步加强大学参与的《美国对外援助法案》

1958 年富布莱特参议员就直言不讳地批评美国国会把大部分的经费用到了军备上，他说：“今后五十年中世界上的流血战争大部分都将同美国制造的军事装备有关。”富布莱特的话引发了对 1947 年以来美国对外援助法案的反思。数据表明从 1947 年“马歇尔计划”之后，美国的援外支出累积为 500 亿美元，其中，300 亿美元是直接用来支付军事装备的。在余下的 200 亿美元中，大约 85% 也是属于军事性质的援助，仅有 15 亿美元，占所有外援资金总数的 0.5% 左右，用于培训、卫生、教育和福利等方面的技术援助②。因此，为加强高等教育在对外援助中的作用，在 1961 年肯尼迪上台后修改了美国的外援计划，颁布了新的对外援助法案。当时，美国对外援助

① McDonald, G. Internationalizing American Higher Education: Innovation and Structural Change [M]. University of California at Berkely: Center for Research and Development in Higher Education, 1970: 35.

② 吴玉梅. 美国《1961 年外援法案》初探 [J]. 滁州学院学报, 2006 (5): 63.

的主要行为主体是联邦政府、国会、非政府组织和一些金融机构。美国联邦政府涉及对外援助的机构主要有：白宫（包括国家安全委员会、总统、有时还包括副总统、第一和第二夫人）、管理与预算办公室、国务院、国际开发署、国防部（主管军事援助）和财政部等。外援法案是肯尼迪继杜鲁门之后，对美国的外援政策和美国的外交政策进行调整的结果。原因在于，美国联邦政府发现在注重西欧盟国经济恢复计划中，忽略了美国在其他地区和国家的影响。《美国对外援助法案》（American Foreign Assistance Act）是美国在其他国家获取经济、政治和战略利益的杠杆。

为实施《美国对外援助法案》，1961 年 11 月，肯尼迪总统授权建立了美国国际开发署（US Agency of International Development，USAID）。1962 年，为了推动美国的外援计划、扩大美国学生对外援的参与，肯尼迪总统在访问密歇根大学期间，要求大学生们为了国家的和平和发展到发展中国家去生活和工作。随后授权成立了联邦“和平队”（The Peace Corps）。成立该组织的主要目的是组织和资助大学生志愿者们出国服务。根据该组织的官方网站公布，从 1961 年到 2011 年的 50 年间，有 20 多万美国青年在 139 个国家工作和生活过。2011 年，美国联邦政府对和平队的预算为 40 亿美元。从学生参与的数量和经费投入上可以看出其对学生国际化的影响。

1961 年的《美国对外援助法案》减少了军事援助项目，加强了技术援助，开始以促进发展中国家的长期发展为目的，把发展贷款的比重从以前的 25% 增加到 1963 年的 57%，主要用于帮助发展中国家建立学校、医院、工厂、修建铁路、推广农业技术、进行税收及财政制度改革等。数据表明，美国对拉美国家的援助从 1960 年的 1.59 亿美元增加到 1964 年的 9.89 亿美元，对非洲的援助从 1960 年的 3 800 万美元增加到 1964 年的 2.2 亿美元。为了加强对外经济援助的协调工作，美国国际开发署于 1962 年在 75 个国家设立了代表处，雇员超过 11 000 人①。

用什么策略实现美国的外援计划，不仅是个技术问题，而且是美国向世界展示自己的形象，保护美国的国际利益问题。因此，与研究型大学合作，实现其外援目标成了美国联邦政府的首选。因为大学里不仅有专业人员和专业知识，而且大学教授从事外援活动能够减少政府官员直接出面的政治色彩，容易被受援助国接受。出于各种不同因素的考量，1961 年美国的外援计划首先将公立研究型大学纳入美国对外援助计划中。因为美国对第三世界

① 周琪. 冷战时期美国对外援助的目标与方法［J］. 美国问题研究，2009（2）：40.

的外援计划多集中在农业开发上，同时美国的公立研究型大学大多都有农学院。

公立大学参与外援项目多于私立大学，每年美国国际开发署都会公布援助的项目、内容和经费，并提出相应的配对政策，要求申请美国技术援助经费的外国大学和研究机构必须有美国的合作方才能申请项目。这一配对策略无疑加强了美国的大学与发展中国家的科研机构和大学的联系与合作关系。比如，在美国国际开发署的官方网页上有这样一段话，如果你的大学或机构刚开始发展国际援助项目，并对国际援助署的发展项目感兴趣的话，本署建议您必须了解本署的根本目标和战略，尤其应该关注本署下属的不同部门的发展战略（经济增长、农业、健康和民主管理等），当你计划要申请本署的经费时，必须关注本署工作的对象国、目标战略、选择相应的国家作为合作伙伴。这段话的意思是：大学要获得美国的外援经费，在发展中国家进行援助性的研究，必须与国际援助署的发展目标和美国的国家战略目标一致，不然就不可能得到资助。也就是说，美国的大学为了获得国际援助署的发展项目，只能跟着国家外援项目走，而这些项目目标必须反映美国的国家利益。

对于外援项目对大学国际化的影响，在 1960 年由大学与世界事务委员会（Committee on University and World Affairs）提供的报告中，直接阐述了大学在对发展中国家技术援助中的作用。随后，有关美国大学与美国国际关系和国际事务的关系研究也不断出现。比如，韦德纳（Weidner，E.）1962 年发表了《大学的世界角色》一书，威尔逊（Wilson，H.）和威尔逊（Wilson，F.）1963 年合著了《美国高等教育与世界事务》一书。1964 年鲍尔鼐（Boulding，K.）从 8 个案例中研究了美国大学和美国国际关系问题。同一年，曼瑞斯·瓦特斯（Waters，M.）对外援行动中的 6 个案例进行分析，从多个视角探讨了美国的国际关系对美国本科生和研究生教育的影响。从这些研究中，人们可以发现美国高等教育从 1945 年开始就参与到美国国际事务中，并以和平和民主使者的形象展示在世人面前。但是经历了几十年的发展过程，人们逐渐清晰了这些行动背后的含义。

目前，美国的外援项目主要集中在非洲和中东。其中设在美国国际援助署下的“非洲美国高等教育项目”主要管理非洲高等教育与美国公立大学的合作。根据美国国际开发署官方网站的信息在 2009 年获得非洲外援项目的美国大学仅有 13 所（见表 2－3）。

表 2-3　2009 年获得开发项目的美国和非洲大学列表

U. S. Higher Education Institution	African Higher Education Institution
Calvin College	Milton Margai College of Education and Technology, Sierra Leone
Cleveland State University	Copperbelt University, Zambia
Colorado State University	University of Nairobi, Kenya
Durham Technical Community College	Kigali Institute of Science &Technology, Rwanda
George Mason University	University of Sierra Leone
Georgia State University	International University of Grand-Bassam, Cote d'Ivoire
Michigan State University	University of Malawi
North Dakota State University	Makerere University, Uganda
Oklahoma State University	Hawassa University, Ethiopia
Texas A&M University	University of Namibia
The George Washington University	Moi University, Kenya
The Ohio State University	Université Gaston-Berger, Senegal
Troy University	University of Liberia
Tufts University	Muhimibili University of Health and Allied Sciences, Tanzania
University of Alabama at Birmingham	University of Zambia
University of Connecticut	Addis Ababa University, Ethiopia
University of the Pacific	School of Finance and Banking, Rwanda
Virginia Tech University	Catholic University of Sudan
West Virginia University	Catholic University of Mozambique
Wheelock College-Boston	University of Education, Winneba, Ghana

这些配对大学和机构可以利用美国国际开发署的经费研究地区和国家优先发展问题，包括工程、健康、农业、环境与自然资源、科学与技术、教育

与教师培训、商业管理与经济发展等问题。根据美国国际开发署官方网站公布的数据，从 1987 年起，已经有 300 多所美国的大学与 60 个国家的 200 多所大学开展了合作。合作的内容包括学生实习、公共卫生、改进环境等多方面。目前在美国高等教育机构参与的其他外援项目中，涉及能力建设方面的合作还有合作研究支持项目（Collaborative Research Support Program，CRSP）、农业生物科学支持项目Ⅱ（Agricultural Biotechnology Support Program Ⅱ）和与印度尼西亚、南非和赞比亚的私营部门合作的项目等。除此之外，还有“美国学校和医院海外计划”（American Schools and Hospitals Abroad），该计划通过美国的教育机构所在的学校图书馆、医疗中心与海外伙伴合作，传播美国的思想和实践，展示美国技术、教育和文化的先进性。

美国大学多方面参与外援项目，从农业发展到教师培训与资格认证，从减少饥饿与贫困到医学研究。比如，根据密歇根州立大学教育学院宣传页的描述密歇根州立大学教育学院就一直从事巴基斯坦教师培训项目。密歇根州立大学、教育发展研究院（The Academy for Educational Development，AED）和教育发展中心（The Educational Development Center）三方联合与美国国际开发署签订 5 年合同，总经费为 7 500 万美元。密歇根州立大学教育学院获得 700 万美元。密歇根州立大学教育学院为巴基斯坦大学老师和行政人员提供培训。届时已有 60 位巴基斯坦的博士生和 45 位硕士生到密歇根州立大学和其他美国的大学接受教师培训。

1961 年，《美国外国援助法案》不仅是美国一个非常重要的向外国提供援助的法案，而且是美国大学走向世界的重要法案。在 1968 年伍德（Wood，R.）出版的《美国的大学：它们在技术与金融外援中的角色》（American Universities：Their Role in AID-financed Technical Assistance Overseas）的前言中讲到：在整个国际教育关系中，战后美国的大学最重要的发展之一就是带着美国联邦政府的合同在海外的出现。也就是说，美国联邦政府培养了美国大学向海外拓展的能力。

五、《国防教育法案》与校本国际化

如果说美国联邦政府用援外法案将美国的大学推向海外，使其积累了丰富的国际合作经验。那么《国防教育法案》（National Defense Education Act，NDEA）则推动了美国大学的校本国际化改革。1958 年颁布的《国防教育法案》主要有两个目的：为美国安全培养必要的人才，包括培养语言人才，其次就是通过国防学生贷款项目，资助那些需要上大学却无力交学费的学生上大学。

"冷战"促成了美国联邦政府对国防教育的立法，确保美国在军备和科技领域与苏联形成抗衡，因此需要大量的训练有素的各类高级人才。《国防教育法案》首次向本科生提供贷款，改进科学、数学、语言教育，向研究生提供奖学金，从事区域发展问题研究。在"二战"时期，全美只有约400名博士完成了外国区域或国际事务的专业研究，且多数研究欧洲问题，只有少数人关注亚洲和拉丁美洲，致使该领域的人才培养能力很弱①。

1957年，苏联卫星上天使美国人突然发现自己的科技领先地位已经不在。这时美国联邦政府也感到美国对于东欧和亚洲了解甚少。在美国的大学中，科学教育与语言教育也跟不上国家需要。因此，美国联邦政府认为有必要对本国的科学和语言教育及所涉及的相关领域进行立法。因为当时美国大学对相关人才的培养能力无论数量和质量都不能满足美国国家安全的需要。

《国防教育法案》的主要目标是在各类和各层次教育中，促进科学、数学和现代语言教育，也包括技术教育、区域研究、地理研究、英文作为第二外语教学、学生咨询服务、图书馆和教育媒体中心建设等。该法案还向大学中90%的学生提供低息贷款，并对使用其经费的大学的课程建设、人员和项目进行监管。在1958年与《国防教育法案》同时颁布的还有《国家航空航天法案》(The National Aeronautics and Space Act)。这两个法案的签署表达了美国当时对冷战的态度，也为美国研究大学校本国际化提供了机会。

1. 校本国际化的范围与内容

在《国防教育法案》颁布的第二年，也就是1959年美国联邦政府就下拨了350万美元，其中用于语言与区域研究的经费为250万美元，另外150万美元用于各种语言的教师培训②。该法案要求在大学中开设的首批语言课程包括中文、日文、阿拉伯文、印度语、葡萄牙语和俄语，并确定了第二批开设的18个其他语种和第三批开设的59个其他语种。第一年为学习第一批语种的学生提供了171个奖学金。在法案颁布后的最初四年，联邦政府共投入了4.8亿美元，其中3 200万美元用到了现代语言教学、学生奖学金、大

① Wiley, D. Forty Years of the Title VI and Fulbright-Hays International Education Programs: Building the Nation's International Expertise for a Global Future [G] // "Meara", P. et al. (eds.) Changing Perspectives on International Education. Indiana: Indiana University Press, 2001: 12.

② Hawkins, J. et, al (ed.). International Education in the New Global Era: Proceedings of a National Policy Conference on the Higher Education Act Title VI and Fulbright Hays Programs [M]. Los Angeles, California University Press, 1998: 23.

学教师国际交流活动上，占全部拨款的6.7%[1]。

耶鲁大学在国防教育法案的支持下，于20世纪50年代末开始进行课程调整，到60年代仅现代外语和文化一类课程增至24门之多。其中除了西班牙语、葡萄牙语、俄语、意大利语、瑞士语、荷兰语等传统欧洲语言之外，还新增加了捷克语、塞尔维亚-克罗地亚语以及大量亚洲语言（如：中文、日语、泰语、柬埔寨语、越南语、印尼语等）和中东国家语言（如：闪米特语等）。同时在跨专业交叉研究中专门加入了中国研究、俄罗斯研究（当时应译为：苏联研究）和日本研究。通过这些课程的开设和发展，可以看出耶鲁大学对《国防教育法案》中提到的“外国语教学”和“区域研究”领域都做出了很大的努力，并开始加强对发展中国家了解的课程，为向发展中国家提供“对外技术援助”打下坚实的基础。

根据耶鲁大学机构研究办公室网站公布的信息可以看出本科生学习领域的分布统计数据，从中可以获悉，从1955—1971年，耶鲁大学跨学科交叉领域得到迅速发展。现代外语与文学领域课程的学生比例也在稳步上升，尤其是从20世纪50年代末至60年代中期，现代外语与文学发展非常快。

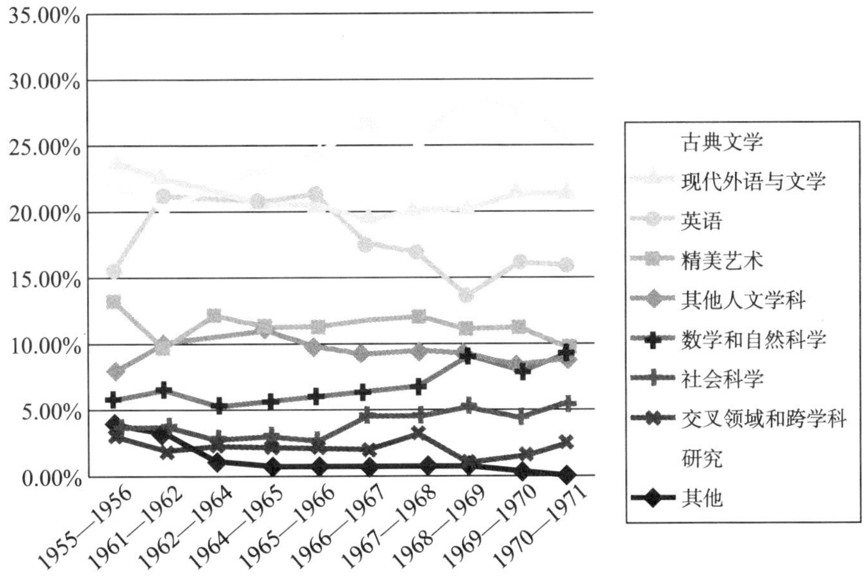

耶鲁大学本科生研究领域分布统计图（1955—1971年）

① Flattau, P et al., The National Defense Education Act of 1958: Selected Outcomes [M]. Washington DC: Science & Technology Policy Institute, 2006.

从整个20世纪60年代耶鲁大学的财政收入来看，到1969—1970年止，政府拨款增至3 508 063美元，是1964—1965年的近3倍，1960—1961年的近6倍。联邦政府项目拨款已达到耶鲁同年总财政收入的28%，成为该大学仅次于社会捐赠之外的第二大财政来源。这对于耶鲁这样的私立大学而言意义可谓重大。它表明耶鲁大学在整个60年代的国际化发展与联邦政府的高等教育诉求的高度契合。

在《国防教育法案》框架下，到了20世纪90年代，美国联邦政府还建立了现代语言奖学金。该奖学金为语言教学法的研究、用于语言教学的教材提供经费支持、为教授不同语言的外语教师提供培训、也为大学里建立的国际或区域研究中心提供资助。到1997年，设在美国的大学中各类研究中心有110个，有20个国际商务教育中心、7个语言资源中心和10个美国海外研究中心①。这些中心的活动经费由美国联邦政府直接拨款。资助的范围包括到现代语言教学：在语言学科设立学生奖学金，对大学教师的相关国际交流活动和邀请国外学者参与中心项目等。为此，美国联邦政府成立了教育办公室（Office of Education），负责《国防教育法》经费的管理和项目的实施。

《国防教育法案》作为“冷战”时期最为重要的法案成功推动了美国大学校本国际化。主要体现在三个方面：首先，进一步推进了大学课程的国际化，尤其是增加大学中外国语教育中的语种数量。其次，在大学中有针对性地建立区域研究中心和科学经费的投入，提高了大学的区域研究能力，扩大了大学里的研究范围，使大学的研究不再仅仅局限于美国和欧洲，而是面向全世界。据盖革尔（Geiger，R.）1992年的统计，从1958年到1970年，联邦政府对大学学术研究的拨款不断增加。1958年为2.54亿美元，1964年为9.76亿美元，1970年为14.47亿美元。仅1959—1960年，联邦政府就在大学中资助建立了19个区域研究中心，1969—1970年为106个。根据美国统计局统计显示，1959—1976年的近20年中，区域中心项目共培养了63 240名本科生、23 590名硕士生和8 620名博士生②。以1970年为例，当年全部本科生中7%的学生学习地区研究专业或者至少学习一部分国际性课程。这改变了美国“二战”结束时几乎没有一所大学开设亚洲、非洲或者中东问

① Cumings, B. Boundary Displacement: Area Studies and International Studies During and After the Cold War [J]. Bulletin of Concerned Asian Scholars, 1997 (29): 1-10.

② Geiger, R. Science, Universities, and National Defense, 1945—1970 [J]. Osiris, 1992 (7): 26-48.

题课程的现状。此外，据另一统计表明，大学培养的小语种的学生从1960年的12 099人增加到1977年的63 928人①。

进入20世纪70年代后期，美国联邦政府对《国防教育法案》进行了一些调整，把各国间经济的相互依赖和公民意识培养纳入美国的大学课程中，并要求大学的区域研究中心增加：（1）针对现实问题领域的研究生国际项目；（2）本科国际研究项目中，在原有通识教育基础上增加课程的国际维度。

2.《高等教育法案》对校本国际化的补充

1965年，为配合《国防教育法案》，约翰逊总统在《高等教育法案》中提出修改学生奖学金和贷款资助，同时对大学的硬件建设提供资助。该法案建立了对美国高等教育学生和教育机构的资助体系。到2008年，《高等教育法案》已经修订9次。每次修订都对美国高等教育的现代化进程和美国知识经济的发展起着决定性的作用。1965年《高等教育法案》有一条谈到高等教育国际化问题，那就是大学中增加亚洲和拉美研究的教师数量和经费，增加图书资料，扩建图书馆和增加专业图书馆管理员等，使大学能够适应新的教育变化。

1966年，为了进一步巩固美国高等教育的国际化，美国联邦政府颁布了《国际教育法》。通过这一法案，美国高等教育，尤其是研究型大学深深地卷入到美国的国家发展战略中。该法案针对所有教育提出国际化的要求，尤其强调了语言教育要从中小学开始。该法案对大学国际化的贡献主要表现在：为高等教育中开拓型国际教育项目提供经费。1966年，约翰逊对起草该法案的特别行动委员会提出：应该关注：（1）增加新的研究方向和能力建设；（2）更为广泛深入地开展教师和学生交流；（3）为外援项目建立专业项目，培养专门人才；（4）在国际教育上，鼓励创新国际教育项目②。

针对大学中的国际意识和语言教育，1972年，《高等教育法》修订案主要针对高等教育中种族、肤色和性别歧视问题进行立法，尤其是对女性进入高等教育提供法律保障。其中的第六款再次为高等教育课程的国际化提供资助，设立了“本科国际学习和外语项目”。

综上所述，美国高等教育在20世纪40年代到70年代的国际化体现着

---

① Burn，B. Expending the International Dimension of Higher Education [M]. San Francisco：Jossey-Bass Publishers，1980：109－119.

② Read，G. The International Educational Act of 1966 [J]. Phi Delta Kappa International，1966，47（8）：406－409.

鲜明的政治和军事目的，尤其是美国联邦政府将高等教育国际化视为冷战时期的重要军事和外交手段。围绕美国的外交、政治、经济、军事和文化，美国联邦政府对美国的高等教育国际化进行了系列的策略调整，使这一时期美国的高等教育国际化充分体现了美国的国家意志和目标，因此这一时期的美国高等教育国际化表现出独特的国家工具理性特征。

第四节　科学研究与博士教育的国际化

“二战”后，美国研究型大学的发展与布什（Bush. V）有密切的关系。布什出生于1890年，1916年获得麻省理工学院博士学位。他在1931年成功研制的“微分分析仪”（Differential Analyzer）被认为是电子计算机的先驱。布什在1940年向罗斯福总统建议，建立一个不受国会和其他机构控制的军方、工业和学者参与的研究机构，直接由总统领导与提供经费，主要从事军事科学方面的研究。罗斯福总统接受了这一建议，在1940年成立了国家防务研究委员会（The National Defense Research Committee，NDRC），主要任务是协调、管理和秘密进行战时武器开发：从雷达到原子弹的研究。从1940年6月到1941年6月，该机构与141所大学和研究机构、22家公司签订了二百多个科研合同。1941年，科学研究与发展办公室（Office of Scientific Research and Development，OSRD）的成立取代了NDRC，布什任该办公室主任，管理着著名的“曼哈顿计划”。当时有3万多人以不同的方式参与科学研究与发展办公室工作，其中大部分是布什从大学里雇用的科学家，发明和制造了包括原子弹在内的200多种武器，为美国赢得“二战”提供了必要条件。

一、科研体制建设与博士资助

如果为美国现行的科研体制寻找源头的话，这就是布什提出的“合同制的联邦主义”（Federalism by Contract）。这一概念的实质就是联邦政府自己不设立研究机构，而是通过签订研究合同的方式，把国家科学研究任务下放到大学或私营公司中去。1944年年底，根据罗斯福总统的命令，布什组织起草了题为“科学——无尽的疆界”（Science——The Endless Frontier）的报告。该报告后来被誉为美国科技发展史上的一个里程碑。报告中贯穿的中心思想就是：“科学研究是国家强盛、人类进步所必需的，因此，政府有责任来支持、资助人类在这个领域的活动。”他向罗斯福总统建议由联邦政府出资成立一个完全由科学家控制的“国家研究基金会”（National Research Foundation）。这个基金会要采用“合同制的联邦主义”的方式管理国家的基础科学研究。但是布什的主张引起了国会议员们的怀疑，因为在管理“科学研究与开发办公室”期间，布什将大量的研究合同给了麻省理工学院。据统计，麻省理工学院从布什手中获得了1亿美元以上的研发合同，相当于哈佛大学和加州理工学院从OSRD得到合同金额之和。这三所大学从OSRD得到的科研合同金额占美国所有大学从OSRD得到的金额总数的70%以上。在OSRD签发给大学的研究合同中，90%流向八所大学；给公司的合同中，40%流向十个公司；在获得的专利中，90%的所有权归到大公司的名下（亦明）①。布什的自利行为导致了他的建议被搁置。

直到1950年，《国家科学基金会法案》（National Science Foundation Act）才获得通过，并成立了“国家科学基金会”（National Science Foundation）来执行该法案。但是当时国家科学基金的经费非常有限。根据亦明的报告，1951年该基金会的预算仅有15万美元，1952年为350万美元，到1958年是3000万美元。联邦政府颁布了《国防教育法案》以后才大幅增加了国家科学基金会的拨款，1959年该基金会的预算上升到了1.3亿美元。根据美国自然科学基金官方网站的信息，2010年的预算为69亿美元，占美国联邦政府支持美国高等教育从事基础研究经费的20%。

虽然国家科学基金会在成立初期的经费不多，对大学的支持力度也不大，但是随后相继成立的其他联邦政府机构中都采取了相同的经费投入模式，对大学的科学研究提供了可观的经费，也使布什的“合同制联邦主义”延续下来。

1946年杜鲁门总统授权将1923年成立的海军实验室（Naval Research Laborafory）改建成“海军研究办公室”（The Office of Naval Research, ONR），主要任务是：培养未来美国海军人才并从事海洋科学研究。该办公室成了美国大学校园中科学研究的最大施主。1946年成立之初，它就与美国的81所大学签订了177个研究合同，扶持了600多个科研课题。在1948年美国物理学会年会上，80%的论文注明受到ONR的资助。目前海军办公室的合作范围分布在自然科学的13个领域中。

除了向大学提供科研项目之外，海军研究办公室还建立了本科生和研究

① 亦明. 美国现代科研体制的形成［EB/OL］.［2003-05-27］. http://hps.pku.edu.cn/2003/05/416.

生的实习项目，参与实习项目的学生根据受教育年限获得补贴。在美国海军研究办公室官方网站上公布，2010 年夏天参加为期 10 个星期实习项目的大学一、二年级的学生可以得到 5 250 美元补贴，大三年级的学生可以得到 7 880美元补贴，研究生则可以获得 10 500 美元的补贴。

1946 年 8 月杜鲁门总统签署了《麦克马洪/核能法案》（McMahon/Atomic Energy Act）。该法案的主要目的是和平使用核能。在此法案框架下，1946 年成立了“美国原子能委员会”（The United States Atomic Energy Commission，AEC），其主要任务是解决“二战”后核能的和平利用和相关的技术问题。美国原子能委员会掌管了原子能科学研究的所有项目。1949 年美国大学科研资助款有 96% 来自国防部和原子能委员会。

在美国联邦政府为大学提供研发经费的六大机构中，“国家卫生研究院”（National Institutes of Health，NIH）自始至终都是向大学提供研发经费最多的。该机构的核心目标是：鼓励将研究发现应用到保护和改进人类健康问题，特别是针对目前人类健康面临的大问题上。

为了实现其目标，美国国家卫生研究院对相关的项目不仅提供领导和指导，同时在诊断、查找原因、保护和治疗疾病等众多方面提供经费支持。

美国国家卫生研究院的前身可以上溯到成立于 19 世纪末的“卫生实验室”（The Hygienic Laboratory），由当时财政部的“公共卫生服务局”（Bureau of the Public Health Service）管理。1930 年，“卫生实验室”改名为“国家健康研究所”（National Institute of Health）。1948 年，根据《国家心脏法案》（National Heart Act），“国家健康研究所”改名为现在的“国家健康研究院”。该研究院将所有与健康和卫生相关研究的机构纳入其管辖范围，目前管辖了 26 个机构。该研究院在执行项目研究方面充分利用大学中的研究力量。从 1946 年起，开始向大学提供研发资金，到 1950 年，资助金额已经超过 1 000 万美元。2000 年，美国联邦政府在科学研究方面的支出（Federal Obligations for Research）超过 380 亿美元，其中国家健康研究院大约为 170 亿美元，国防部大约 50 亿美元，能源部和太空署各约 40 亿美元，而自然科学基金会只有 27 亿美元，是总数的 7%①。

值得一提的是，在研发经费的使用上，美国联邦政府允许大学向研究生提供奖学金（包括外国研究生），尤其在基础研究和工程领域。从 1876 年，

① 亦明，美国现代科研体制的形成［EB/OL］．［2003 - 05 - 27］．http：//hps. pku. edu. cn/2003/05/416.

约翰·霍普金斯大学开始博士教育之后，斯坦福大学、芝加哥大学和哥伦比亚大学都相继建立了研究生院。但是当时的国际学生寥寥无几。从相关数据上看，美国博士教育的规模发展与美国联邦政府开始资助大学科学研究是同步的。在20世纪40年代，美国海军研究办公室与200所大学签约而进行的1 200项研究中，就有2 500位研究生参与到此项目中来。1941—1945年，在美国联邦政府30亿美元的研发经费中，有1/3用于与大学研究与开发新武器上，研发经费的增加提高了研究型大学的博士培养能力。1920年美国只有50所大学可以授予博士学位，博士学位授予的数量仅为620个；1940年为3 300个；1950年授予了6 000个；1960年上升到10 000个。就学科分布而言，1936—1956年，美国大学在工程领域授予外国学生博士学位占19%，物理科学为10%，生命科学12%，经济学12%①。1958—1961年，在工程、生命科学和物理科学领域有3 688个博士学位授予了外国人，1969—1971年上述三个领域有10 027个博士学位授予了外国人。根据邦德（Bound，J. et al）等人的研究，2003年在科学和工程领域51%的博士学位授予了外国人，而1973年仅为27%②。这一变化与美国联邦政府为外国学生提供奖学金政策有密切联系。又根据邦德的报告，1961—1972年，有3万攻读博士学位的学生获得美国联邦政府的资助，还有2.7万人获得联邦政府的资助从事博士后研究。其中，仅1968年美国联邦政府研发方面就提供了57 000个奖学金（fellowship）。2002年，美国联邦政府的研发投入为2 760亿美元，大学和学院获得的研发经费为360亿美元，占所有研发经费的13%，其中，54%属于基础研究。联邦政府基础科学研究分三大块，第一块用于与工程相关的企业中的基础研究和新产品与服务开发，第二块是基础医药科学研究，第三块是大学里的基础研究。美国联邦政府将基础研究经费的61.8% 投给了大学③。

对于美国大学科学研究的成果转化，1980年后，联邦政府密集出台了相关法案，如1980年的《专利和商标修正案》，俗称“贝多法案”（Bayh Dole Act），1984年出台的《国家合作研究法案》（National Cooperative Re-

① National Research Council of the United States：Report from National Academcy of Sciences，1957—1958［R］. Washington，D. C. National Academy of Sciences-National Research Council，1958.

② Bound，J. et al. Internationalization of U. S. Doctorate Education［M］. Chicago：University of Chicago Press，2009：39－40.

③ National Science Board，U. S. And International Research and Development：Funds and Technology Linkages［J］. Science and Enginnering Indicators，2004（5）：17.

search Act)，1989 年的《国家竞争性技术转化法案》(National Competitiveness Technology Transfer Act) 和 1990 年的《美国全球变化研究法案》(U. S. Global Change Research Act)。这些法案的出台促进美国研究型大学的科学研究转型：从传统的学术自由探索——到科学研究服务国家——到利用知识走向世界。其中最重要的是利用联邦政府的研发经费从世界各国获得博士研究人才。相关数据表明在 2003 年科学与工程博士学位获得者中，有 51% 是外国人，而 1973 年仅为 27% (见邦德 Bound et al 第 40 页)。对于招收外国学生并向他们提供奖学金的原因，1978 年洛克菲勒基金会和国际教育研究院联合举行的研讨会反复强调国际学生对美国国际政治的重要性：就是为美国经济发展提供有创造力的人力资源和加强外国的年轻人对美国文化的理解。

二、美国非政府组织在大学国际化中的作用

在论述非政府组织对高等教育的作用时，有研究者用了“隐形的手”(hidden hand) 的概念。因为它们虽然在大学国际化和科学研究中起到了积极的推动作用，但是却常被人们忽略。在美国，非政府组织概念非常宽泛，可以包括几类组织：宗教组织、各类认证机构和慈善组织等。在美国各种大小基金会有 6 万多个，其中有一类是国家大型私营基金会。这类著名的基金会包括福特基金会 (Ford Foundation)、洛克菲勒基金会 (Rockefeller Foundation)、斯滨塞基金会 (Spencer Foundation)、卡耐基基金会 (Carnegie Corporation)、卢斯基金会 (Luce Foundation) 和约翰逊基金会 (Johnson Foundation) 等。2004—2005 年，它们的资产估计在 4 200 亿到 6 000 亿美元之间，可提供 320—350 亿美元的捐赠①，其中很大一部分捐到了大学中。因此，基金会的捐赠在研究型大学的国际化和美国的对外援助领域里发挥着重要的作用。而且在许多情况下，它们的作用往往是政府不可替代的，尤其是那些能够影响高等教育发展方向的大型基金会。它们不仅为大学的国际化提供经费支持，而且将基金会的工作目标与联邦政府的各项法案结合起来，以影响美国高等教育国际化进程。比如洛克菲勒基金会首先在普林斯顿大学设立欧洲学者项目接收欧洲遭受迫害的学者，以爱因斯坦为代表的一大批欧

① Harcleroad, F. & Judith, E. The Hidden Hand: External Constituencies and Their Impact [G] // Altbach P. et al (ed.), American Higher Education in the Twenty-First Century: Social, Political, and Economic Challenges [M]. Baltimore: John Hopkins University Press, 2005: 256.

洲科学家靠此项资助来到美国。

在“二战”前，美国大学中除了一点古典拉丁文教育外，几乎没有关于亚洲、非洲和中东研究的课程，对苏联和东欧的了解也非常有限。因此，卡耐基基金会和洛克菲勒基金会首先出资，在哥伦比亚和哈佛大学建立了俄国研究中心，在密执安大学建立了日本研究项目，在东北大学建立了非洲研究中心。与此同时，福特基金会在 1952 年发起了外国区域研究学者项目，支持硕士和博士研究生们从事非西方区域、苏联和东欧的研究。根据相关统计，在 1952—1967 年间，福特基金会共提供了 2 050 人次的奖学金。福特基金会的国际研究和培训项目还向 30 所大学的国际研究中心提供了主要经费，用来支持研究生培养；同时还向 100 多所大学提供经费，用来支持本科生国际研究。1952—1964 年间，福特基金会提供了 1.38 亿美元其中的一半（大约 7 000 万美元）用于社会科学和人文科学领域的非西方问题研究。1959 年，该基金会又投入 700 万美元，对美国的 100 所学院和大学的本科生项目进行支持，以增加更多的非西方和国际知识和聘用更多的国际问题专家到美国大学任教①。在 20 世纪 80 年代，福特基金会和美菱基金会等（The Andrew W. Mellon Foundation）向国家语言中心提供千万美元，用于建立大学语言教育支持系统。

除了大型基金会以外，美国的各类非营利的教育机构也为推动美国高等教育国际化促进大学的科学研究。其中，美国国际教育协会（Institute of International Education）旨在促进美国人民与其他国家人民之间更密切的教育关系；增进全球高等教育机构之间的联络。美国教育协会（American Council on Education）始终关注美国的高等教育国际化，为其献计献策并积极参与到国际化活动中。美国国际招生协会（American International Recruitment Council，AIRC），制定了一套符合美国国情的招收国际学生的行业标准。

在论述美国社会组织对美国高等教育国际化的作用时，美国国际开发署认为美国的大型基金会与大学合作，参与到国际教育援助中，第一，能够从其他私营部门调动附加资源，补充美国外援拨款的不足；第二，大型基金会有着丰富的经验，可以加强美国外援方面的人力和物质水平。第三，由于它们有专业的知识和技能，可以招募和派遣大学里的专家进行实地工作；第四，它们是非政府的，因此可以向那些对美国联邦政府援助有争议的地区

---

① Burn, B. Expanding the International Dimension of Higher Education [M]. San Francisco: Jossey-Bass Publishers, 1980: 35.

提供援助，从而将美国的影响力以民间的形式扩大到联邦政府难以达到的地区和领域；第五，它们还更加适合与其他国家的非政府组织进行协商与合作。

总而言之，凡此种种考虑都使美国联邦得政府十分重视对非政府组织的支持，加强它们在国际事务中的作用。有时，美国联邦政府还直接将经费拨给这些大型基金会，让它们从事联邦政府不便直接出面但又非常重要的国际事务中。有时基金会也会直接给联邦政府的相关机构提供经费，补充联邦政府在一些项目上经费的不足。比如，美国能源管理委员会（The U. S. Nuclear Regulatory Commission，NRC），就利用洛克菲勒基金会的捐款建立了庞大的“博士后奖研金”，支持美国毕业的博士到欧洲从事博士后研究。这些人后来成了美国高等教育和科学研究的骨干力量。在第一批博士后中就出现了一位诺贝尔奖得主——物理学家阿瑟·康普顿（Arthur Holly Compton）。

第五节　院校主导的大学国际化

进入20世纪80年代，美国高等教育的普及使美国联邦政府逐渐改变了对高等教育的科研资助政策和国际化策略，促成这一改变的因素众多。越战的结束、中美建交、伊朗人质事件、柏林墙的坍塌和苏联的解体使得世界政治格局发生了根本性的变化：从政治对抗和军备竞赛转变到经济全球化上来。这时，美国联邦政府开始重新评估美国高等教育国际化的程度和实力。1979年，卡特总统任命的“外国语和国际研究总统委员会”（President's Commission on Foreign Language and International Studies），该委员会在1979年10月发表了题为《智慧就是力量：美国能力建设的关键》（Strength Through Wisdom：A Critique of U. S. Capability）的报告。该委员会对美国的外语和国际研究进行了全面的评估，发现美国大学中外语教育和国际研究仍处于被忽略的状态，这对美国的经济与安全非常不利。因此，报告用大量的篇幅讨论高等教育国际化的经费、政策和项目问题。该委员会提出如下建议：(1）语言与国际教育应该成为美国全国范围的优先发展项目；(2）为中小学培养语言教师；(3）在大学中建立国际教育的教学和研究项目；(4）加强国际教育交流；(5）在国际理解课程中加入公民教育；(6）把海外商业与劳动力需求与人才培养结合起来等。

很明显，该报告提出的建议超出了“国防教育法案”的范围。与此同时，许多相关的美国高等教育组织也开始反思美国高等教育国际化的问题。

1980 年布里克和乔治（Black，R. & G. Bonham）对 200 多所大学的4 000名学生进行了问卷调查[①]。该研究发现美国大学的本科生课程过于老化，离美国面对的现实社会太远，没有反映出风云变幻的世界变化，无法为青年人提供在未来全球世界中生存的能力。这份报告引起了美国高等教育的关注，并且引发了关于如何通过教育使大学生更好地面对这个日益变小的、竞争的社会的讨论。该报告再次强调大学应该加强对美国学生的海外教育，并充分地论述了联邦政府、州、大学和民间机构在美国学生海外教育中的作用。报告强调在一个相互依赖的世界中，大学应该承担起国际化的责任。1988—1989 年，美国州立大学与赠地学院协会（National Association of State University and Land-Grant College）发布的《1990 年代国际教育管理优先事项声明：美国大学和全球事务》（Statement to the New Administration on International Education Priorities For the 1990s：U. S. Universities and World Affairs）中明确指出，高等教育国际化应该是美国最大的公立教育机构的优先发展事务，提出现阶段高等教育国际化四个重要领域：加强国际教育、扩展国际交流、打造一个国际化发展的新体系以及支持全球问题研究。这一战略的提出体现了美国高等教育国际化理念的重大变革[②]。国际环境的变化无疑给美国高等教育国际化带来了新的发展契机，也使美国联邦政府的高等教育国际化策略从“援助理性”向“商业理性”转变[③]。与此同时，美国的大学也认识到：在即将进入的 21 世纪，仅仅依赖联邦政府的几个法案进一步推动大学的国际化是远远不够的。因为联邦政府推动的高等教育国际化使大学的国际化呈现出碎片化现象。所谓的碎片化现象就是大学的国际化跟着联邦政府的需要走，而不是从大学的整体发展目标出发。一个缺乏整体性的国际化很难实现美国高等教育的新千年发展目标：全球性大学建设。因此，美国的大学，尤其是那些处于高端的研究型大学，首先认识到：要适应经济全球化，就要全面规划大学的国际化问题。

因此，一些有条件的大学首先开始对大学的内部管理进行改革，使其在推动国际化方面更为专业化。其次，以多种形式推动课程国际化并重视留学

① Black，R. & Bonham，G. Education and the World View [J]. Annals of the American Academy of Political and Social Science，1980（449）：102 – 113.

② Klasek，C. et al. Bridges to the Future：Strategies for Internationalizing Higher Education [M]. Association of International Education Administrators，1992：3 – 11.

③ Horn，H. et. al. Ranking the International Dimension of Top Research Universities in the United States [J]. Journal of International Education，2007（11）：332.

生资源利用，为更多的外国留学生提供教学和实践机会。积极鼓励本校的美国学生出国留学，同时加强科学研究的国际合作和学者交流。

一、院校国际化的管理专业化

对于大学国际化的管理，美国各顶尖研究型大学的做法各不相同，下文主要以耶鲁大学为例进行说明。

自20世纪60年代初，耶鲁大学就成立了国际与区域研究委员会，负责协调和支持各区域委员会的工作，并协助国际关系研究的工作。在60年代至70年代，拉丁美洲研究委员会、中东研究委员会和加拿大研究委员会也纷纷加入到区域研究委员会中来。80年代初，该委员会正式更名为“耶鲁国际与区域研究中心”（Yale Centre for International and Area Studies），其中一些学科拥有硕士授予权，社会科学、历史和语言文学等学科拥有博士学位授予权，并设立了国际关系硕士学位。“耶鲁国际与区域研究中心”还于1985年作为主要发起者与哈佛大学肯尼迪政治学院、普林斯顿大学公共与国际事务学院等一同建立了“国际事务专业学院协会”（Association of Professional Schools of International Affairs），总部设在纽约。该协会是一个国际性的非营利协会，旨在为其成员提供一个就共同关心的问题相互探讨的平台，以实现在国际事务教育中信息、资源和经验的共享。

“耶鲁国际与区域研究中心”还建立了许多非洲、拉丁美洲、东亚、俄罗斯和东欧研究项目。该中心以委员会为基础开展专业化拓展项目，为教师建立了暑期学校，等等。

1989年福克斯国际奖学金开始支持耶鲁大学与莫斯科州立大学之间的研究生及教师交流，1994年该奖学金项目又将耶鲁大学与剑桥大学西德尼·苏塞克斯学院的研究生交流项目纳入支持范围。1995年耶鲁大学成立了国际事务委员会和区域研究委员会，帮助跨专业的教师更多地了解耶鲁国际与区域研究中心，并建立了关注全球和国际问题的师生社团。在整个20世纪90年代，该校的莱文校长大力倡导国际化，并将其作为耶鲁大学发展的首要发展战略，国际与区域研究中心的项目得到了迅速发展。在美国研究和国际事务委员会支持下，该大学建立了种族划分、民族与移民本科生专业。通过授权特殊交叉研究项目调动教师们对全球化、国际化和国家视野等一系列问题研究的积极性，如交叉边界、全球化与民族自决、国际政治经济学、欧盟、中亚、希腊研究及全球化研究中心等研究领域。建立于1998年的大学语言中心也为国际与区域研究工作提供了巨大的帮助。集各方资源，国际与区域研究中心和大学语言中心的诸多委员会共同发起了“直接独立的语言学习”（Directed Independent Language Studies）项目，使学生可以学习到耶鲁常规教学以外的重要外语。20 世纪 90 年代末耶鲁福克斯奖学金也将上海复旦大学、柏林自由大学、巴黎政治学院等 5 家纳入了合作伙伴行列。此外，除了教师调研、教学项目和出版等，该项目的访问学者也从每年 4 人增至每年 60 人；为学生（尤其是本科生）提供海外研究和学习的奖学金也大幅增长。至此，耶鲁大学的国际化发展已经在大学发展内驱力和争取多方社会资源的共同作用下，走到了世界大学的前列。

对大学的国际化管理，不同的大学采取了不同的措施。20 世纪 80 年代初，美国宾夕法尼亚州州立大学有两个独立的办公室负责学生国际事务工作，其中学生事务副校长办公室主要管理国际学生事务，而学生出国留学项目则由负责本科生学习的副校长负责，这两个办公室之间并无协调。1984 年，两个办公室合并成立了大学国际项目办公室（University Office of International Programs，UOIP），负责国际项目的副校长，与其他副校长或院长一样，直接向校长汇报。宾州州立大学的国际项目实现了统一的管理，这更便于国际事务办公室代表大学与海外院校和科研单位建立正式的合作关系。

同时，新的国际项目办公室聘请了兼职的富布莱特项目咨询专家，为学生和学者申请富布莱特海外留学或者访学项目提供帮助。除此之外，该办公室下设三个重要机构：出国教育项目办公室（Office of Education Abroad Programs，OEAP），负责推动、协调和管理宾州大学本科生到国外院校学习获得学分的教育项目；国际学生办公室（Office of International Students，OIS），负责外国留学生的服务和资助项目；国际合作项目办公室（Office of International Cooperative Programs，OICP），负责支持学者和职员开展的项目和活动。这些办公室根据各自的职能开展工作，主动推出一些国际化项目，将大学内的院系国际化纳入其管理范围，逐渐推进教学和科研单位的国际化，帮助院系在各自的领域建立国际合作网络。大学国际项目办公室的成立恰逢宾州大学的第一个五年战略规划，使得该办公室的国际项目成为宾州大学系统战略发展规划的一部分，这意味着国际化的目标和内容正式成为大学整体战略的一部分。

应当说，大学对国际化进行专门化管理一方面体现了国际化在院校中的战略性发展地位；另一方面，大学对国际化专门化管理反过来进一步推动了院校在国际化中作用的发挥，使得高等教育国际化的目标、项目常态化、固定化，使国际化在大学中由原来的辅助性发展目标变成了大学发展的重要组成部分，凸显了大学国际化在大学发展中的地位。

二、以多种形式推动课程国际化

1988年美国国际教育交流协会（The Council on International Educational Exchange）发布的“为了全球竞争力的教育”（Educating for Global Competence）的报告，对美国大学中国际教育课程的缺乏提出了犀利的批评，认为在一个全球依赖与日俱增、民族生存寄托于国际理解和合作的国际社会中，缺乏基本的外语技能和跨文化知识是致命的，并呼吁高校将国际化纳入课程领域，与通识教育融合，实现课程的国际化。

为此，美国密歇根州立大学在20世纪80年代推出了一项全校性的课程改革计划，以“核心课程”替代了原来本科生的通识教育。1993年又对所有大学毕业生提出外国语要求，这在该校134年的历史上可谓史无前例。将国际化课程融入通识课程是美国研究型大学普遍采取的实现课程国际化的途径。通识教育是美国高等教育的根本，虽然各校开设课程不同，都尽力在通识教育课程中融入国际化内容。倡导实现课程国际化的学者们认为，国际课程并不是一个独立的课程，也不是一项独立的改革，而应当融合到大学课程体系之中。以明尼苏达大学为例，为了课程国际化，该校重新修订了整个通识教育课程体系，在此基础上开设了四个新的领域：环境、多元文化、国际视野和公民/公共道德，然后由教师在这四个课程领域内申请设置达到要求的课程①。

除了将国际化课程融入通识课程之中，一些大学还通过设置国际性质的学习项目实现课程国际化。其中，明尼苏达大学最大的本科生学院——文理学院在20世纪90年代初做出重要决定，将外语的学习情况纳入毕业的要求；并在入学标准中增加了一条，要求其申请者在高中阶段学习过一门外语，学生需要参加专门组织的语言口语面试。不过，这在少有先例的美国受到了很多质疑，因为很多人认为二外与招生入学根本不相关。

为学生提供外国研究辅修课程是明尼苏达大学推动课程国际化的一个很受欢迎的举措。外国研究辅修课程也是最为成功地推动大学国际化的项目之一。参与辅修的学生必须要学习区域研究、语言和跨文化课程，而且要参与出国学习项目。此外，明尼苏达大学教育和人类发展学院还为研究生和博士

---

① Paige, R. The American Case: the University of Minnesota [J]. Journal of Studies in International Education, 2003 (7): 52 -65.

生提供国际教育辅修课程。所有专业的研究生都可以在该院提供的科目单上选择他们感兴趣的课程。除此之外，比较与国际发展教育项目是一个专门为有志于从事国际职业的学生提供的准备性文凭项目。这也是一个成功的项目。参与这一项目的学生要拥有第二外语并且具有跨文化经验。每年，大约1/3参与这一项目的学生都是国际留学生。通过这些课程和富有创意的国际项目，大大提升了大学课程的国际化水平。

三、重视本国学生出国留学

从“二战”以后，美国开始成为最受世界各地留学生青睐的留学目的地，每年吸收全球1/3的留学生。根据美国国际教育研究院官方网站公布的数据，1960—1961年，在美国的留学生为53 100人；1977—1978年，上升到了250 000人，而2010—2011年为723 277人。其中几乎一半以上的外国学生到美国是攻读硕士和博士学位。这些学生大多进入了美国的一流研究型大学。这些大学为留学生创造的学习和生活环境、提供的管理和服务等也是影响留学生做出选择的重要依据。吸引国际留学生是美国高等教育长期的传统，与此相对应的是美国学生的海外留学。

一直以来即使美国联邦政府、大型基金会和大学都积极为美国学生创造了出国留学的机会，但出国留学的学生数量仍然有限，而且目的地仍显单一。根据美国国际教育研究院的统计，2004—2005年，美国学生出国留学仍然集中在欧洲，占总出国留学人数的60%。中国已经成为美国留学生的第二目的地，有14%的学生选择来中国学习。美国学生到国外留学主要是以学习社会、人文科学以及语言科目为主。同时，仍以短期出国为主。调查显示50%以上的学生为短期出国交流；长期出国留学，在国外读学位的学生不足出国留学总数的1%①。

为了鼓励学生出国留学，耶鲁大学想尽办法为学生提供更多出国学习、研究或实习的机会。2004年，该校提出的目标是：为每一位耶鲁大学学生在4年本科学习期间，提供至少一次出国学习、研究或实习的机会。根据耶鲁大学网站的信息，2003年至2008年耶鲁大学该目标的完成程度，2008年出国留学生人数已达1 229人（见表2－4），自然科学、工程学和公共健康

① Obst, D. et al, Meeting America's Global Education Challenge: Current Trends in U. S. Study Abroad & The Impact of Strategic Diversity Initiatives [M]. New York: Institute of International Education, 2007: 11.

学等方面的本科生海外研究有所提高，已从2005年的屈指可数增加到2008年的53人。对海外机会的基础性财政资助已从2005年732 078美元增至2008年1 972 889美元。同时也扩大了专业学院学生出国实习和学习的机会。比如，从2007年起，建筑学的学生将在最后一学年进行国际实地实习；管理学院也要求所有学生在第一学年参加教师带队的海外实习；神学院与中国、埃及、德国、新加坡和英国的院校制定了交换协议，为学生提供与学习相关的国际交流机会；林业与环境研究学院的60%学生可以从捐助基金中获得暑期海外实习的费用支持；医学方面耶鲁开设了医药学国际化教育办公室，帮助耶鲁药学学生出国，使他们能够在其他药业发展成熟的国家获取经验。

表2－4　耶鲁大学学生海外项目统计（2003—2008年）

学生分配项目	2003—2004	2004—2005	2005—2006	2006—2007	2007—2008
学年海外学习	156	158	144	199	152
暑期海外学习	178	270	387	393	524
暑期海外实习	40	92	196	231	258
海外研究与项目实习	176	206	250	269	295
海外学生人数总计	550	726	977	1 092	1 229

四、加强学者交流与国际科研合作

从20世纪40年代到70年代末期，美国的学者交流主要集中在富布莱特和外援项目范围内。80年代以后，经济全球化使各国之间的竞争与日俱增，大学作为知识经济时代经济和社会发展的源泉与社会发展的加速器和动力站，在学者交流和国际科研合作方面发挥着愈加重要的作用，学者交流的形式也发生了变化。例如，80年代以后，中美学者交流既有双边政府经费资助的，也有自费进修。有一点需要强调的是，在国际学者交流方面学者大多进了美国的研究型大学。

在交流学者的带动下，科研合作成为大学国际化的重要内容之一，这是前所未有的。在美国联邦政府的资助框架之下，美国大学与世界各地的高等教育机构以各式各样的合作形式共同开展合作项目。1999年，美国麻省理工学院与英国剑桥大学达成校际科研合作意向，该项目由英国政府和企业界提供资助，旨在加强两校研究人员和学生的交流，促进联合研究和教育。

在耶鲁大学，全球研究中心发挥了更大的作用。该中心已召集组织了多次重要学术会议和研讨会，涉及废止核武器、世界银行的发展与公平、全球化和全球变暖等多个领域，出版发行了会议论文；国际事务办公室（Offiice of International Affair OIA）进一步发展了领导人的培训项目，展开针对关键性国家高级政府领导人的项目；“中国—耶鲁高校领导层项目”已在耶鲁和中国的大学里各举办了两届，与中国所有顶级高校的校长建立起紧密的联系。

目前，耶鲁的许多专业学院也开始尝试开设“专业培训项目”，集中力量发展对各学院具有决定性作用和对全校的国际化具有重大意义的项目。合作的内容包括与中国生物医药领域最好的大学（包括北大、清华、复旦、浙大和华中科技大学）共同成立“耶鲁—中国生物医药科学领域世界级学者学术委员会”。该委员会促进学者间的紧密合作和学生交流，并为来自中国的留学生提供奖学金。2008 年 12 月该校的护理学院宣布与印度金奈防治艾滋病护理研究院建立学术伙伴关系，并申请到克林顿基金会防治艾滋病基金的启动基金。

耶鲁大学还在中国成功发起新一轮联合项目，主要体现在以下四个方面：不断发展面向领导层的项目，包括开设面向中国顶级大学领导者的“中国—耶鲁高级大学领导力项目”，为负责实施行政流程和改革开放等方面工作的副部长级官员开设“中国—耶鲁高级政府领导力项目”，以拓展与高层领导者的交流。进一步提高耶鲁大学的国际知名度，通过全球性媒体报道提升耶鲁的声誉，加强建设耶鲁大学的国际网络。作为成立于 2006 年的研究型大学国际联盟（International Association of Research Universities，IA-RU）的十大发起人之一，耶鲁大学密切关注所有合作成员大学的发展并努力敦促各项合作关系的建立；2006—2007 年已有 6 个国际型大学在耶鲁开设或决定开设办公室；另外始创于 2005 年的耶鲁—北京大学暑期交流项目收到了良好的效果，到 2008 年就有超过 100 名学生参与该项目。

第六节 美国高等教育国际化与全球战略

目前美国高等教育国际化的政策可分为下列几方面：第一，国际学生和学者的数量与构成，其中也包括国际学生获得博士学位的情况。第二，大学中的外语教学情况和学生的外国语言能力的获得情况。第三，美国学生的出国留学情况。第四，课程的国际化程度。课程的国际化程度比较难评价，一些研究者从学术机构如区域研究中心和学生主修课程与辅修课程情况进行判断，一些人则通过问卷调查教师授课内容来体现，也有研究者通过大学的课程表看课程国际化情况。在美国，课程国际化指的是大学能够提供的非欧洲内容的课程和教学内容。第五，大学对国际化提供的组织支持。下文分别就五个方面的内容进行分析。

第一，国际学生和学者的数量与构成。目前美国高等教育中有社区学院、教会大学、私立文理学院、四年制的公私立大学等4 000多所，在不同种类大学中国际化程度不同。一所大学国际化水平的高低和规模的大小，取决于大学国际化的目标和目的。从整体上讲，美国高等教育的国际竞争力应该说是目前世界上最强的。2008年，全世界有290万学生在国际范围内流动，流入美国的学生总数为59万多人，占总量的22%，其中有很大一部分国家的学生是攻读博士学位的。仅2007年，美国授予外国人博士学位的学科分布较广（见表2－5）。

表2－5　2007年不同学科授予外国人博士学位数量和所占比例

学　科	总人数	拿美国签证的人数	%
所有学科	48 079	15 115	31.4
生命学科	10 630	3 028	28.5
物理科学	8 037	3 662	45.5
社会科学	7 191	1 472	20.5
工程	7 745	4 579	59.1
教育	6 429	602	9.4
人文	5 109	795	15.6
其他	2 958	977	33

应该注意的是在授予的48 079个博士学位中，还有3 564人没有公布他们的身份，他们中间仍然可能有许多人持美国签证（该数据用的是签证，而不是持外国护照，因为持外国护照的人中有很大一部分有永久居留权）。

另外，外国学者到美国大学进行科学研究和学术交流也是美国高等教育国际化的一个重要方面。据研究，仅1998—1999年，就有70 500名国际学者到美国的大学中进修、讲学和访问，他们中的80%从事研究工作，20%

从事教学工作。在从事研究工作的人员中，有 68% 的人从事自然科学与工程领域的研究，仅有 4% 从事社会科学研究，3% 从事农业方面的研究。

数量如此众多的外国留学生和学者进入美国大学，为美国的高等教育带来一大笔数量可观的学费收入。据美国国际教育交流协会官方网站的统计在 2009—2010 年，美国因留学生获得的收益为 188 亿美元。又根据美国国际教育研究院官方网站的统计，在 2012 年这一数字是 227 亿美元。不仅如此，这些留学生还为美国的大学校园建立了一种异质多元的文化、种族多样的人文和学术生态环境。在这样的环境中，师生对未知世界的探索以一种最容易和最经常的方式发生，使大批高质量、极具创新能力的一流人才在这里得到熏陶、培养提高最终脱颖而出。

第二，美国高等教育的国际化的另一重要指标就是“外语教学”。从 1957 年开始美国的“国防教育法案”就将学生的外国语言能力上升到国家战略中。面对 21 世纪国际化人才的需要，美国联邦政府就认识到了外语教育对美国经济全球化的重要性。为了进一步改善美国大学中的语言教学现状，1996 年制定、出版了国家级课程标准——《21 世纪外语学习标准》，目的是使初中、高中和大学各阶段的外语教学衔接起来。2004 年 4 月，哈佛大学公布了对本校学士课程的一份评估报告，其中之一就是将本科生的国际经验加入学习过程中，要求哈佛学生在校期间能持续修读一门外语，并至少在国外学习、研究或工作一学期。

虽然从整体上看，美国学生的外语能力并不比中国学生的英语能力强。但是，美国在 1958 年的国防教育法中明确规定：加强普通公立学校的外语教学。并每年拨款 800 万美元改进外语教学，建立语言实验室和语言区域中心，设置语言奖学金，以各种手段促进外语教学。同时，在美国外语教学中，法语、德语、希伯来语、中文、阿拉伯文和西班牙文等都是学生们可以选择学习的语言。语言教育中语种选择面宽是美国大学国际化的优势。

第三，国际化不仅意味着了解和掌握国外的语言文字，更重要的是要形成从全人类利益出发、以全球观点考虑问题、理解国际社会、关心和宽容异国文化的品性和风范。目前，美国 50 个州中有 34 个州制定了旨在指导和鼓励开展全球教育的章程，其余 16 个州正在对有关规则进行讨论。在美国大学的国际化课程中，成立于 20 世纪 80 年代的“国家外国语言中心”（The National Foreign Language Center，NFLC）负责人兰姆伯特（Lambert，R.）的研究发现，美国 77% 的四年制院校开设了国际教育内容的课程，其中

47%的院校开设历史与文明，35%开设世界历史与文化，29%开设其他国际教育内容，还有20%以上的学校开设非西方历史、文明和文化的课程，例如东方文化、非洲文化和中东文化等①。美国大学一方面通过开设相关课程加强学生对非西方文化的了解；另一方面还对传统课程，如历史学、政治学、经济学、社会学、比较语言学、文学等进行修订，使其在内容上涵盖整个世界。同时，美国各高校近年来也普遍加强了国际知识的课程，以培养具有国际战略眼光的人才，推出国际知识的课程，诸如国际关系、比较政治、比较经济体制、国际法、国际组织等。还有通过大学中的各种区域研究中心，为学生们提供众多的主修或辅修课程。

第四，美国学生出国留学一直是美国高等教育国际化的软肋。在2006年，美国教育协会（American Council on Education，ACE）对2 746所大学外语学习和鼓励学生国际经历的情况进行了一个调查，并将调查结果与2001年的调查结果进行对比②。在对回收的38%的有效问卷的分析中，该协会发现；在美国的大学中对毕业生没有国际经历要求，仅是在通识教育阶段要求学生要上一门“非欧洲”课程，由2001年的62%下降到2006年的50%。虽然大学对课程国际化有所忽略，但是许多大学改变了增加本国学生国际经历的策略，即增加教授和学生出国进行短期学习的机会，增强他们的国际知识和技能。在问卷中，91%的大学为学生提供海外学习项目，比2001年增长了21%，其中还有31%提供国外实习机会，比2001年增长了9%。而且大学更愿意为教授们从事这些活动提供经费支持。

增强本国学生的国际经历是目前美国大学的重要任务之一。最近哈佛大学就宣布要把海外学习经历纳入毕业要求的硬指标中。宣布扩大海外学习规模的还有明尼苏达大学和旧金山大学等。2004年美国联邦政府颁布的“亚伯拉罕·林肯海外学习奖学金计划”（Abraham Lincoln Study Abroad Fellowship Program）就是进一步推进美国学生的海外学习，改进美国学生国际理解力和全球市场中的竞争力。为推动该计划，美国联邦政府设立了两个相关的支持项目：富布莱特美国学生项目（Fulbright U. S. Student Program）和吉尔曼本科生奖学金计划（Gilman Scholarships for Undergraduates with Finan-

① Lambert, R. Points of Leverage: An Agenda for a National Foundation for International Studies [M]. New York: Social Science Research Council, 1986.

② Green, M. et al. Mapping Internationalization on U. S. Campuses [M]. Washington, D. C: American Council on Education, 2008.

cial Need）为学生海外学习提供机会和资金资助。同时民间基金会和企业也开始提供赞助，比如，由弗里曼基金会（Freeman Foundation）提供的弗里曼亚洲学习奖，总部设在瑞士的 ABB 集团公司提供的全球工程教育交换协会奖学金等①。从美国高校派出海外学习的学生类别来看，2004—2005 学年度数据显示，86% 的海外学习学生为本科生。

美国联邦政府还通过设置奖学金或项目基金的方式直接支持高等教育国际化。比如，2001 年 1 月 17 日美国教育文化事务署宣布设立的用以资助美国本科生出国学习（可长达一年）的“本杰明·吉尔曼国际奖学金项目”、国防部的“国家安全教育项目”、联邦教育部的“高等教育法——第 6 款（HEA—Title VI）项目”和“富布莱特—海斯项目”都为美国学生出国留学提供经费支持。

第五，种族之间的教育差距。在美国，白人、黑人、西班牙裔人等不同种群之间接受高等教育的规模和比例存在较大差距，人际间的知识、能力与技能鸿沟不断扩大。美国教育部《2002—2007 年发展规划》将这种危机感上升为“两种国家公民”思想：“我们国家正逐渐地被分为两个‘国家’，一个‘国家’的公民具备阅读能力，而另一个‘国家’的公民则不具备这种能力；一个‘国家’的公民心怀理想，而另一个‘国家’的公民则胸无大志。”这是造成美国大学生完学率低下的一个重要原因。而充分利用各种机会参与到国际化项目中的学生，其竞争力远远高于其他学生。

美国学生海外学习计划和美国高等教育的全球参与是未来几年美国高等教育国际化的发展趋势。美国参议员西蒙和波伦作为美国“国家安全教育计划”的发起者，提出补救美国因外国语言及文化教育不足而引发的国家安全危机的计划。在此基础上，美国国会和布什总统任命了一个“海外留学奖助金委员会”，并与 2005 年 11 月向国会提出一份《全球竞争与国家的需要——百万人海外留学》报告（以下简称林肯计划）。林肯计划的实施目标主要有三个：一是在未来十年有 100 万美国大学生赴海外留学；二是海外留学的大学生人数需与美国境内包括研究型大学、社区学院、少数民族大学等各种来源的大学生人数依比例增长；三是提高前往非主流国家留学比例，并着重于到发展中国家留学。

---

① 耿海萍. 美国高等学校海外学习项目浅析［J］. 北京化工大学学报（社会科学版），2007（3）：75.

关于林肯计划的设立初衷，《美国高等教育国际化进程中的林肯计划》从六个方面加以解释。首先，全球化与经济竞争力的影响。在全球化的影响下，世界经济正在逐步走向一体化，一个企业要想在竞争中立于不败之地，就必须拥有富有全球能力的人才，这种能力包括文化意识、独立自主性和跨文化交流能力等。第二，出于对国家安全的考虑。美国联邦机构每年大约需要 34 000 名具有外语语言应用能力的人才，但往往难以找到合适的人选，这种状况势必对美国的国家安全造成威胁。通过派遣大学生到海外学习语言就能有效避免这种尴尬的发生。第三，对美国领导地位的担忧。美国要保持全球领导者的地位，就要让美国人首先了解世界。然而目前的状况是大多数美国人没有到过海外，这种情况将严重损害美国的利益。第四，对美国外交政策的支持。由于缺乏对其他国家民族文化和历史的理解，导致很多美国人在支持与美国利益息息相关的外交政策上感到盲目。当派遣学生到海外其他国家后，这种困境就会逆转。第五，出于对留学教育价值的考量。留学对于学生的语言学习和学术研究等都会产生积极促进作用。第六，积极参与国际交流可以实现美国国际学生流动由“单向”向“双向”交流的转变。进入 21 世纪以来，美国联邦政府开始重视向海外派遣学生，美国大学生赴海外留学已成为美国高等教育国际化实践的热点①。

全球参与（Global Engagement）或国际参与（International Engagement）是一段时间以来美国高等教育的政策取向。在这里全球参与或国际参与的指向是美国高等教育在全球范围内的主导地位，引领世界教育发展趋势。在美国，奥巴马总统上台后，除了要加强美国的社区学院建设的法案外，还出台了改进《中小学教育法案》（Elemintary and Secndary Act）。在 2007 年，美国国会通过了参议员西蒙的《海外学习基础法案》（Study Abroad Foundation Act）。为了执行该法案，奥巴马政府每年提供 8 000 万美元的经费支持，并规定到 2017 年要有 100 万美国学生到海外留学，同时为提高美国不同种族学生的国际化参与率，资助的学生群体不仅限于研究型大学，而且要延伸到四年制本科院校。

为了强调美国高等教育的全球主导地位，2011 年 11 月，美国教育协会（American Council on Education，ACE）发布了《通过全球领导力和全球合作增强 21 世纪美国的高等教育》（Report of the Blue Robbin Panel on Global Engagement. Strength Through Global Leadership and Engagement：US Higher

① 张德启. 美国高等教育国际化进程中的林肯计划［N］. 科学时报，2010－01－05.

Education in the 21st Century）的蓝皮书。该报告虽然主要强调的是 ACE 在美国高等教育全球化中应该起到的积极作用，但是却提出了一个全新的美国高等教育全球化概念："全球参与"（Global Engagement）。该报告首先指出在全球大学排前 100 名的大学中，美国大学就有 53 名，这说明美国的高等教育得到了全球的认可，因此美国应该主导全球高等教育。目前无论是在亚洲，还是在欧洲，高等教育改革都采取了美国模式，但是在美国国内高等教育却出现了停滞不前的现象。比如在高等教育的入学率上，加拿大、日本、韩国都超过了美国。为改变这一现象在全球范围内合作、竞争和国际接轨是美国高等教育发展的契机。

"全球参与"概念的提出源于美国教育部长安妮·邓肯（Arne Duncan）在 2010 年 5 月 26 日"通过教育提高美国的国际参与"（International Engagement Through Education）的讲话。在该讲话中，她强调美国通过教育提高美国的"国际参与"概念。提出这一概念有两个原因：第一，不断增长的国际竞争，第二，不断增长的国际合作。因此，在国际竞争与合作中，她认为美国的学生需要流利地使用外语和有他国文化意识，才能使他们在世界舞台上有竞争和合作的能力。强调"国际参与"是因为在一个相互联系的全球经济中，国内与国际的界限已经非常模糊。正如，弗雷德曼（Friedman，T.）所说，今天的世界是一个扁平的世界。在这个扁平的世界中，新技术在瞬间将北京、曼谷、美国联系在一起。但是，美国是一个以英语为主导的国家，在世界舞台上既有优势也有劣势，因为大多数美国学生不懂外国语言①，这就容易使学生们与世界脱节。因此必须通过教育和交流使学生成为更好的合作者和竞争者。

在全球化过程中，经常提到"竞争"概念，美国人对竞争和教育的理解是美国经济长期繁荣的关键。今天，为学生提供世界一流的教育，使他们的成功建立在全球多元文化理解之上。在邓肯的讲话中提到，目前美国有大约 27% 的高中生辍学，按这一数据计算，每天有 7 000 人辍学；40% 的 25—34 岁的人有过两年以上的大学教育经历；在国际数学竞赛 15 岁组中，美国在 29 个发达国家中排第 24 名，在 30 个国家的科学竞赛中，美国排第 21 名；在高中的完学率上，美国在 24 个工业化国家中排第 18 名。她提到，

① Friedman，T. The World Is Flat：A Brief History of the Twenty-first Century［M］. New York：Picador，2005.

在创新、增长和繁荣方面美国上下只有同心协力①。为此，奥巴马总统提出了2020年美国高等教育发展目标就是将美国的高中后完学率由现在的40%提高到60%，就是每年有800万学生从二年制和四年制的学院毕业。在这一目标下，美国政府已经通过“复苏与再投资法案”（Recovery and Reinvestment Act）提供53亿美元补充美国各州的教育经费。在2010年7月，美国国务卿克林顿宣布美国要在没有单个国家能够解决的问题方面建立合作并起到领导作用，通过美国的“巧实力”（Smart Power）建设改进美国的教育毕业率和提高美国教育的“全球引领能力”。

在这一思想的指导下，美国教育部和相关机构开展了与智利、中国、印度和其他国家的教育合作，并在2011年组织了美国大学校长代表团访问印度。实际上，在2009年夏天，奥巴马总统访问开罗时讲到“教育与创新是21世纪的货币”（education and innovation will be the currency of the 21st century）在这里奥巴马一语双关，他呼吁不管在国内和国外，美国的工作就是发展全球伙伴。

美国高等教育的“全球参与”在不同地区有不同的策略。2011年10月14日，在高等教育内部（Inside Higher Ed.）的网站上刊登了一篇“美国、印度与高等教育”（U. S.，India and Higher Education）的报告。其中，引用了印度人力资源部部长赛布尔（Sibal）在乔治亚城大学举办的美国印度高等教育峰会上的讲话“The U. S. — India Higher Education Summit at Georgetown University ”。赛布尔说到印度如果要在下一个10年将现在的入学率提高一倍，需要增加一千多所新大学和5万所学院，毫无疑问，这将需要印度国内现有的大学与美国和其他大学的合作。在此次峰会上，美国国务卿克林顿也希望看到更多的美国学生到印度读书，美国与印度的合作可以是教授之间、学生之间和商业领袖之间的。实际上，美国弗吉尼亚理工大学已与印度的一所私立大学合作在印度建立了分校；耶鲁大学也为印度的大学开办了大学领导培训班。美国在印度的留学生每年只有3 000人，而在美国的印度留学生为100 000人。为了解决这一不平衡的现象，美国最近又出台了一个新的“去印度的护照”项目（Passport to India），鼓励美国的高中生和本科生到印度实习或参与夏季学期项目。

美国也充分认识到实施美国高等教育的印度战略是有阻力的。由于受经

① Duncan，A. International Engagement Through Education [C]. The Council on Foreign Relations. May 26，2010.

济危机的影响，在未来的10年，美国高等教育经费将逐渐减少。同时印度的高度行政化和政治化因素也为两国的高等教育合作设置了障碍。尽管如此，为了应对印度高等教育的国际需求，一个美国设在印度新德里的Indo-Genius机构已经开始运行。该机构的核心任务是为美国的大学进入印度提供信息咨询。目前该机构正在帮助17所美国和英国的大学在印度建立分校。

除了积极寻找机会与印度合作外，美国也开始向穆斯林国家延伸。就在2010年5月初，美国教育部长与阿富汗的教育与劳工部长、巴基斯坦教育部长、沙特阿拉伯和约旦教育部长都有广泛的接触。当然美国的高等教育全球战略不仅针对新兴经济体和中东穆斯林国家，与发达国家之间也保持密切的联系。2011年5月奥巴马访问英国时，就与英国首相卡梅伦就高等教育、科学和创新领域的合作达成共识。双方认为，在大学排行中前十所的大学都在美国和英国，因此两国在高等教育方面要有更深层次的合作。其中两国领导人在促进伙伴关系、政策制定、支持国际学生的流动、终生教育网络建设和全球研究等方面进行深入合作。奥巴马和卡梅伦声称：英国和美国在世界知识经济中扮演着领头羊的角色，在世界范围内双边高等教育是最具生产力的，彼此的学生交换是最高的，同时双方商定，每年投入10亿美元用于合作项目与学生交流。

在美国，社区学院大多是两年制的，以培养低端人才为主，美国教育部通过美国国务院和美国开发计划署分别在安曼、约旦、埃及、沙特阿拉伯、摩洛哥、巴基斯坦等国召开人力资源发展和技术教育国际会议，其主要内容是推广美国社区学院的发展模式。以此看来，美国高等教育的“全球参与”不仅仅限于研究型大学，也包括美国的社区教育。

为了更好地走向世界，美国联邦政府也有目标地鼓励“国家资源中心”（National Resource Centers）为美国高等教育走向世界出力。这些中心包括美国的非政府组织和大型国家基金会等，让他们出资出力帮助大学中的多国语言教育，注重对中东穆斯林国家、东南亚和拉美等国的研究，其中也包括对新型经济体国家的研究。

综上所述，美国是一个典型的市场经济国家，对高等教育管理也一直采取了分权管理制度。但是鉴于高等教育对美国国家安全和全球领导力中的重要作用，美国联邦政府一直通过国际化和市场两种工具调动研究型大学中的知识和人力资源为美国的公共外交服务。首先，美国联邦政府通过立法促使美国研究型大学积极地参与到联邦政府的相关工作中；其次，在充分尊重大学办学自主权的基础上，利用市场概念中的竞争机制保证联邦政府的各项国际援助和研发项目落到最具竞争力的研究人员或大学手中；再次，动员社会力量和相关教育机构为大学国际化出谋划策并提供经费支持；最后，不断扩大或增加立法范围和支持力度，保持高等教育国际化和研究型大学全球扩张政策的系统性和连贯性。

* * *

本章参考文献

中文文献

[1] 陈学飞. 高等教育国际化：跨世纪的大趋势 [M]. 福州：福建教育出版社，2002：33.

[2] 耿海萍. 美国高等学校海外学习项目浅析 [J]. 北京化工大学学报（社会科学版），2007 (3)：75.

[3] 胡小芬和郭飞. 罗斯福时代的美国：欧洲犹太知识移民政策（1933—1945）[J]. 全球视野理论，2008 (7)：140.

[4] 黄福涛. 20 世纪西方高等教育发展的特征与趋势 [J]. 厦门大学学报（哲社版），1999 (2)：101－107.

[5] 马万华. 从伯克利到北大清华：美中公立研究型大学建设与运行 [M]. 北京：教育科学出版社，2004.

[6] 马万华. 国际学生流动——模式和意义 [C]. 中国教育国际交流协会，国际学生流动研究会，2009 (10)：(17).

[7] 吴玉梅. 美国《1961 年外援法案》初探 [J]. 滁州学院学报，2006 (5)：63.

[8] 亦明. 美国现代科研体制的形成 [EB/OL]. http：//hps. pku. edu. cn/2003/05/416，2003－05－27.

[9] 曾满超等. 美国、英国、澳大利亚的高等教育国际化 [J]. 北京大学教育评论，2009 (2)：75－77.

[10] 张德启. 美国高等教育国际化进程中的林肯计划 [EB]. 科学时报，http：//scitech. people. com. cn/GB/10709263. html，2010－01－05.

[11] 周琪. 冷战时期美国对外援助的目标与方法 [J]. 美国问题研究，2009 (2)：40.

外文文献

[1] Agarwal, V. and Winkle, D. Migration of Foreign Students to the United States [J]. The Journal of Higher Education, 1985, 56 (5): 509-522.

[2] Altach, P. The 'Global Market' Bubble [N]. Times Higher Education, 2008-02-14.

[3] Black, R. & Bonham, G. Education and the World View [J]. Annals of the American Academy of Political and Social Science. 1980 (449): 102-113.

[4] Bound, J. et al. Internationalization of U. S. Doctorate Education [M]. Chicago: University of Chicago Press, 2009: 39-40.

[5] Burn, B. Expanding the International Dimension of Higher Education, [M]. San Francisco: Jossey-Bass Publishers, 1980.

[6] Chomsky, N. et al (ed.). The Cold War & the University: Toward an Intellectual History of the Postwar Years [M]. New York: The New Press, 1997: 118.

[7] Cumings, B. Boundary Displacement: Area Studies and International Studies During and After the Cold War [J]. Bulletin of Concerned Asian Scholars, 1997 (29): 1-10.

[8] Duncan, A. International Engagement Through Education [C]. The Council on Foreign Relations, 2010-05-26.

[9] Flattau, P. et al. The National Defense Education Act of 1958: Selected Outcomes [M]. Science & Technology Policy Institute, 2006.

[10] Friedman, T. The World Is Flat: A Brief History of the Twenty-first Century [M]. New York: Picador, 2005.

[11] Geiger, R. Science, Universities, and National Defense, 1945—1970 [J]. Osiris, 1992 (7): 26-48.

[12] Green, M. et al. Mapping Internationalization on U. S. Campuses [M]. Washington, D. C: American Council on Education, 2008.

[13] Grubel, H. & Scott A. The Immigration of Scientists and Engineers to the United States, 1949—1961 [J]. The Journal of Political Economy, 1966, 74 (4): 369.

[14] Gumperz, E. Internationalizing: American Higher Education: Inno-

vation and Structural Change [M]. University of California at Berkeley: Center for Research and Development in Higher Education, 1970.

[15] Harcleroad F. & Judith. E. The Hidden Hand: External Constituencies and Their Impact [M]. Altbach P. et al (ed.), American Higher Education in the Twenty-First Century: Social, Political, and Economic Challenges. Baltimore: John Hopkins University Press, 2005: 256.

[16] Hawkins, J. et al (ed.). International Education in the New Global Era: Proceedings of a National Policy Conference on the Higher Education Act Title VI and Fulbright Hays Programs [M]. Los Angeles: California University Press. 1998: 23.

[17] Hayward, F. A Preliminary Status Report Internationalization of American Higher Education [R]. American Council on Education, 2000: 16.

[18] Horn, H. et al. Ranking the International Dimension of Top Research Universities in the United States [J]. Journal of International Education, 2007 (11): 332.

[19] Lambert, R. L. Points of Leverage: An Agenda for a National Foundation for International Studies. [M]. New York: Social Science Research Council, 1986.

[20] Klasek, C. et al. Bridges to the Future: Strategies for Internationalizing Higher Education [M]. Association of International Education Administrators, 1992: 3 -11.

[21] Knight, J. Internationalization Remodeled: Definition, approaches, and Rationales [J]. Journal of Studies in International Educational Education, 2004 (8): 5 -31.

[22] McDonald, G. Internationalizing American Higher Education: Innovation and Structural Change [M]. University of Calkifornia at Berkely: Center for Research and Development in Higher Education, 1970.

[23] National Research Council of the United States: Report from National Academcy of Sciences, 1957 -1958 [R]. Washington, D. C.: National Academy of Sciences-National Research Council, 1958.

[24] National Science Board, U. S. International Research and Development: Funds and Technology Linkages [J]. Science and Engineering Indicators, 2004 (5): 17.

[25] Obst, D. et al. Meeting America's Global Education Challenge: Current Trends in U. S. Study Abroad and The Impact of Strategic Diversity Initiatives [M]. New York: Institute of International Education, 2007: 11.

[26] Paige, R. The American Case: the University of Minnesota [J]. Journal of Studies in International Education, 2003 (7): 52 -65.

[27] Read, G. The International Educational Act of 1966 [J]. Phi Delta Kappa International, 1966: 47 (8): 406 -409.

[28] Thelin, J. A History of American Higher Education [M]. Baltimore: Johns Hopkins University Press, 2004: 268.

[29] Wheeler, R., King, H. & Davidson A. The Foreign Studeents in American [M]. New York: Association Press, 2007: 8.

[30] Wiley, D. Forty Years of the Title VI and Fulbright-Hays International Education Programs: Building the Nation's International Expertise for a Global Future [G] // Meara, P. et al (eds.). Changing Perspectives on International Education. Indiana: Indiana University Press, 2001: 12.

[31] Woods, L. Rockefeller Philanthropy and the Institute of Pacific Relations: A Reappraisal of Long-Term Mutual Dependency [J]. Voluntas: International Journal of Voluntary and Nonprofit Organizations, 1999 (2): 152 -166.

网络资源

[1] 美国富布莱特网站，http://fulbright.state.gov/.

[2] 美国海军研究办公室网站，http://www.onr.navy.mil/.

[3] 美国和平队网站，http://www.peacecorps.gov/.

[4] 美国国际开发署网站，http://www.usaid.gov/.

第三章　全球化、国际化与英国研究型大学

本章在回顾英国高等教育国际化发展历程的基础上，评述第二次世界大战结束以来英国高等教育国际化的战略、主要政策和实践。本章重点以英国两所世界著名学府——牛津大学和剑桥大学为例，分析国际化对全球性研究型大学发展和建设的重要促进作用。在全球化背景下，不断增强的高等教育国际化促进了英国高校教学科研质量的提高，培养和造就了一批学术领军人物，取得了一批原创性的科研成果，并促使英国的主要研究型大学保持其国际领先地位。在英国的研究型大学建设和发展过程中，高等教育国际化发挥了日益重要的作用，近年最突出的国际化战略和实践是研究型大学积极地从世界范围内招收优秀生源和吸收优秀学者，大力加强与其他国家高校、科研机构和企业在人才培养和科学研究上的合作。

第一节　英国高等教育国际化的历程

一、英国高等教育国际化的发展历程

早在中世纪时期，英国高等教育就开始了它的国际化旅程，国际化在不同的历史时期以不同的形式有力地促进了英国高等教育的发展。

（一）中世纪：英国高等教育国际化的开端

英国高等教育自中世纪产生之日起就具有了较明显的国际性质。这一时期，英国高等教育的国际化主要表现为学生和学者的国际流动。在牛津大学创办之前，许多英国学生横渡英吉利海峡到欧洲大陆（主要是到巴黎大学）

求学，当时前往英国的外国学生和学者还相对较少。1167 年，英格兰国王亨利二世同法兰西国王菲利普二世发生争执，英王召回了在巴黎求学的学生和学者，大批归国学生和学者汇集牛津，创办了牛津大学。12 世纪末，牛津大学获得正式承认，被称为“师生大学”。1209 年，牛津大学学生在练习射箭时误杀了镇上一名妇女，引起骚乱，几名学生被市民吊死，大学遂以停课抗议市民的暴行。许多师生逃到剑桥，不久创办了剑桥大学，1218 年获英王亨利三世认可①。牛津和剑桥两所大学都遵循了巴黎的教师型大学模式，其创办本身便体现了跨国性，如两校均“接受来自任何地区或任何种族的成员，成员之间赤诚相待，不拘泥于地区利益，并使用一种超越地区障碍进行交谈的共同语言——拉丁语，具有共同的神学观”②。中世纪大学具有与教会和宗教团体一样的国际性质，大学的师生们经常来往于各大学之间讲课和求学。牛津和剑桥两所大学创办初期都没有教授职位，只有教师的基尔特（guild，即行会），师生主要来自英国和欧洲各地，具有一定的国际性。

在中世纪，由于统一的英国尚未形成，英国各成员国的大学国际化程度差异悬殊。另外，由于政治和宗教等方面的原因，学生很少在英国各成员国之间如英格兰与苏格兰之间流动。

（二）近现代：伴随着殖民扩张的英国高等教育国际化

到了近现代（1500—1944 年），在相当长一段时间内，英国成为世界上的“日不落帝国”，强盛的国力极大地促进了英国的世界著名大学的建设，同时大英帝国也开始在全球范围内推行教育输出与知识殖民政策。这一时期英国的对外教育交流与合作，主要表现为单向的教育输出和欧洲各国间的学者流动，英国学生出国学习的情况并不多见。进入 20 世纪以后，为了发展本国的经济和高等教育，英国越来越重视与世界上其他国家进行学者和学生的交流。为此，英国政府成立专门机构来促进高等教育领域的国际交流与合作。例如，1934 年英国议会批准设立的英国文化协会（British Council）成为英国高等教育国际化的有力推动者。这一时期，英国与欧洲各国之间教育交流与合作变得更为频繁，凭借其在文化和科技领域的领先地位，吸引了许多学者到英国从事学习和研究，一些学者在归国后甚至还按照英国大学的模式创建了新的大学。同时，英国把高等教育国际化作为拓展殖民地的一项内

---

① 贺国庆，等. 外国高等教育史［M］. 北京：人民教育出版社，2003：55.

② 同①，66.

容，通过语言殖民教育以及创办以英国大学模式为蓝本的大学等途径，对各殖民地国家的高等教育办学模式产生了深远的影响。

（三）1945—1980 年：英国高等教育出现首次留学高潮

1945—1980 年，英国经历了首次留学高潮。“二战”后，英国政府将高等教育作为迅速恢复经济、增强国家竞争力的一种策略，积极推进包括高等教育在内的各项福利政策，极大地促进了教育国际化的发展。这一时期英国高等教育国际化的主要特点是，实施以政治为主要动力的教育援助活动。1963 年，英国政府颁布《罗宾斯报告》（Robbins Report）①，对英国高等教育的发展做出了预测和规划。在“罗宾斯原则”的指导下，英国的高等教育规模迅速扩张，开始由精英高等教育向大众高等教育转型。这一时期，不仅英国国内的适龄青年高等教育入学率急剧上升，在英国政府一系列财政资助政策和福利政策的推动下，来自欧洲大陆、远东和非洲的留学生数量也大为增加。与此同时，英国还加快了向第三世界国家输出高等教育发展资金、学术人员、培训或课程等对外援助的步伐，以期通过国际教育交流与合作的方式在“冷战”局势下获得外部世界的理解和支持。到 1970 年，英国吸收的留学生更是创纪录地达到了 8.8 万人，仅次于美国和法国，居世界第三位②。这是“二战”结束后英国出现的第一次留学高潮。

（四）20 世纪 80 年代至今：英国高等教育国际化曲折发展

1. 1980—1984 年：英国高等教育国际化进入低谷

“二战”后英国的高等教育国际化并非一帆风顺。20 世纪 70 年代末期，英国经济不断下滑，财政收支捉襟见肘。1979 年，撒切尔夫人竞选成功，保守党执政，开始实施新自由政策，削弱福利国家政策。面对庞大的高等教育开支，保守党政府把高等教育系统列为“节约”和“减少政府预算”的对象，大幅减少经费拨款。同时，保守党政府决定自 1980 年起，对非欧共体的国际学生实行“全成本学费政策”（full cost fees policy）。这一政策标志

---

① 该报告全名为《高等教育：1961—1963 年首相委任的以罗宾斯勋爵为主席的委员会报告》，阐述了英国高等教育的主要目的、办学原则，提出 178 条建议。该报告是 20 世纪 60 年代以来英国高等教育发展的政策基础，不仅使英国高等教育进入一个蓬勃发展的时期，也导致了英国高等教育结构和类型的重大变化，因而成为英国高等教育发展史上的里程碑。（参见贺国庆，等. 外国高等教育史［M］. 北京：人民教育出版社，2003：538 -541.）

② 联合国教科文组织. 从统计数字看世界高等教育［J］. 教育参考资料，2000（1 -2）.

着英国国际教育政策的主导理念从对外援助转向了对外贸易，从而对英国留学生市场造成了极大的冲击，许多第三世界国家将其在英国的留学人员转移到美国、澳大利亚和加拿大等其他的工业化国家，一些自费留学的学生也因难以承担高额费用而不得不放弃在英国的学习。受此影响，英国国际学生人数连年下降，与1979—1980年相比，1981—1982年的国际学生数从5.7万人下降至4.9万人，1983年进一步降至“二战”后最低点，仅有4.2万人①。自此，英国高等教育国际化进入低谷期。

2. 1985—1996年：英国高等教育国际化恢复和迅速发展

20世纪80年代后半期，英国政府开始强调通过市场机制来促进高等教育的发展，提高高等教育的竞争力。1985年5月，教育与科学、苏格兰、威尔士及北爱尔兰事务等国务大臣向议会提出的《20世纪90年代英国高等教育的发展》绿皮书，指出高等教育要“有效、灵活、迅速地满足新的要求”②；1987年4月，英国高等教育白皮书《高等教育——应付新的挑战》进一步明确了高等教育必须“更有效地为经济发展服务”、“同工商界建立更密切的联系，并促进各项事业”③ 的总目标；1988年英国政府又出台《教育改革法》，把市场作为促进英国高等教育发展的有效契机，强调高等院校应对社会需求做出积极的反应。正是在英国政府的大力倡导和支持下，英国高等教育迅速走向市场化。

在市场化的大背景下，英国高校为应对政府对高等教育的拨款连年减少、教育经费严重不足的严峻考验，纷纷加快自身改革，努力拓展资金来源渠道。它们不仅开始积极开拓本国教育市场，同时将视野拓宽到海外，通过改革奖学金制度、开发国际课程、改善留学生服务等多种措施吸引海外留学生，以获取高额的经济回报。为扩大英国高等院校在国际上的影响力，英国政府也积极策划与支持各种宣传运动，帮助高校加大海外宣传力度。

20世纪90年代以来，英国在高等教育国际化方面取得了卓著成效。赴英求学的留学生人数飙升，英国在国际高等教育市场上占据了越来越大的份额（见表3－1）。

---

① 李梅. 高等教育国际市场——中国学生的全球流动［M］. 上海：上海教育出版社，2008：86.

② 吕达，周满生. 当代外国教育改革著名文献（英国卷·第一册）［M］. 北京：人民教育出版社，2004：26.

③ 同②，86.

表 3-1 1980—2003 年留学英国人数及其占全球留学生人数的比例和世界排名

年 份	人 数	比 例	世界排名
1980	16 154	3.8%	6
1985	56 003	6.1%	5
1990	70 717	6.1%	4
1995	197 188	12.2%	2
2001	225 722	13.7%	2
2003	273 653	15.1%	2

数据来源：李梅. 高等教育国际市场——中国学生的全球流动［M］. 上海：上海教育出版社，2008：88.

20 世纪 90 年代以来，英国吸收的留学生人数激增，到 1995 年其留学生总数已跃居世界第二，仅次于美国，并且一直保持至今。

3. 1997 年至今：英国高等教育国际化持续发展

1997 年至今，英国政府制定了一系列新的政策来促进本国高校进一步加快国际化步伐。1997 年，英国颁布《迪林报告》（Dearing Report，又称《全国高等教育调查委员会报告》），提出在全球商业竞争环境下开展高等教育国际化，并明确提出英国要建立世界一流高等教育系统。2003 年，英国高等教育白皮书指出了英国高等教育未来的发展方向和战略目标，进一步明确了高等教育国际化的地位和作用，提出英国要建立世界一流大学。白皮书还指出，“高等教育是国家的财富，其对社会和经济发展的贡献是无与伦比的”。为了弥补政府在高校经费投入上的减少，英国政府还提出高校具有自由支配留学生所缴学费的政策，极大地刺激了英国高校开拓海外留学生市场的积极性。

2004—2005 学年至 2008—2009 学年英国所有高校学生总数及生源构成的变化情况，显示了近几年英国庞大的留学生数量及其增长情况（见表 3-2）。

表 3-2 2004—2005 学年至 2008—2009 学年英国高校学生总数及生源构成统计

	2004—2005	2005—2006	2006—2007	2007—2008	2008—2009
本科生					
英国学生	1 601 465	1 630 300	1 634 890	1 630 660	1 673 655
其他欧盟国家学生	54 155	59 095	64 165	69 865	73 375

续表

	2004—2005	2005—2006	2006—2007	2007—2008	2008—2009
非欧盟国家学生	98 310	99 210	102 900	104 445	112 215
总计	1 753 930	1 788 600	1 801 955	1 804 970	1 859 240
研究生					
英国学生	337 685	343 900	343 825	333 655	353 430
其他欧盟国家学生	39 840	40 895	41 245	42 285	44 285
非欧盟国家学生	104 815	107 845	117 675	125 200	139 100
总计	482 335	492 640	502 745	501 135	536 815
本科生和研究生合计					
英国学生	1 939 150	1 974 195	1 978 715	1 964 315	2 027 085
其他欧盟国家学生	93 995	99 985	105 410	112 150	117 660
非欧盟国家学生	203 125	207 055	220 575	229 640	251 310
总计	2 236 270	2 281 240	2 304 705	2 306 105	2 396 055

资料来源：此表改编自 http://www.hesa.ac.uk/dox/pressOffice/sfr142/SFR142_Table1.pdf.

从表3－2可见，2004—2009年间英国高等教育留学生市场逐年扩大，无论是来自欧盟国家的留学生人数还是来自非欧盟国家的留学生人数都在不断增加，又尤以来自非欧盟国家的留学生数量增加更快，且留学生总数庞大。2009年的一项调查显示，赴英国留学的海外学生人数占英国高等教育学生的20%，而英国本地学生人数则没有明显变化。英国高等教育统计局（Higher Education Statistics Agency，HESA）的数据也显示，2008年英国高校有五分之一的学位颁发给了海外学生①。与庞大的留学生总数相应，英国在国际高等教育市场上所占的份额也相当可观。联合国教科文组织（UNESCO）2006年发布的数据显示，2005—2006年度国际留学生市场67%的份额被六个国家共同占有②，其中英国占有12%的份额，仅次于美国

① 英国高等教育统计局. 海外学生占英国高等教育学生的五分之一［EB/OL］.［2010－04－10］. http://www.china-b.com/lxym/lxdt/20090223/311659_1.html.

② 这六个国家及其所占国际留学生市场份额分别为：美国23%，英国12%，德国11%，法国10%，澳大利亚7%，日本5%。

23%的份额，位居第二。

进入21世纪，为了推动英国社会经济文化的迅速发展，英国在积极开拓非欧盟国家留学生市场的同时，也积极参与了欧盟成员国间有关高等教育的合作项目，借助区域性的高等教育国际化计划为英国赚取更大的高等教育国际市场份额。来自欧盟国家的留学生数量近年来也在逐年增加。但相对于欧盟国家而言，英国高等教育对非欧盟国家学生的吸引力似乎更大。

第二节　“二战”后英国高等教育国际化的主要政策

英国在高等教育国际化方面取得的显著成绩在很大程度上得益于高度自治的各高校积极实施国际化战略。在这个过程中，英国政府也发挥了相当重要的作用，有力地推动了高等教育国际化。如大卫·艾略特（David Elliot）所言，从英国政府的一般性政策（包括教育政策）的本质中可以解读出高等教育国际化政策的内涵①。

一、对外教育援助政策

“二战”结束后的较长一段时间内，英国高等教育国际化主要表现为对外高等教育援助。英国政府制定了一系列政策，加大了对英联邦国家和第三世界国家的高等教育援助力度。首先，英国对英联邦国家高等教育给予了大力的援助。为加强与英联邦国家的传统教育联系，培养忠实于帝国殖民地管理的精英，英国政府确立了为每一个殖民地培养一批高校教师以及创建一所大学的目标；其次，为了扩大英国在第三世界国家的政治影响力，英国加大了对广大的亚、非、拉发展中国家的高等教育援助力度，例如，英国政府专门设立奖学金吸引这些国家的留学生到英国学习。1963年《罗宾斯报告》要求每年为资助外国留学生提供900万英镑②，英国政府还为海外留学生提供比过去更多的福利待遇，包括免费高等教育以及赠送大量书籍或教学设备等。此外，英国政府还通过向发展中国家输入高等教育发展资金、学术人员和培训课程等一系列对外高等教育援助项目，帮

① Elliot, David. Internationalizing British Higher Education [G] // In Peter Scott (ed). The Globalization of Higher Education. Buckingham, UK: SRHE and Open University Press, 1998: 32.

② 刘晖. 从《罗宾斯报告》到《迪尔英报告》——英国高等教育的发展路径、战略及其启示 [J]. 比较教育研究, 2001, 23 (2): 25.

助这些国家举办高校和教师培训。20 世纪 50 年代中期，英国就以资助的方式帮助印度建立起了 6 所理工学院（IIT）。此外，这一时期英国的留学生政策也具有明显的援助性质。

这一时期，英国高等教育国际化的动力更多地来自于政府机构而非高校本身；高等教育领域的人员流动也更多地表现为有组织的人员流动项目，而非个人流动。对外教育援助成为英国高等教育国际化的主要政策，服务于该国政府扩大国际政治影响力的国家目的。这一时期，英国的高校吸纳了众多留学生，但绝大多数留学生来自英联邦成员国和欧洲大陆。

1980 年，英国撒切尔政府开始对非欧盟留学生实行“全成本学费政策”，但这并不表示英国放弃了对外教育援助政策。实际上，英国政府并未真正减弱对外高等教育援助的力度。不同的是，20 世纪 80 年代以来英国的对外教育援助政策已不再是单纯地为了增加政治影响力，而是越来越倾向于通过特定的对外高等教育援助政策来寻求国际性的高等教育合作与交流，进而提升英国的高等教育国际化程度和促进英国高等教育本身的发展。事实上，这些政策的实施结果表明，通过对外高等教育援助项目，英国“意外地”实现了自我利益与其他利益的共存，取得了相当可观的经济回报。英国政府对世界其他国家实施的一系列高等教育援助政策并非英国政府绝对“无私”的奉献，事实上，通过这一系列具有援助性质的国际合作基金项目，英国除了获得良好的国际声誉之外还获得了更大的经济收益。高等教育国际合作基金项目 1997 年进行的一次评估显示，在 1993—1996 年间，英国政府通过基金项目的方式，从 300 万英镑的现金投入中获得了由英国高校创造的 5 400 万英镑的产出①。

二、高等教育出口政策

20 世纪 80 年代以来，英国高等教育国际化的突出表现是从海外招收留学生。1985 年 5 月，教育与科学、苏格兰、威尔士及爱尔兰事务等国务大臣向议会提出的《20 世纪 90 年代英国高等教育的发展》绿皮书，表达了吸纳更多留学生到英国学习的愿望：“通过接纳和欢迎外国留学生，为其他国家的教育需要做贡献是英国历来的传统。这种有益于留学生及其接纳院校双方的交流是具有直接意义的。而且，双方还可以通过深入了解、友好往来，

① Elliot, D. Internationalizing British Higher Education [G] // In Peter Scott (ed.). The Globalization of Higher Education. Buckingham, UK: SRHE and Open University Press, 1998: 39.

增加商业交流，改善外交关系，保持长期的互利关系。"① 与之前主要寻求政治影响的诉求不同，20 世纪 80 年代以来，英国的高等教育国际化明显表现出强烈的经济利益诉求。这一时期，英国政府把高等教育当做一项重要的出口产业向全世界推广，在开拓留学生市场、扩大国际教育规模方面可谓不遗余力。

1. 打造英国教育品牌（The Education UK）。英国政府深刻地认识到，英国高等教育最主要的优势在于其良好的质量，加之作为英语国家的语言优势，使得英国有可能打造出一个具有国际竞争力的教育品牌，从而扩大英国在国际留学教育市场的份额。20 世纪 80 年代以来，英国政府积极采取市场策略来推广英国教育品牌。一方面，英国政府非常重视对国际留学生市场需求信息的搜集②。另一方面，英国政府根据国际留学生市场需求的变化，打造了一整套具有吸引力的国际化课程，并建立了严格的高等教育质量监控机制，以保证英国高等教育的质量。20 世纪 90 年代开始，英国政府开始监测海外办学的教育质量，英国高等教育质量委员会（HEQC）就是英国政府为评估和监控海外教育而专门设立的机构，自建立以来已对近 30 个国家和地区展开了 100 余次海外评审，成为英国海外高等教育质量和英国留学品牌的忠实"把关者"。1985 年以来，英国教育品牌的推广使得国际学生人数保持稳步的上升趋势。1999 年，英国首相布莱尔倡导发展的全球市场战略和为期三年的推动英国教育和培训运动，在世界范围内积极推进英国教育品牌海外知名度，大力扩大英国国际学生的海外市场。通过实施教育品牌的全球营销策略，2000 年英国吸收的国际学生增加了 13%，2003 年英国的国际学生增加到 273 653 人，占全球市场的 15.1%③。根据 2009 年 8 月的一项针对 4 033 名学生的留学决策调查（The Student Decision Making Survey），81% 的学生称"英国教育"为他们提供了具有新意的学习经历，86.5% 的学生认为英国教育有助于他们进入现代社会。可见，大多数留学英国的学生认为，英国教育的投资回报和价值以及由英国教育带来的就业率都是非常高的④。

---

① 吕达，周满生. 当代外国教育改革著名文献（英国卷 · 第一册）[Z]. 北京：人民教育出版社，2004：37.

② 同①，38.

③ 李梅. 英国高等教育国际市场——中国学生的全球流动 [M]. 上海：上海教育出版社，2008：86 - 88.

④ Department for Business Innovation & Skills. Making It Happen：The Prime Minister's Initiative for International Education [EB/OL]. [2010 - 05 - 28]. http://www.britishcouncil.org/eumd-pmi2-briefings.

2. 改革留学生奖学金资助政策。到英国留学的英联邦成员国和欧盟国家的学生历来都有很多机会享受到英国政府的资助。英国现行的奖学金主要由三部分构成：（1）政府奖学金；（2）学术团体奖学金；（3）高校奖学金。其中，政府奖学金包括政府间双边文化教育交流奖学金项目，如外交部与英联邦办公室奖学金、英国文化委员会研究基金、英联邦奖学金与研究基金、海外研究生奖学金、富布莱特美英双边交流奖学金、中英友好奖学金等。这些奖学金对英联邦成员国的留学生颇具吸引力，对受本国政府资助赴英研修的外国留学生数的增长也发挥了积极作用。此外，为了激励海外优秀人才到英国大学从事攻读学位的科研工作，英国政府设立了专门的“海外研究生奖励计划”（Overseas Research Students Awards Scheme，ORSAS），该计划在吸引海外优秀人才、扩大海外研究生规模、充实英国科研基础方面都发挥了积极的作用。

3. 提供留学生优惠政策，改善留学生服务。对世界各国申请留英的学生，英国政府提供了诸多优惠政策。比如，欧盟国家的学生在英国留学不必支付教育费用；对成功申请超过半年以上留学签证的学生，英国政府都给予免费的医疗保险；进一步扩大奖学金的发放范围及发放量；学生除了可以向英国高校申请奖学金，还可以向其他机构申请；在英国留学签证半年以上，其配偶可以赴英国陪读、找工作等。近年来，在改善留学生服务方面，英国政府做出了许多努力。英国逐步改善了海外学生签证申请服务。一方面，英国在一些国家设立了签证申请中心，并减少签证限制，简化签证手续（如取消面签），英国大使馆还在一些国家境内开通签证申请网络，为境外学生申请到英国留学提供了极大的便利；另一方面，英国文化协会也通过国外分支机构和开放中心为签证申请者提供指导信息和面对面的服务，近年来，英国文化协会还在许多国家和地区屡屡召开新闻发布会，为当地的媒体、学生、留学中介和相关决策者提供各种新的留学信息①。此外，英国政府放宽了对国际学生在英国工作的限制，采取了比较宽松的工作政策。英国政府还积极帮助海外留学生融入英国社会②。

4. 推进跨境高等教育，开展境外办学项目。进入 21 世纪以来，英国除了吸收海外留学生赴英学习之外，还把握高等教育国际化发展的新趋势，积

① Department for Business Innovation & Skills. Making It Happen: The Prime Minister's Initiative for International Education [EB/OL]. [2010 - 05 - 28]. http://www.britishcouncil.org/eumd-pmi2-briefings.

② 同①.

极推进跨国高等教育①，以应对国际高等教育市场的激烈竞争，寻求持续的国际化发展。这主要表现为海外办学或者输出高等教育合作交流项目。英国政府在推进高等教育跨国发展上态度十分积极，并通过各种政府间行动来实现高等教育的跨国合作，积极促成英国高校与国外高校的合作协议。据不完全统计，1997 年英国在希腊、西班牙、马来西亚、新加坡、中国香港等国家和地区设立了 20 个合作办学项目②。近年来，英国越来越重视亚洲地区的高等教育市场，尤其将中国和印度作为其重要的跨国教育合作伙伴。由英国文化协会主导的“英国—印度教育和研究计划”（The UK-India Education and Research Initiative）在 2006—2007 年度建立了若干个合作项目，其中包括 30 个合作研究项目和 7 个合作教学项目。同时，英国政府重视与中国的高等教育合作，不仅责成英国商业创新和技能部（Department for Business, Innovation & Skills）主要负责促进同中国的教育合作，还设立了一个特别的中国行动小组，以便双方更好地合作并增进相互理解，此外英国政府还组织每年一次的中英教育部长级高峰会议。

三、融入欧盟的区域高等教育政策

英国于 1973 年加入欧盟（1992 年前称欧共体），一直在欧盟中占据着举足轻重的地位。可以说，英国的高等教育深深根植于整个欧洲体系，英国的高等教育国际化也与整个欧洲的高等教育国际化战略密不可分。

1976 年，欧共体设立“欧共体成员国校际联合培养项目发展基金计划”（Grants for the Development of Joint Programme of Study between Institution of Higher Education in the Member States of the European Community，简称 JSP 计划），该计划旨在实现欧共体各高校之间以协作方式发展课程，同时大规模推行高校学生自由跨国学习。JSP 计划实施后的四年间，欧共体共资助了 121 个在 200 所高校推行的交流合作项目，超过 1/3 的项目涉及 3 个或以上的成员国高校的参与，英国成为成员国中接纳协作伙伴院校最多的国家。

JSP 计划的成效并不理想，因而欧共体在 1987 年提出改善措施，推出

---

① Cemmell, J. & Bekhradnia, B. The Bologna Process and the UK's International Student Market [EB/OL]. [2010-06-02]. http://www.hepi.ac.uk/files/36Bolognaprocesssummary.pdf.

② 张建新. 英国高校学生的国际流动 [J]. 比较教育研究, 2003, 25 (5): 84.

资助高校学生跨国流动的“伊拉斯谟计划”（ERASMUS）①，取代了 JSP 计划。英国积极参与了欧盟国家的高等教育和研究计划，在“伊拉斯谟计划”的高等教育项目中人员流动最多，资金投入最大。同时，凭借其优质高等教育质量和采用英语教学的独特优势，英国成为所有欧盟成员国中接受其他欧洲国家学生人数最多的一个国家。

英国在欧盟的“苏格拉底计划”和“博洛尼亚进程”中也发挥了重要作用。英国政府始终自认为“一直是欧洲高等教育改革中一个积极的、有影响力的参与者，并作为发起国和投资主体参与了欧盟的建立”②。自 JSP 计划以来，通过参与“伊拉斯谟计划”、“苏格拉底计划”和“博格尼亚进程”等一系列欧盟高等教育合作与交流计划，英国的高等教育国际化程度不断得到提高。

四、促进高校与国外高校和企业合作的政策

随着国际高等教育市场的迅速发展和全球高等教育竞争的加剧，招收国际学生已不再是英国致力于高等教育国际化的唯一重心，寻求高等教育战略性的国际合作日益成为英国政府和高校关注的焦点。英国政府将高校视为“社会、经济和文化变革的发动机”，寻求世界范围内广泛的科研合作、知识转让、师生交换和学生跨国就业等，成为英国政府和高校新的高等教育国际化发展方向③。

进入 21 世纪以来，英国政府和高校都采取积极的态度，制定或调整海外办学策略以适应全球高等教育国际化的迅速发展。英国政府尤其是布莱尔执政时期，加快了高等教育市场化的步伐，给予高校更大的办学自主权，以市场机制促进办学效率的提高，鼓励高校向海外输出教育，扩大教育服务贸

① 广义的“伊拉斯谟计划”包括 ERASMUS 和 ERASMUS MUNDUS（也称为 ERASMUS 2）这两个综合的国际项目。ERASMUS 的目标是到 2010 年帮助三百万学生成功流动。它所主要采用的策略包括：（1）提供在三个欧洲国家学习硕士课程的机会；（2）为第三世界国家的毕业生和学者提供奖学金；（3）通过与第三世界国家高校建立伙伴关系来鼓励欧洲向全世界敞开大门；（4）通过与第三世界国家互相承认资格认证来提升欧洲高等教育的基调、曝光度和可进入性。Erasmus Mundus（欧洲研究生课程）项目，作为原 Erasmus 计划的扩展，宣告将在 2009 年到 2013 年期间正式启动，这是一项为了改善高等教育的质量所进行的合作和流动项目，旨在通过和第三世界国家的合作来增强对不同文化之间的了解。

② Cemmell, James & Bekhradnia, Bahram. The Bologna Process and the UK's International Student Market [EB/OL]. [2010-06-02]. http://www.hepi.ac.

③ Department for Business Innovation & Skills. Making It Happen: The Prime Minister's Initiative for International Education [EB/OL]. [2010-05-28]. http://www.britishcouncil.org/eumd-pmi2-briefings.

易。同时，在办学规模扩大的基础上，适时加强办学质量的监督。为了推动英国高校的市场化步伐，支持英国高等教育走向全世界，1999 年以来英国商业、创新和技能部主导了两个重要的高等教育国际化发展五年计划，即“首相国际教育行动一期计划”（PMI1）和“首相国际教育行动二期计划”（PMI2）。1999 年，英国商业、创新和技术部启动“首相国际教育行动计划”（The Prime Minister's Initiative for International Education，PMI），该计划的主要目的在于为英国招收更多的国际学生。“首相国际教育行动计划”得到了成功的实施，并于 2005 年实现了预期目标，与预期的 75 000 名国际学生相比，多招收了 43 000 名国际学生，超额完成了任务。2006 年，“首相国际教育行动二期计划”启动，由英国文化协会和英国联合国际部（Joint International Unit，JIU）共同创立的计划委员会（Programme Board）负责推行。“首相国际教育行动二期计划”主要通过以下四个相互联系的活动致力于寻求英国在国际教育舞台上的重要地位：创造通畅便捷的沟通方式，实现与预期的赴英留学的国际学生的充分交流，以此来营销英国教育；从申请英国的学校、办理留学签证到结束在英国的学习，都要确保学生获得高质量的留学服务；鼓励和支持英国高校积极寻求持续、互利的国际伙伴关系；优先考虑与一些国家发展合作关系。“首相国际教育行动二期计划”非常强调英国高校与国外高校建立互利合作的伙伴关系，同时支持教职员工和学生的国际流动，对于一些指定的国家，“首相国际教育行动二期计划”将为英国与这些国家的科研和教学合作，包括教职员工和学生的交换项目提供启动资金。目前，由“首相国际教育行动二期计划”支持的 300 多个国际合作项目已从该计划专门设立的基金获得超过 800 万英镑的支持经费，这些经费用于各种科研、教学合作项目、学生交换项目以及院校层面的战略性合作。此外，“首相国际教育行动二期计划”还积极促成该计划优先考虑发展合作关系的国家间的高等教育政策对话，为教育部门的领导人和政策制定者创造了许多共商互利合作事宜的机会①。

长期以来，英国学生对于出国留学的态度并不积极。但是，有迹象表明英国学生的整体态度正在发生转变。许多英国学生通过“首相国际教育行动二期计划”实现了国际流动。数据显示，2009 年，有 76 名英国学生前往

① Department for Business Innovation & Skills：Making It Happen：The Prime Minister's Initiative for International Education. [EB/OL]. [2010－05－28]. http://www.britishcouncil.org/eumd-pmi2-briefings.

马来西亚的10所高校学习和交流，有7个学生交流项目正在酝酿之中。另外，鉴于英国是美国学生留学的首要选择，同时美国也是英国学生留学的首要目的地，“首相国际教育行动二期计划”设立了新的英美高等教育合作基金，专门提供29万英镑用以促进两国高校的跨洋协作①。

在“首相国际教育行动”两期计划的带动下，英国高校海外办学进入了全面扩张期，许多高校加入了海外办学的大潮。据统计，到2006年，英国高校在世界各地拥有3 000多个海外办学项目，参加英国高校海外办学的学生达20万人，另有50万人为获得英国职业资格而在海外学习②。

除了重视英国高校与国外高校的合作办学，英国也非常关注与境外政府及企业的合作办学。例如，英国龙比亚大学2003年10月在北京成立中欧发展研究中心（China-EU Development & Research Centre），该研究中心是龙比亚大学与中国欧盟协会共同合作的结果，旨在为中国的企业、科研教育机构和政府部门提供咨询与研究方面的服务。

第三节　英国高等教育国际化的目标与策略

第二次世界大战结束到20世纪80年代这段时间，英国高等教育国际化主要以对外教育援助活动为主。这一时期，英国高等教育国际化主要出于政治目的，其主要对象是英联邦成员国和部分第三世界国家，英国政府期望通过对这些国家和地区的高等教育援助来加强英国与英联邦国家的传统联系，增强英国在第三世界国家的影响力。80年代后，随着“冷战”的结束、德国的统一和东欧社会主义国家的解体，英国开始更为看重高等教育国际化的经济功能，并通过一系列策略将高等教育国际化变成为英国获取经济收益的重要途径。可以说，英国的高等教育国际化策略是经济与学术理念的结合，针对不同的对象和目标市场，英国采用了不同的高等教育国际化策略，如针对全自费的亚洲国家生源，主要策略是增加财政收入（体现经济理念）；针对欧盟国家的留学生，则偏重共同理解、学术交流和技术移民③。这一方面

---

① Department for Business Innovation & Skills: Making it happen: The Prime Minister's Initiative for International Education. [EB/OL]. [2010-05-28]. http://www.britishcouncil.org/eumd-pmi2-briefings.

② 张湘洛. 英国大学海外办学实践及启示 [J]. 高等教育研究, 2008, 29 (5): 99-103.

③ 李梅. 高等教育国际市场——中国学生的全球流动 [M]. 上海: 上海教育出版社, 2008: 86-87.

反映了英国高等教育国际化的差异化战略，另一方面也体现了英国高等教育国际化的多样化目标。

归纳起来，自20世纪80年代以来，英国高等教育国际化主要为了实现以下四方面的国家目标。

一、英国高等教育国际化的目标

（一）增强国家竞争力

增强国家竞争力是英国大力推动高等教育国际化的重要战略目标。1985年绿皮书指出，英国政府最关注的问题之一是，能否培养出比竞争对手国更多的“合格劳动力”；英国政府关于教育（包括高等教育）作用更明确的描述，体现在1994年以后发表的三份白皮书和1993年发表的报告《实现我们的潜能：科学、工程和技术的发展战略》（Realizing Our Potential：A Strategy for Science，Engineering and Technology）中关于“竞争力”的论述上，英国政府明确指出，国家竞争力主要取决于劳动力素质，高校如何更好地培养适应劳动力市场需要的高层次科技人才对于提升英国国家竞争力至关重要①。简言之，英国高等教育的目的就是“培养欧洲最合格的劳动力”（Department of Education and Employment and Cabinet Office 1996：21）；1997年，英国国家高等教育调查委员会向国会提交关于英国高等教育改革的《迪林报告》（Dearing Report），提出高等教育在建设现代化和有竞争力经济方面发挥什么样的作用是评价高等教育的三个基本标准之一。高等教育国际化不仅能为英国吸引来自全世界的杰出人才，还能培养英国本国学生的国际视野和全球意识，对于英国保持高等教育强国地位进而增强英国的国家竞争力起着重要作用。

（二）提高高等教育和科研质量

通过吸引海外优秀学生赴英留学、引进海外杰出学者和高技术人才赴英工作或交流，英国期望提高本国的高等教育质量和科研质量，进一步提升英国高校的教学和科研水平。正如英国科学顾问戴维金所言，“在竞争激烈的全球经济体系中，英国必须将最优秀的学生吸引到其最好的学术机构中。”这也是英国政府设立以“海外研究生奖励计划”为代表的以吸引优秀国际人才为主要目的的奖学金资助政策的主要动因。尽管20世纪80年代以来英

① Elliot，D. Internationalizing British Higher Education［G］// In Peter Scott（ed）. The Globalization of Higher Education. Buckingham，UK：SRHE and Open University Press，1998：39.

国十分重视高等教育国际化对英国经济增长的作用，英国政府同时强调，高等教育部门不能受短期的经济利益驱使而忽略对教学和科研质量的保障和提高。高等教育国际化既能为英国带来高额的经济回报，也能为英国高校引进一大批杰出的海外人才，充实并提升英国高等教育教学与科研队伍，从而有力地促进英国一批世界研究型大学的建设。

（三）拓宽经费来源，缓解高等教育财政压力

自 1980 年英国实行非欧盟留学生“全成本付费政策”之后，积极开拓海外留学生市场成为英国各高校拓宽经费来源、缓解财政压力的一项必然选择。英国政府意识到招收海外留学生能够为本国赚取高额的经济利益，因而积极协助各高校开拓留学生市场以及开展对外交流，并允许高校自主支配留学生所缴学费，以此来鼓励高校积极参与国际留学生市场的竞争。经过 10 多年的努力，英国高校不但部分地缓解了因政府教育经费削减造成的困境，而且从海外学生身上收取的费用每年也达 10 亿美元。

如果说 20 世纪 80 年代英国收取留学生学费是一种无奈之举，那么目前更大的经济利益则成了英国拓展留学生市场的主要目标。在英国，高校在本科阶段收取国际学生的费用是国内学生的 3—10 倍，研究生阶段收取高于国内学生大约 2—3 倍的费用。20 世纪 90 年代以来，受教育出口的巨额收入的刺激，英国更是将教育尤其是高等教育国际化作为促进本国经济发展的一项重要策略。2007 年英国高等教育政策研究所（Higher Education Policy Institute）的统计显示，仅计算赴英留学的国际学生所支付的学费和生活费用，每年 10 万欧盟学生带来的直接财政收入至少为 8 亿欧元，同时超过 20 万的非欧盟国家学生带来的直接财政收入更是高达 33 亿欧元；另外，毕业后留英工作的欧盟国家学生和非欧盟国家学生每年为英国的 GDP 增长贡献 20 亿英镑。这无论对于英国的大学还是整个英国的经济都是颇为可观的收入①。目前，英国高校从国际学生那里获得的收入占其总收入的 8%，这项收入同英国高校获得的高等教育资助委员会（HEF）的科研拨款大致相当——甚至有 10 所高校更加依赖国际学生学费收入，占其总收入的 16%②。

图 3 - 1 展现了 1994—2008 年赴英求学的非欧盟国家留学生数量及其为

① House of Commons, Education and Skills Committee. The Future Sustainability of the Higher Education Sector: International Aspects [R]. London: Parliament of the Great Britain, 2007: 9.

② Cemmell, James & Bekhradnia, Bahram. The Bologna Process and the UK's International Student Market [EB/OL]. [2010 - 05 - 17]. http://www.hepi.ac.uk/files/36Bolognaprocesssummary.pdf.

英国带来的经济收入情况，这十多年间到英国留学的非欧盟学生数量逐年增加，他们的到来为英国创造了可观的经济收入。

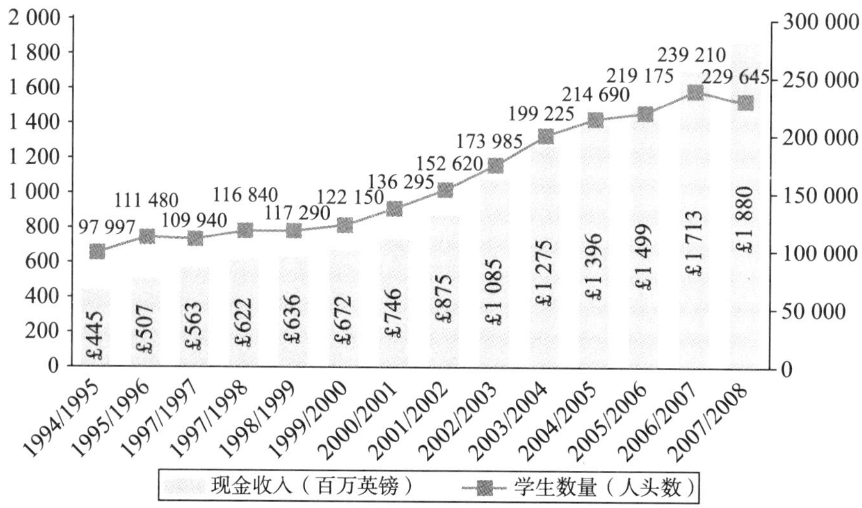

图 3-1　1994—1995 至 2007—2008 学年英国高校非欧盟留学生数及为英国带来的直接经济收入

数据来源：Higher Education Statistics Agency（HESA）. Resources of Higher Education Institutions, Students in Higher Education Institutions, various years [EB/OL]. [2010-04-10]. 转引自：http://www.universitiesuk.ac.uk/Publications/Pages/FactsandFigures09.aspx.

可以说，高等教育国际化对英国不仅意味着全球化的意识，更意味着资本的流动。根据英国文化协会 2004 年的预测，到 2020 年在英国的留学生总数将达到 87 万，每年将为英国经济带来 130 亿英镑的贡献①。

（四）扩大文化影响

通过向世界各地输出高等教育从而扩大英国文化的世界影响，是英国高等教育国际化的另一个重要目标。正如剑桥大学校长艾利逊·理查德（Alison Richard）所指出的，“对于一所像剑桥大学这样的英国大学而言，国际化意味着保持其作为世界一流大学的国际声誉和地位；而对于英国这个国家而言，大学国际化除了能为英国赚取海外收益，还能通过其培养的学生和从

① 北京大学课题组. “来华留学工作 2009—2020 年发展规划”研究报告 [R]. 北京：北京大学，2009-10-11.

事的高水平研究将英国的影响力扩散至全世界”①。英国政府、高校和英国文化协会都认识到了高等教育国际化对扩大英国文化世界影响力的重要意义。“不论我去哪里旅行，都能遇到在英国学习过的国际型领导人。那些充满活力的、聪明的人们选择来英国留学是因为我们提供了高质量的教育与培训。这对英国来说是一件好事。人们来这里接受教育会与我们国家建立一种持续的联系，他们将在国际上提升英国的声誉，有利于推进我们的民主制度和商业贸易。”②

英国教育与技术委员会在2007年向英国政府提交的一份咨询报告书中对高等教育国际化的目标做了一个经典的概括：“国际学生将给英国带来财政、学术和文化等方面的利益。”③ 财政、学术和文化利益构成了一个国家国际竞争力的主要内容，因此，高等教育国际化也相应地成为英国提升国家竞争力的重要手段。

二、英国高等教育国际化的策略

为了实现以上目标，英国政府和高校采取了一系列高等教育国际化的策略。

（一）活动策略

其一，促进学生的国际流动。

英国的高等教育出口以“进口”留学生为主。为此，英国专门推出了若干个学生流动项目，如研究生商学院项目吸引了大批的海外留学生。布莱尔在2006年曾表示，未来五年内英国高校要吸引100 000名从非欧盟国家来的学生，使得国际学生学费收入达到8.8亿美元④。除了提供留学生政策方面的支持以外，英国政府还通过一系列帮助高校加大海外宣传力度的努力来帮助英国高校吸纳更多的海外留学生。

近20余年来，英国吸收的留学生数量逐年增加。目前，英国已成为仅次于美国的世界第二大留学生接收国，共有来自100多个国家的20余万名

① House of Commons, Education and Skills Committee. The Future Sustainability of the Higher Education Sector: International Aspects [R]. London: Parliament of the Great Britain, 2007: 11.

② Bohm, A. et al. Vision 2020, Forecasting International Student Mobility: A UK Perspective [R]. London: British Council, 2004.

③ House of Commons, Education and Skills Committee. The Future Sustainability of the Higher Education Sector: International Aspects [R]. London: Parliament of the Great Britain, 2007: 20.

④ 曾满超，王美欣，蔺乐. 美国、英国、澳大利亚的高等教育国际化 [J]. 北京大学教育评论，2009，7 (4): 85.

非欧盟国家学生在英国接受高等教育，另外还有超过 50 万人选择赴英学习英语①。在研究生中，海外学生的数量总计占到 25% 以上，在法律、工程技术、工商管理、建筑设计与规划、计算机科学和社会科学六大类研究生中，海外学生更是占到了一半以上②。

与来自非欧盟国家的留学生状况不同，20 世纪 80 年代以来，来自欧盟的留学生在英国高校国际学生中一直保持着较高的比例。目前，欧盟学生在英国留学生中约占三分之一。另据英国教育与技术委员会的统计，通过“欧盟联合培养学生计划”赴英留学的欧盟学生占到英国高校学生总数的 5%③。英国吸引更多欧盟国家留学生的主要目的并不在于增加财政收入，事实上，欧盟学生在英国留学享有与英国国内学生同样的待遇，在英国接受高等教育只需象征性地缴纳一些学费。与全自费的非欧盟国家学生不同，欧盟学生带给英国高等教育的主要不是经济收益，而是共同理解、学术交流与合作和技术移民方面的好处。

在“进口”留学生的同时，英国也积极鼓励本国学生出国交流和学习。近年来，英国高校主要通过积极参与与国外高校的合作交流项目向海外输出一部分学生，其中又主要表现为支持英国学生参与欧盟的学生交流计划，如“伊拉斯谟计划”和“苏格拉底计划”等。

其二，促进高校学术人员的国际流动。

作为一个非移民国家，英国在很长一段时间内并未向其他国家和地区的学术人员敞开大门。进入 21 世纪后，英国政府开始认识到吸纳国际教职员工对于高等教育国际化的重要意义。2002—2003 年，为提高在英国工作的高技术人员数量，英国政府实施“高技术移民项目”（Highly Skilled Migrant Program），各高校开始大规模地接纳国际教职员工，尤其是积极引进外籍教师，以促进英国高等教育国际化和多元化。根据英国大学联合会（Universities UK）网站的数据，2005—2006 年英国 27% 的高校学术人员来自国外；2007 年，这一比例大约在 20% 左右。而另一份数据也显示，2004—2005 学年，英国高校共有学术人员 160 655 名，其中，119 740 人为英国国籍，

① Department for Business Innovation & Skills: Making It Happen: The Prime Minister's Initiative for International Education [EB/OL]. [2010-05-28]. http://www.britishcouncil.org/eumd-pmi2-briefings

② House of Commons, Education and Skills Committee. The Future Sustainability of the Higher Education Sector: International Aspects [R]. London: Parliament of the Great Britain, 2007: 10.

③ House of Commons, Education and Skills Committee. The Future Sustainability of the Higher Education Sector: International Aspects [R]. London: Parliament of the Great Britain, 2007: 9.

28 820人为非英国国籍（见表3－3）。

表3－3　2004—2005学年英国高校中的外籍教师情况

	总　数	仅教学	教学和科研	仅科研	非教学和科研
英国籍	119 740	27 395	68 140	22 610	1 590
外国籍	28 820	4 530	11 960	11 895	435

数据来源：http://www.universitiesuk.ac.uk/Publications/Pages/Publication－243.aspx.

注：上述外籍教师总数中除去12 105名未知国籍人员。

非英国国籍（不含未知国籍）学术人员在英国高校占到了17.8%，其中从事教学科研工作的人员占到17.6%（见图3－2）。

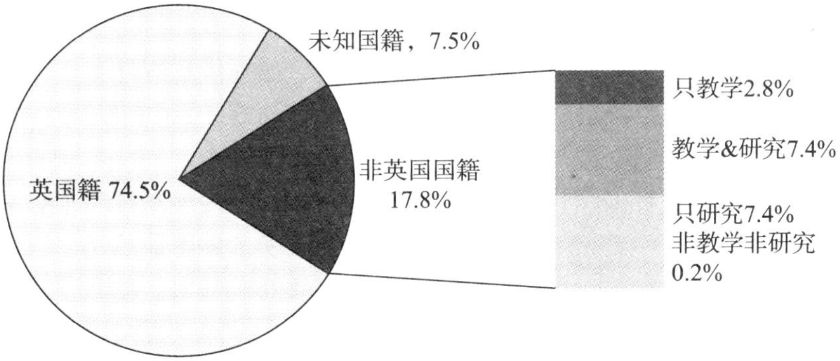

图3－2　2004—2005学年英国高校学术人员国籍构成情况

数据来源：Higher Education Statistics Agency（HESA）：Resources of Higher Education Institutions 2004/2005，table 16［EB/OL］.［2010－04－10］. 转引自：http://www.universitiesuk.ac.uk/Publications/Pages/Publication－243.aspx.

注：当年英国高校学术人员共计160 665人，其中明确国籍者148 560人。

此外，英国也通过参与区域性的学术人员流动计划、欧洲发展项目及学员之间网络等方式促进高校学术人员的国际流动。据英国文化协会报告，1995—1996学年至2002—2003学年，英国学术人员流入与流出之比为1.4∶1，即每流出100个学术人员，就有140个学术人员流入英国。可见，英国在促进学术人员流动尤其是吸纳国际学术人员方面已取得相当的成效，是一个人才收益国。

其三，促进课程国际化。

课程国际化是高等教育国际化中的一项重要活动。早在1985年，英国政府公布的绿皮书中就强调英国高校要“提供与外国留学生的需要相吻合的课程”。为此，依托英国文化协会、外国留学生基金会等机构和组织对英国高等教育在国外的需求和看法多次进行市场调查，来确定符合留学生兴趣和需要的专业课程，这是英国政府致力于扩大留学生市场、吸引更多海外留学生的重要策略。近年来，英国许多高校开设了大量的与国际相关和接轨的专业和课程，如外语、世界经济、国际金融、国际贸易、国际经济法、国际政治、世界文化等新专业。20 世纪 90 年代以后，英国高校国际化课程的数量和比重迅速增加，课程国际化也成为高校实施课程内容和结构改革、提高教学质量以及实现国际型人才培养目标的主要手段。目前，为满足国内外不同层次不同类型的需求，英国高等教育课程设置极其丰富，总数达 42 000 门。与课程国际化相应，英国政府还积极寻求区域内甚至世界范围内的学位标准化和国际化。在课程的国际化、增加国际课程、改革学位制度等具体策略之外，英国还采取了其他的课程国际化策略，如提供在海外工作和学习的项目、建立联合学位项目、实行欧洲学分互转计划等。

其四，促进英国高校与国外高校和企业的学术合作。

英国在高等教育国际化的过程中非常注重高校与国外高校和企业的学术合作，为此采取了一系列策略。目前，英国加入了世界各地的多个教育、科研和文化交流项目。一方面，英国积极拓展与非欧盟国家高校和企业的学术合作，扩大了与英联邦国家、英语区国家、发达国家和发展中国家的合作。英国文化部、教育部、国际发展部、科学部以及各高校针对欧盟外其他国家的高等教育交流与合作项目已经达上万个。前面提到的“英国—印度教育和研究计划”就是英国在欧洲以外寻求学术合作的例子，该计划为推动学术交流的研究计划提供 2 100 万美元的资金援助，其中包括授予联合博士学位项目以及支持对英国文化的学习和海外教育机构①。仅在 2006—2007 年度，该计划就建立了 30 个合作研究项目，对促进英国高校与印度高校和企业的学术合作做出了重要的贡献。此外，在英国发展合作委员会的促使下，印度和英国的高校在诸如调查研究、出版刊物、课程编制等方面开始实施了一系列双边交流计划。进入 21 世纪以来，英国大学也陆续与中国高校和企业开展合作办学②，例如，2010 年 4 月 12 日登录查询百度词条显示：

---

① 曾满超，王美欣，蔺乐．美国、英国、澳大利亚的高等教育国际化跨国教育的质量保障、认证和资格认可［J］．北京大学教育评论，2009，7（4）：86.

② House of Commons Education and Skills Committee. The Future Sustainability of the Higher Education Sector: International Aspects［R］. 2007: 11 – 12.

2003—2005 年间，英国诺丁汉大学与浙江万里集团合作创办宁波诺丁汉大学；2006 年，英国利物浦大学与西安交通大学合作举办西交利物浦大学。

（二）组织策略

为推动高等教育国际化，英国政府设立了若干专门的组织机构来负责制定和落实高等教育国际化的有关战略和政策。

第一，政府组建专门机构，负责制定和落实高等教育国际化的政策和规划。

创新、大学和技能部（Department for Innovation，Universities and Skills）是英国政府推动高等教育国际化的核心机构之一。它曾是英国教育与技能部的一部分，2007 年，英国布朗首相将其从教育与技能部中分离出来，作为负责高等教育的专业部门。创新、大学和技能部在高等教育国际化方面的主要职责为：联合国际机构“向部长和决策者提供有关于本国教育向国际推广的深度与广度的支持、意见和指导”；与分布在世界各地的英国文化协会分支机构等各类政府组织合作，共同推动高等教育国际化；主导发展、促进同中国等这样重要的国家在教育上的合作。

为了保障高等教育质量，英国政府于 1997 年成立高等教育质量保障署（Quality Assurance Agency for Higher Education，QAA），作为评估与审计英国高等教育质量的专门机构。高等教育质量保障署对英国高等教育国际化也至关重要，正如原英格兰高等教育资助委员会（Higher Education Funding Council for England，简称 HEFCE）主席所说，在国际高等教育市场上，“英国无法以价格取胜，因此必须以质量取胜”。无论是赴英留学的国际学生在英国学习生活的质量，还是英国高校参与的海外合作办学的质量，都是英国政府十分关注并严格加以保障的[①]。英国高等教育质量保障署承担了这一重要的任务。首先，该署制订高等教育质量标准和实施准则。其次，它致力于建立区域性和国际性的质量保障合作机制，遵守由联合国教科文组织、经济合作与发展组织联合制定的《跨境高等教育提供质量指南》（Guideline for Quality Provision in Crossborder Education）。此外，为了对输出教育项目作出有效评价，该署还积极寻求与接受国的有关部门合作，就英国高校在其他国家开办的跨国教育的质量标准和评价方法与所在国的教育质量保障机构进行

---

① House of Commons，Education and Skills Committee. The Future Sustainability of the Higher Education Sector：International Aspects［R］. London：Parliament of the Great Britain，2007：14.

沟通与合作①。

第二，依托英国文化协会推动高等教育国际化。

英国文化协会于1934年成立，是一个致力于促进英国文化、教育、国际关系拓展和交流的非政府组织，在全球110多个国家、200多座城市设有分支机构。英国文化协会在推动英国高等教育国际化的过程中发挥着非常重要的作用。首先，英国文化协会承担的首要任务是发展英语教学，针对不同国家或地区的对象，提供各种各样的英语学习项目。其次，长期以来由英国文化协会提供关于英国在国外的高等教育咨询和信息，而其财政来源于纳税人支持。英国文化协会主要通过其教育咨询服务中心（Education Counseling Service）与其他国家的高校建立合作关系，提供留学英国信息和免费的留学咨询服务，以鼓励外国学生到英国留学。该协会还负责为英国高校开展留学生教育咨询服务，约有260所英国高校委托它组织有关教育展览、安排访问计划以及发放宣传材料等。再次，英国文化协会还积极开展国际学术合作，仅在西欧每年都要建立1 300个科研合作项目，这些合作项目的经费往往来自两国政府，主要通过成本分担来实现国际学术合作。通过国际学术合作，英国文化协会每年为英国赚取了大量的海外收入②。近年，英国文化协会为各海外留学中介提供了一份“商业支持包”，在“首相国际教育行动”第二期计划的支持下，该协会还为世界各地的英国留学中介提供了一个专门的在线培训认证系统，以建立一个更为专业的英国留学推广网络。2008—2009年，超过2 000家留学中介注册了英国文化协会的在线培训计划——“英国留学中介证书”（Education UK Certificate for Agents）计划③。

第三，英国高等教育协会组织参与和推动高等教育国际化。

英国一系列的高等教育协会组织对于推动高等教育国际化发挥了举足轻重的作用。英国大学联合会（Universities UK）被认为是众多英国著名高校组织中最有影响力的一个，以发出“英国大学的关键心声”而著称。作为英国各大学执行首脑的代表机构，英国大学联合会内部成立了两个特别协调机构以致力于高等教育国际化，它们是英国高等教育国际联合会和英国高等

① 顾建新，徐辉. 跨国教育的质量保障、认证和资格认可［J］. 比较教育研究，2006，28（4）：75－80.

② Elliot，D. Internationalizing British Higher Education［G］// In Peter Scott（ed）. The Globalization of Higher Education. Buckingham，UK：SRHE and Open University Press，1998：39－40.

③ Department for Business Innovation & Skills：Making It Happen：The Prime Minister's Initiative for International Education［EB/OL］.［2010－05－28］. http://www.britishcouncil.org/eumd-pmi2-briefings.

教育欧洲联合会。英国高等教育欧洲联合会的主要任务是：提供数据和相关分析，提供会议要点以共享信息，确保同步思维和适当合作；英国高等教育欧洲联合会则把重心放在如何增强英国教育部门在博洛尼亚进程和欧盟政策的发言权上，并出版《欧洲月刊》，不断更新关于欧洲高等教育的新闻信息。

第四节　国际化对研究型大学建设的促进作用（一）

一、牛津大学国际化的历程

牛津大学，在其发展过程中，与世界上许多其他国家和地区有着密不可分的联系。

从 6 世纪到 14 世纪，经院主义哲学在欧洲知识界占据主导地位，主要掌握在天主教教会的高级神职人员手中，知识界使用拉丁文作为主要交流语言。从 11 世纪开始，神职人员的讲学活动逐渐频繁，学生自发听讲，讲学的教士也在欧洲一些城市间往来，不分国界。当时的主要讲学中心是博洛尼亚和巴黎。11 世纪末，开始有教士在伦敦附近的牛津小镇一带讲学。1129 年，牛津建立了两所奥古斯丁教派的修道院作为讲学和做学问的地方。1167 年，英格兰国王与法兰西国王发生冲突，英国学者被从巴黎召回，不得再去法国讲学或听学。旅法归国学者来到牛津，使得牛津迅速发展为英国经院哲学的教学和研究中心，被称为“总学”。这实际就是牛津大学的开始。到 12 世纪末，牛津大学正式被称为“师生大学”①。1190 年，牛津大学招收了第一位注册的外国学生。13 世纪，大多数牛津大学教员都是天主教会的神职人员，多数学生的求学目的是谋取神职或在社会上得到升迁。当时的学位证书更像是教师资格证，有学士证书的学生可以任英国文法学校校长，获得硕士、博士证书者可以到欧洲任何大学去讲课。

18 世纪末期，工业革命推动了教育发展。牛津大学开始聘请一些外籍教师，招收更多的外籍学生。19 世纪中叶，由于海外学者和受到德国大学理念的影响，牛津大学开始进行改革。这场改革从用笔试代替口试开始，对不同国家和地区的宗教更加包容，吸收了越来越多的有着不同宗教信仰的国际学生。19 世纪末期，随着贸易的增长、传教活动的扩大，特别是殖民主

① 裘克安. 牛津大学 [M]. 长沙：湖南教育出版社，1986：20 − 21.

义的扩张，牛津大学与其他国家之间的教育交流变得更加频繁。这一时期的牛津大学国际化以向殖民地国家输出高等教育模式为主。特别需要指出的是，牛津大学奥里尔学院毕业生西塞尔·罗兹逝世前遗赠资金，设立资助外国学生到牛津大学学习的奖学金计划，在牛津大学国际化的历史上具有重要意义。罗兹遗赠的这笔资金被命名为“罗兹基金”，用于资助英国本土以外的171名学生到牛津大学留学，其中60个名额给英联邦国家学生，96个名额给美国学生，15个名额给德国学生。从1903年至今，罗兹奖学金已惠及4 000余人，为该校其他奖学金的设立开了先河；更重要的是，这一奖学金对外籍学生开放，促使牛津大学吸纳更多的国际学生①。

在20世纪，英国枢密院进一步放宽了传统宗教信仰与教学实践之间的关系，如取消每天的强制礼拜，取消皇家教授职位与牧师职位之间的关系，开始在强调古典知识的基础上，加强科学和医学知识的重要性。这些措施促使牛津大学加大对外开放的力度，吸收其他国家的一些学者来任教。到30年代，来自其他国家的学者开始为牛津大学在国际重大奖项上争得荣誉，该校国际化初见成效②。1933年，为躲避纳粹迫害的奥地利物理学家薛定谔移居英国，受聘为牛津大学访问教授，并于同年获诺贝尔物理学奖。

第二次世界大战结束到20世纪70年代末，受英国政府政策的影响，牛津大学和英国其他著名大学一样，将招收留学生主要作为对外援助的一种方式，留学生规模相对较小。1963年的《罗宾斯报告》对扩大英国高等教育的规模提出了建议，即高等教育的经费开支将从占国民生产总值的0.8%上升到1.6%③。凯恩斯主义经济政策带来了英国高等教育的大发展。但是经济危机和撒切尔夫人紧缩开支政策使教育这个重要的公共部门受到严重的影响。1981年英国政府发表《公共财政支出白皮书》，正式宣布要大幅裁减高等教育的财政支出，在未来的三年内对大学的拨款削减15%。英国政府引入竞争机制来提高高等教育的效率，高校不得不扩展经费来源，招收自费的海外学生成为牛津大学开拓经费来源的重要渠道之一。80年代以后，牛津大学的留学教育走向市场化，规模迅速扩大。牛津大学一方面通过国际化来努力提升自己的教学和科研水平，另一方面通过招收大量自费留学生增加学校收入。

2009年的博洛尼亚进程会议指出，高等教育在应对全球的经济危机和

---

① 裘克安. 牛津大学［M］. 长沙：湖南教育出版社，1986：50.

② University of Oxford［EB/OL］.［2010－04－15］. http://en.wikipedia.org/wiki/University_of_Oxford.

③ 徐辉，郑继伟. 英国教育史［M］. 长春：吉林人民出版社，1993：333.

促进文化发展中扮演着重要角色。从2010年到2020年，欧洲高等教育需要进一步发展知识的创造性和创新性；面对欧洲人口的老龄化现象，只有加大师生的流动性和多样性才能保持欧洲高等教育的活力①。欧洲高等教育开放性的主要亮点在于欧洲各国政府之间的联合行动。在这种背景下，牛津大学等英国一流大学积极参与到这个进程中来。在学生国际化方面，牛津大学的目标是，一方面招收更大规模的国际学生，另一方面计划到2020年至少有20%的毕业生有到外国学习或接受训练的经历。在世界著名大学中，牛津大学留学生占学生总量的比例居于前列。在牛津大学，国际学生占学校全部学生的比例为35.8%，哈佛大学和剑桥大学的这一比例分别为20.4%和31.3%②。

二、20世纪80年代以来牛津大学国际化的策略

（一）牛津大学国际化的策略

牛津大学已经把国际化作为创办和保持世界一流大学地位的重要目标并不断调整自己的国际化策略。2000年，牛津大学在使命陈述中明确指出："通过科研成果和毕业生的技能造福于国际社会、国家和地方，充分利用大学图书馆、博物馆和科学收藏物资源，培养毕业生在全国和国际上的竞争能力；从英国和国际上吸引高素质学生来牛津大学学习本科生、研究生和继续教育课程，积极拓宽招生渠道，吸收多样化背景的学生，并为牛津大学及更广大地区提供更多和更加多样化的终身学习机会。"③ 牛津大学的国际化理念在2005—2006学年的学校计划中也得到了阐述。在学术研究、教学以及直接贡献社会等方面，通过国际化追求卓越，具体包括：使国际化研究穿越大学学科的谱系，形成学科间的互动；通过研究和牛津大学毕业生技能在社会、地区、国家和国际上产生巨大贡献；吸引、发展并保持高水平的教职员工；通过建立在学术和潜能上的公平测试来招收最好的国内和国际学生。

牛津人认为，大学是社会的中心，是推动经济社会发展的发动机，科学无国界，要培养合格的世界公民和世界领导人已成为全校上下的共识和工作

---

① Conference of European Ministers Responsible for Higher Education, Leuven and Louvain-la-Neuve. The Bologna Process 2020—The European Higher Education Area in the New Decade [C]. 2009.

② 郝平. 解放思想，开拓创新推动来华留学工作科学发展 [EB/OL]. [2010-04-15]. http://www.177liuxue.cn/shenghuo/2009-12/68799.html.

③ University of Oxford. About the University [EB/OL]. [2010-04-15]. http://www.ox.ac.uk.

任务。例如，麦克米伦指出，学生和最出色的学者应保持亲密的接触；学院积极促进交叉学科的形成，通过学生、教员、研究所之间的合作及研究成果对全球发展的贡献，使牛津大学在各科领域中具有国际性。

国际化已经成为牛津大学提高教学和科研水平的重要途径，也成为赢得政府教育拨款的重要手段。通过招收自费学生拓宽收入来源是牛津大学国际化的目标之一，但这仅仅是一项短期目标，保持世界一流大学的地位并且配合本国高等教育大众化和欧洲高等教育一体化才是牛津大学国际化的根本目的所在。

1. 促进学生和教师国际化

招收国际学生、聘用国际教职员工是牛津大学国际化的重要策略。

1190 年，也就是在建校二十余年后，牛津大学迎来了第一位正式注册的外国学生埃莫夫·弗莱斯朗（Emoof Friesland）。

欧盟国家招收的留学生中约一半来自欧盟内部各国。“伊拉斯谟计划”和“苏格拉底计划”的实施，极大地促进了欧盟内部的学生流动。牛津大学积极融入欧盟高等教育一体化的过程之中。牛津大学通过“苏格拉底计划”和“伊拉斯谟计划”拓宽了同欧洲的联系。仅在 1997—1998 年度有 39 名牛津大学学生参加了对外交换项目，并有 53 名留学生交换到牛津大学来。同时，这些计划同样致力于促进教学人员的交换。牛津大学还是由 38 所传统欧洲大学组成的 Coimbra 集团①（Coimbra Group 是由 38 所最古老或最权威的欧洲大学组成的联盟，创建于 1985 年，以葡萄牙城市 Coimbra 命名，旨在促进欧洲高等教育的国际化，提升科研与教学水平）成员之一，也是欧洲重要大学为促进欧洲研究领域的人员和学生进行交换、联合研究、举办会议和暑期学校而建立的核心关系网——EVROPAEVM——的成员之一。

目前，牛津大学的学生来自于 138 个国家，在 188 个国家和地区有 44 000 名校友。国际学生接近 7 500 名，占学生总量的三分之一，占全日制本科生的 15%，占全日制研究生的 61%②。国际学生所修习的专业各不相同。近年来，牛津大学的国际学生数量整体呈增长态势，尤其是国际学生中的研究生数量涨幅较大，其中欧盟以外国家的留学生比欧盟国家留学生增长幅度更大（见表 3 -4）。

① University of Oxford [EB/OL]. [2010 - 04 - 15]. http://en. wikipedia. org/wiki/Coimbra_Group.

② University of Oxford. About the University of Oxford. [2010 - 04 - 15]. http://www. ox. ac. uk/about_the_university/facts_and_figures/index. html#aoxford_awards_and_rankings.

表 3－4　牛津大学学生人数统计

年份	本科生					研究生					共计
	国内及欧盟国家	百分比（%）	海外	百分比（%）	合计	国内及欧盟国家	百分比（%）	海外	百分比（%）	合计	
1991－1992	9 671	93. 66	655	6. 34	10 326	2 636	66. 53	1 326	33. 47	3 962	14 288
2000－2001	10 335	94. 09	649	5. 91	10 984	3 165	63. 77%	1 798	36. 22	4 963	15 947
2001－2002	10 329	93. 79	684	6. 21	11 013	3 133	60. 89%	2 012	39. 10	5 145	16 158
2002－2003	10 336	93. 57	710	6. 43	11 046	3 176	57. 85%	2 314	42. 14	5 490	16 536
2003－2004	10 394	93. 48	725	6. 52	11 119	3 533	57. 63%	2 597	42. 37	6 130	17 249
2004－2005	10 467	93. 25	758	6. 75	11 225	3 754	57. 83%	2 737	42. 17	6 491	17 716
2005－2006	10 364	92. 66	821	7. 34	11 185	3 750	55. 41%	3 018	44. 59	6 768	17 953

数据来源：University of Oxford. Student Numbers. [EB/OL]. [2010－04－15]. http://www.ox.ac.uk/gazette/2006－7/supps/2_4783.pdf.

牛津大学的头号留学生来源国是美国，其次是中国、德国，还有爱尔兰、荷兰、波兰、瑞士、西班牙、韩国、新加坡、南非和俄罗斯等国家（见表 3－5）。

表 3－5　2005 年牛津大学学生数量前十位的国家分布

	本科生	研究生	其　他	总　数
英国	9 878	2 696	0	12 574
美国	119	827	359	1 305
中国	203	286	4	493
德国	149	291	17	457
加拿大	31	287	3	321

续表

	本科生	研究生	其　他	总　数
澳大利亚	15	164	1	180
印度	23	124	6	153
法国	38	82	3	123
香港	81	24	1	106
日本	20	82	3	105

数据来源：University of Oxford. Student Numbers. [EB/OL]. [2010－04－15]. http://www. ox. ac. uk/gazette/2006－7/supps/2_4783. pdf.

在20世纪80年代以前，英国大学90%以上的经费由政府提供。在经济危机后，因撒切尔政府削减各种公共经费，高等教育经费受到了很大影响。20世纪80年代开始，英国政府又取消了对海外留学生的学费优惠措施，转而采取“全成本学费”政策。目前，英国政府对高校的拨款占高校收入的比例不到60%，促使牛津大学和其他大学一样将扩招海外学生作为学校收入的重要补充。2003年，牛津大学的生均成本大约为1万英镑，而英国政府拨给牛津大学的教学资金约5 200万英镑，摊到每个学生的人头上大约只合4 000英镑。另外，英国或欧盟国籍的学生享受政府补贴，每个学生只交纳不到3 000英镑的学费，造成学校的教学经费严重不足，仅运转成本缺口就高达2 000万英镑。牛津大学2003年教学和科研经费赤字达到9 500万英镑，只好靠效益不错的牛津大学出版社接济度日。2005年，由于资金入不敷出，久负盛名的英国牛津大学计划缩减本国生源、扩招外国学生。计划在五年内把招收英国国内本科生的人数从1.1万人减到大约1万人，力争在10年内把在校国际本科生的比例由当时的8%提高到15%。

目前，海外学生在牛津大学已经占了很大比例，他们的学费比英国学生高出许多。以2010年为例，牛津大学校内的英国和欧盟学生的学费不分专业都是3 290英镑，海外学生的学费则是三倍乃至更多（见表3－6）。近几年来，牛津大学对英国及欧洲国籍学生的收费增长幅度较大，呈翻倍增长的态势；对海外学生的收费也略有增长，但总体较为稳定。

表 3－6　2010 年牛津大学学生的学费比较（英镑）

学生类型	英国及欧盟学生			海外学生		
年份	2005 年前	2006 年后	2010 年	2004 年前	2005 年后	2010 年
人文社科	1 255	3 145	3 290	9 605	11 205	12 200
理科课程	1 255	3 145	3 290	12 810	12 810	14 000
特殊专业	人文社科类中的经济与管理学士、美术和音乐学士的学费比较特殊，2010 年对海外学生的收费是 14 000 英镑；理科中临床医学学士的海外学生收费则高达 25 500 英镑。					

数据来源：2009—2011 年学费标准：[EB/OL].[2010－04－15]. http://www.admin. ox. ac. uk/studentfunding/fees/feerates/nextyear/ug. shtml；2009 年之前学费标准：[EB/OL].[2010－04－15]. http://www. admin. ox. ac. uk/studentfunding/fees/feerates/previousyears/index. shtm.

作为一个非移民国家，英国对外国人就业限制条件一直很苛刻，在很长一段时间内它的大门向全世界的教职员工开放的力度较小。现在这种接纳国际教职员工的趋势主要归功于几项新的移民政策，如在 2002—2003 年为了提高在这个国家工作的高技术人员数量而实施的高技术移民项目（Highly Skilled Migrant Program）。这项政策实施四年后，2007 年英国大学 20% 多的教职员工来自于海外①。2008 年，牛津大学的海外教师比例达 27.8%（见图 3－3）。牛津大学的国际教师来自于 100 多个不同的国家和地区，其中最主要的是美国、德国、意大利、中国、澳大利亚、法国、爱尔兰、印度和加拿大。在英国和欧盟国家以外的国家中，美国教师占海外教师总数的 21%，中国教师占 11.8%，澳大利亚教师占 10.2%，加拿大教师占 7.0%，意大利教师占 6.8%②。

2. 推动课程国际化

牛津大学是一所综合性大学，有很强的理工科，尤其以人文学科、社会科学等领域的成就闻名于世。牛津大学在文学、历史、哲学、经济、政治、

① 曾满超，王美欣，蔺乐. 美国、英国、澳大利亚的高等教育国际化 [J]. 北京大学教育评论，2009，7（2）：86.

② University of Oxford. Oxford Awards and Ranking [EB/OL]. [2010－04－05]. http://www. ox. ac. uk/about_the_university/facts_and_figures/index. html#aoxford_awards_and_rankings.

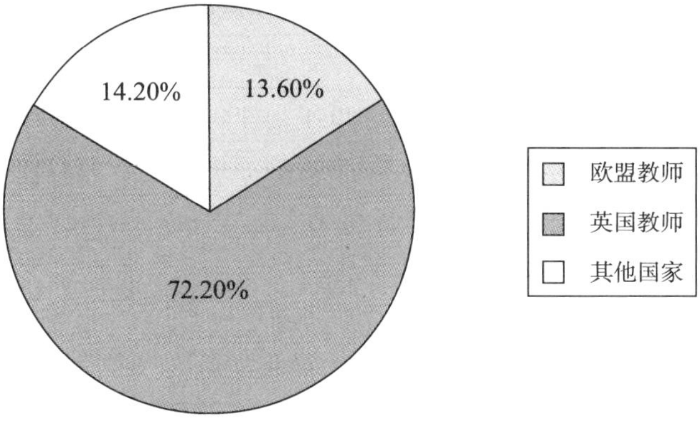

图 3－3　2008 年牛津大学教师的国籍构成

资料来源：University of Oxford [EB/OL]. [2010－04－15]. http://www.admin.ox.ac.uk/ps/staff/figures/booklet2007.pdf.

法律、法语、德语、丹麦语等学科均居行内之翘楚①。

牛津大学的教学主要包括两种形式：一种是课堂讲授，由学校针对某个专题开课，供各学院选读。另一种就是导师制，这是极富英国特色的教学形式。学生申请入学，一般由各学院相关学科的教授审查申请文件，而其中的一位教授则成为日后学生的导师。导师在学期中每周和学生见面一次，学生必须针对导师所开书目或指定问题，准备一篇研究心得或短文，进行研讨。这便使牛津大学的学生具有较严谨的逻辑思考和临场反应能力。20 世纪 70 年代以来，牛津大学在原来单一的单科课程基础上，设立了相关的复合课程。虽然单科课程仍然是课程体系的主流，但这种复合课程已经占到牛津大学所设课程总量的三分之一以上，包括两科复合课程与三科复合课程两种，允许学生选择多学科同时学习。设单科课程的目的是使学生能对所选的专业进行精深系统的学习，设复合课程的目的是在有限的时间内把那些有学术价值的科目结合在一门课程里，促进文理学科的交叉与渗透，扩大学生的知识面，满足学生不同兴趣的需要②。教学上的这些特点，加上相当高的学术声誉，使得牛津大学对国际学生具有强烈的吸引力。

在保持传统的优势之外，牛津大学注重推进课程的国际化。牛津大学课程的国际化主要包括以下五种方式：一是开设专门的国际教育课程，如政治

---

① 中央国家机关出国留学研究会. 留学英联邦 [M]. 北京：当代世界出版社，2000：28.

② 陈时见，何梅. 牛津大学人才培养的现代走向 [J]. 大学研究与评价，2006，1 (2)：59.

和国际关系，使学生意识到所有国家的相互联系及世界共同的普遍性的问题；二是在现有的课程中加入国际性内容，如在教育和工商管理的教学中增加国际方面的内容；三是开设注重国际主题的新课程；四是开设地区或国别研究的课程，如东方研究、南亚研究、地区研究课程，允许学生进入相关国家实地考察；五是建立国际交换课程网络，如制定欧洲学分互转计划以及与英国合作的海外国家联合授予学位。1968 年，牛津大学设立了一个主要为英联邦及其他发展中国家培养外交人才的外交专业，学制一年；学生来自世界各地，亚非拉学生居多；一般由各国外交机构派出，均有几年实际工作经验。

下面以牛津大学的研究生课程为例（见表 3 - 7），透视高校课程的国际化特色。

表 3 - 7 2010 年牛津大学研究生课程设置

学 部	具体方向
人文	东方研究、古典学、英语语言和文学、电影美学、艺术学、语言学、现代语言、历史、音乐、哲学、神学、妇女研究
社会	地区研究、考古科学、考古学、人类学、犯罪学中心、环境学中心、社会法律研究、发展研究、经济学、教育研究、法律、管理研究、政治和国际关系、社会学、社会政策与社会服务、社会法律研究、牛津大学互联网学会
数学、物理与生命科学	数学、统计学、物理、化学、地球科学、工程科学、材料学、动物学等
医学	临床医学、生理科学、心理研究等
继续教育	国际野生动物保护、国际人权法、考古学、建筑学史、认知疗法、英国本地历史、纳米技术、儿童传染病、心理动力学、软件工程、可持续城市发展等

资料来源：University of Oxford[EB/OL].[2010 - 04 - 15]. http://www.admin.ox.ac.uk/gsp/courses;http://www.ox.ac.uk/admissions/postgraduate_courses/course_guide/index.html.

从牛津大学的研究生课程设置可见，该校的课程触角已经延伸到了世界各地：人文学科中的东方研究包括对南亚、中国、日本、韩国、克什米尔地区的印度教经典、伊斯兰教艺术、苏美尔文学的研究，这里面涉及文学、宗教、历史等研究视角；社会学科中的地区研究包括非洲研究中心、拉美研究中心、当代的南亚研究、日本研究、中国研究、俄罗斯和东欧研究等；继续教育学院在全球招生，所设置的专业应用性强，国际适用面广。在2008年的《泰晤士报》好大学指南中，牛津大学的中东和非洲研究、政治、英语、生命科学和教育等专业都名列第一。

信息技术是推进当代大学课程国际化的重要手段。牛津社会科学学部中的一个重要课程方向是关于牛津大学的互联网建设。牛津大学在使用互联网进行教学、研究方面处于领先地位。为改善互联网的设施和服务，牛津大学使用一种分散的计算机分布策略。多数自然科学系都有自己的联系广泛的计算机资源，其中有些功能非常强大，同时还有相当数量供教师和学生使用的个人电脑。继续教育部在利用互联网进行远程教学方面也卓有成效。2004年，牛津大学与普林斯顿大学、斯坦福大学和耶鲁大学三所大学合作开发了“远程学习项目——终身学习大学联盟”，各校拨款300万美元作为启动资金。该项目是一个非营利性组织，它将为三所学校全世界范围内的校友提供非学历的文、理科方面的网上课程。联盟将与三所学校一起来征求和确立对校友有益的项目，联盟不设立自己的开发基地，而是与各个学校或校外公司签约对每个项目进行开发。

3. 推动科研国际化

牛津大学的目标之一就是在教学和研究的各个领域达到并保持世界领先地位，保持和加强其世界名校的历史地位，通过其研究成果和毕业生技能促进地区、全国和全球的发展。为此，牛津大学积极与国外的高校和企业进行科研合作。

牛津大学目前参加的主要合作联盟有国际研究型大学联盟（International Alliance of Research Universities，IARU）、牛津大学—普林斯顿大学合作项目、牛津大学—美国国家卫生研究院合作项目。在这些合作联盟中，有的侧重国际科研合作，有的既包括国际科研合作也包括学生交流和联合培养。

国际研究型大学联盟是由世界上顶尖的10所研究型大学组成的联盟，包括牛津大学、剑桥大学、耶鲁大学、澳大利亚国立大学、苏黎世大学、新加坡国立大学、北京大学、加州伯克利大学、香港大学和东京大学，旨在共同培养未来的领导者。国际研究型大学联盟还开办暑期项目，目的在于与其他大学一起，通过共同的目标和任务培养将来具有领导能力的人才。国际研究型大学联盟的项目为本科生提供研究当今世界所面临的挑战的机会，同时也是研究非洲领域的领导中心，有500名员工在肯尼亚的内罗毕等地进行着

KEMRI-WELLCOME（Kenya Medical Research Institute，即肯尼亚医学研究所，从事临床医学、疾病控制、健康卫生等方面的研究）项目的研究。

牛津大学与美国普林斯顿大学于 2001 年建立了深远的国际化合作关系，设立了牛津—普林斯顿合作项目，主要内容包括交换学生、开展研究项目的合作、联合培养全球政治经济学专业博士生。每年牛津大学给这一合作项目提供资金支持。目前，每年两校各有 10—15 名生物化学、史学、工程学、物理学和哲学专业的学生到对方学校进行半年到一年的交换学习。

生物医学工程是目前最活跃的科研领域之一，也是国际合作最频繁的科研领域之一。牛津大学与美国国家卫生研究院（NIH）联合设立的生物医学工程研究基金从 2001 年开始启动。这个项目是一个跨学科的大胆尝试，旨在培养生物医学工程领域的杰出博士生。参加这个项目的学生把他们的时间平均分配于牛津大学和美国国家卫生研究院这两个世界级的生物医学工程研究中心，并由两个学术机构的顶尖专家担任指导教师。

牛津大学还重视与发展中国家的学术合作。牛津大学与北京大学签署了学术合作协议，发展与中国大陆其他著名大学、港台著名大学的学术联系。牛津大学还协调着与拉美国家之间的两个科研合作项目：一个是关于经济社会发展的研究项目，由拉美中心办公室开展，合作伙伴包括阿根廷、秘鲁、委内瑞拉、巴西、智利、西班牙、荷兰等国；另一个是关于被动移民的研究项目，由伊丽莎白女王机构（Queen Elizabeth House）组织，成员是拉美和欧洲的 11 所大学。

牛津大学通过各系和学院的教师与世界上 80 个国家的大学建立了学术上的联系，主要是通过各专业教师之间的非正式接触直接建立这种联系和运作的。此外，牛津大学还有一些在特殊情况下签订的正式的学术和研究合作计划。目前有着这种合同关系的单位有莱顿大学、京都大学、东京大学、首尔大学、台湾大学、北京大学、澳大利亚国立大学、立陶宛国家科学院等①。

在全球化时代，各国面临越来越多的共同问题，这些问题需要开展国际合作研究。牛津大学的学术人员与来自世界各地的同行在一些国际问题上开展合作，这些问题包括 21 世纪的挑战、全球治理、发展中国家问题、数字化研究、环境改变、移民、全球健康问题、地区研究，等等。

2008—2009 学年，牛津大学的外部基金和合同的数量超过了 1 900 个，

① 郝平，程健芳. 创新与挑战——世界名校鉴［M］. 北京：北京大学出版社，2001：13.

牛津大学总收入的40%均来自于外部研究基金与合同收入，是其收入的最重要组成部分，外部资助者给予牛津大学的研究经费位列英国大学榜首。牛津大学科研经费统计显示，该校的国际合作科研经费占科研总经费的比例近年来显著提高。在2008—2009学年，在牛津大学的科研经费中，欧盟政府的科研经费占6%，在英国与外国企业提供的10%的科研经费和国内外其他来源的10%的科研经费中分别有一部分国外经费来源（见表3-8）。

表3-8　2008—2009学年牛津大学依靠外部基金和合同所取得科研经费

来源类型	数量（百万英镑）	比　例（%）
英国慈善基金	113	33
英国研究理事会	105.8	31
英国与国外企业	33.3	10
英国政府部门	35.4	10
欧盟政府	19.8	6
国内外其他来源	33.2	10
合计	340.5	100

数据来源：University of Oxford[EB/OL].[2010-04-15]. http://www.admin.ox.ac.uk/rso/statistics/ar_2008-09.shtml#external, research income by sponser type.

加上英格兰高等教育资助委员会（The Higher Education Funding Council for England，HEFCE）提供的1.101亿英镑科研经费，2008—2009学年牛津大学获得的全部科研经费为4.507亿英镑。国际合作科研经费占科研总经费的比例逐渐提高，表明牛津大学的国际科研合作日趋活跃。

（二）牛津大学国际化的支持系统

牛津大学的国际化策略是由许多部门和组织共同支持的。

1. 国际战略办公室（International Strategy Office）。国际战略办公室是牛津大学对外关系部的一部分，其负责人为国际战略主任（Director of International Strategy）。国际战略主任是学校行政领导小组的一员，具体管理着这一系列内在统一的旨在加强牛津大学国际关系、全球声望和国际竞争力的战略。国际战略主任需要处理的事务广泛：国际学生的招收和资助、融合国际学术人员和国际学生、为所有学生提供国际教育经验、推动开展国际间的研究和教育合作、促进对重要国家/地区的深入参与。为外国学生提供学生信息和咨询服务是牛津大学学生管理工作的一部分。国际战略办公室有责任为影响到外国学生的问题提供建议，比如移民问题、护照延期问题、迎新服务问题。国际战略办公室的功能还包括对国际学生的调查，协调“伊拉斯谟计划”等国际学生交换计划的名额，为希望到外国留学的牛津大学学生提供资金和机会。

2. 牛津大学语言学习中心。作为一所世界著名的高等学府，每年来到牛津大学学习和研究的国外人士众多，校园里操着世界各地不同语言的人往来其间。为了减少交流的障碍，语言的学习变得非常重要。牛津大学语言学习中心就担负着语言教学与学习的重要任务。牛津大学语言学习中心主要为大学里需要使用非英语进行学习、研究的人，或者仅仅为了兴趣而学习的人提供各种资源和服务。该中心承诺提供两类语言课程：学习及研究语言（LASR）、牛津大学语言课程（OPAL）。LASR 对于大学所有的人都是免费的，它提供 10 门语言的课程：法语、德语、汉语、现代希腊语、意大利语、葡萄牙语、俄语、西班牙语和威尔士语。它的重点是面向一般的交流和沟通，大部分的课程持续一个学年。当然，这些课程都允许在牛津大学就读的学生优先修习。OPLA 的课程只有法语、德语、意大利语和西班牙语四种。这些课程主要是为了那些有一定语言基础，能够适应快节奏课程并希望获得资质证书的人而设立的，这方面的课程都要收费。对于那些希望以自己的速度来学习语言的学生，语言中心提供宽敞的图书馆和自习厅。语言学习中心的图书馆有多达 100 种的语言自学资料帮助学生学习，内容涉及研究阅读、实验室海外交流、国外访问和假期旅行等。

3. 国际研究服务部门。国际研究服务部门为牛津大学的学术人员提供专业的建议和服务，如国际经费来源、经费申请、与研究相关合同的协商；法律服务则为拟定与国际合作研究相关的非正式协议提供建议；人力资源部的职员服务则提供学校的用人政策和程序的信息，为在牛津大学定居的教员提供支持等服务。同时，牛津大学还资助优秀的研究单位以使它们保持高水准，通过多种方式支持创新精神以增强学校学术的影响力。其经济资助是与相关部门的研究能力和支出水平挂钩的。

4. 牛津大学学生会（OUSU）等社团组织。牛津大学学生会代表所有在校学生的利益，其中的“国际学生运动”（International Students’ Campaign，ISC）是最近为外国学生发起的，所有对国际问题感兴趣的学生都可以加入进来。在 2008 年，ISC 召开了第一届牛津大学国际节，并且创作了国际学生手册，为文化问题提供信息与建议。

5. 奖学金系统。牛津大学另一个重要的国际化支持系统是针对海外学生的奖学金系统。在多数大学对国际学生感兴趣的几十年前，牛津大学的罗氏奖学金已经开始用于吸引优秀的国际学生来牛津大学学习了。该奖学金是牛津大学的一项传统奖学金，该奖学金用于资助来自英联邦的 15 个国家的学生。近年来，赴英国留学的学费极高，并且不包含学院费（college fees）、住宿费和其他费用。牛津大学的学费对许多国际学生的家庭来说是沉重的负担，因而奖学金制度成为吸引优秀国际学生的重要制度。英国大学基本上不设奖学金，全奖奖学金获得者每年的奖学金在 900 英镑左右，相对于高昂的学费这无疑是杯水车薪。牛津大学在近年来一直在寻求合作项目，为研究生，尤其是外国留学生设立奖学金并增加额度。目前，牛津大学为三年制的学生提供最高达 10 550 英镑的奖学金，为四年制的学生提供最高达 13 775 英镑的奖学金。牛津大学还设法为那些来自中低收入国家的部分学生和在校学习、生活面临经济困难的国际学生提供奖学金。2008—2009 学年，牛津大学将附加费用收入的 28% 用于资助低收入学生；到 2009—2010 年，牛津大学已有 2 500 多种共计 600 万英镑的奖学金用于资助本科生和研究生等。

三、牛津大学国际化的影响

（一）对世界的影响

牛津大学是英国最古老的大学，建校八百多年来，培养和造就了一批又一批杰出人才。在近九百年的历史进程中，牛津大学培养了英国 5 位国王、29 位首相（包括“二战”中力挽狂澜、为世界反法西斯战争做出重要贡献的丘吉尔、“铁娘子”撒切尔夫人、前首相布莱尔等）、多位外国国家元首和政府首脑（包括印度已故总理英迪拉·甘地、澳大利亚前总理罗伯特·霍金、美国前总统克林顿、不丹国王旺楚克等）。牛津大学还是造就众多哲学、文学、艺术、物理、经济、医学、化学、数学等各领域学术界领袖的地方，如哲学家培根、托马斯·霍布斯、约翰·洛克，人文主义者托马斯·莫尔，诗人杰弗里·乔叟、雪莱，经济学家亚当·斯密，化学家罗伯特·波义耳，物理学家罗伯特·胡克，天文学家哈雷，医学家威廉·哈维等，这些牛津巨子不是在思想文化领域做出了开创性贡献，便是在知识旅途中竖起了里程碑。

1921 年到 2007 年，牛津大学教师和校友中获得诺贝尔奖者共计 48 人（见表 3－9）。其中，获得物理学、化学、生理与医学、经济学四类奖项的总人数为38人，这四类获奖者中包括外籍获奖者19人，占这四类奖项获奖人数的一半。这些外籍获奖者既有来自于美国、澳大利亚和欧洲国家，也有来自加拿大、埃及、南非等国。牛津大学培养和造就了如此众多的诺贝尔科学奖和经济学奖获得者，反映了该校在科学和经济学上的重大贡献。同时，牛津大学教师和校友中的诺贝尔科学奖和经济学奖获得者中一半为外籍人员，也说明该校近百年来一直在世界范围内吸收优秀人才，而不是将人才选拔的范围局限在国内。

表3-9　牛津大学教师和校友中的诺贝尔物理、化学、医学和经济学奖获得者

年　份	姓　名	国　籍	奖项类别
1921	弗雷德里克·索迪（Frederick Soddy）	英国	化学
1932	查尔斯·谢林顿（Sir Charles Sherrington）	英国	生理或医学
1933	埃尔温·薛定谔（Erwin Schrödinger）	奥地利	物理学
1945	欧内斯特（Sir Ernest Chain）	英国	生理或医学
1945	弗洛里［Lord（Howard）Florey］	澳大利亚	生理或医学
1947	罗宾逊（Sir Robert Robinson）	英国	化学
1954	莱纳斯·鲍林（Linus Pauling）	美国	化学
1956	西里尔·欣谢尔伍德（Sir Cyril Hinshelwood）	英国	化学
1957	亚历山大·托德（Sir Alexander Todd）	英国	化学
1958	威尔斯·比德尔（George Wells Beadle）	美国	生理或医学
1959	塞韦罗·奥乔亚（Severo Ochoa）	西班牙	生理或医学
1960	彼得·梅达沃爵士（Sir Peter Medawar）	英国	生理或医学
1963	埃克尔斯（Sir John Eccles）	澳大利亚	生理或医学
1964	多罗西·霍奇金（Dorothy Hodgkin）	英国	化学
1966	罗伯特·马利肯（Robert Mulliken）	美国	化学
1972	希克斯爵士（Sir John Hicks）	英国	经济学
1972	罗德尼·波特（Rodney Porter）	英国	生理或医学
1973	尼科拉斯·丁伯根（Nikolas Tinbergen）	荷兰	生理或医学
1974	马丁·赖尔（Sir Martin Ryle）	英国	物理学
1974	贡纳尔·米达尔（Gunnar Myrdal）	瑞士	经济学

续表

年　份	姓　名	国　籍	奖项类别
1975	约翰·康福思（Sir John Cornforth）	澳大利亚	化学
1976	巴鲁克 S. 布隆伯格（Baruch S. Blumberg）	美国	生理或医学
1977	约恩 H. 凡弗莱克（John H. Van Vleck）	美国	物理学
1977	詹姆斯 E. 米德（James E. Meade）	英国	经济学
1980	劳伦斯·克莱因（Lawrence Klein）	美国	经济学
1982	约翰·万（Sir John Vane）	英国	生理或医学
1987	罗伯特·索洛（Robert Solow）	美国	经济学
1989	诺曼·拉姆齐（Norman Ramsey）	美国	物理学
1996	莫理斯（Sir James Mirrlees）	英国	经济学
1997	沃克（Sir John Walker）	英国	化学
1998	阿玛蒂亚·森（Amartya Sen）	印度	经济学
1999	艾哈迈德·泽维尔（Ahmed Zewail）	美国	化学
2001	迈克尔·斯宾塞（Michael Spence）	美国	经济学
2001	约瑟夫·斯蒂格利茨（Joseph E. Stiglitz）	美国	经济学
2001	保罗·纳斯爵士（Sir Paul Nurse）	英国	生理或医学
2002	悉尼·布伦纳（Sydney Brenner）	南非	生理或医学
2003	安东尼·莱格特（Anthony J. Leggett）	英国	物理学
2007	奥利弗·史密斯（Oliver Smithies）	美国	生理或医学

资料来源：University of Oxford. Nobel Laureates[EB/OL].[2010-04-16]. http://www.ox.ac.uk/about_the_university/oxford_people/oxonian_award_winners/.

注：由于文学奖、和平奖与政治或意识形态关系较密切，摘编的表中没有统计。

目前，牛津大学已经与世界上的所有国家建立了联系，学术研究在全球开展，解决了许多具有全球意义的重大问题，拥有世界上最大的大学出版社和先进的热带医疗研究设备。牛津大学正在改变着我们今天所居住的世界：通过《牛津大辞典》和牛津大学出版社出版的其他书籍将英语这门语言传播到了世界各地；万维网由在牛津大学的本科生伯内斯-李（Tim Berners-Lee）所设计；印度总理辛格（Manmohan Singh）在牛津大学取得经济学博士学位后，于20世纪90年代初推进了印度的自由贸易，促进了该国经济增长，降低了贫困率；该校教师怀特（Nick White）则发现了当今最有效的抗疟疾药物的成分；教师泰勒（Fred Taylor）发明了红外线远程遥感，得以监控地球大气层的热辐射，分析气候变化;教师多尔和裴多(Richard Doll & Richard Peto)研究了吸烟在肺癌和心血管疾病中扮演的角色,并分析了其可能的影响,等等。

(二)对英国的影响

牛津大学在国际化进程中所收获的种种“财富”,同样也是英国国家的“财富”。英国是世界最早兴办近代高等教育系统的国家之一。就传统高等教育而言,英国直到目前在自然科学、社会科学、人文学科的许多领域都处于世界领先地位,可以说牛津大学功不可没。

牛津大学为其他国家培养了众多杰出人才,为本国培养的杰出人才更是难以计数。牛津大学不仅是英国政界精英的摇篮,同时还培养了英国的统治基础,它所培养的英国高级文官、大银行家、大实业家比任何其他大学都多。牛津大学对英国的高校改革、知识创新、政府增收、国力提升都产生了重要影响。如上文所述牛津大学培养了许多著名的英国政治家和外交家,丘吉尔和撒切尔夫人等都曾在此就读,当今活跃在国际舞台上的英国外交官不少是牛津大学的毕业生。牛津大学的国际化对英国的影响主要体现在以下三个方面。

1. 保持英国高校的世界领先地位

国际化是加强本国高校在世界影响的重要因素之一。牛津大学历史悠久,在国际上享有盛誉,对其他国家和地区的学生、学者具有极大的吸引力。在牛津大学,活跃着来自世界各地的优秀学生和高层次人才,国际学术人员在科研和教学上的卓越贡献以及国际学生毕业后的突出表现,进一步巩固了英国高校的世界领先地位。几个世纪以来,英国一直是世界上高水平大学聚集地之一和主要知识中心之一。最新统计数据显示,英国学术研究产量位居全球第二,仅次于美国。英国创新、大学和技能部对 2009 年出版的8 000 份国际科学期刊发表的 1 700 万篇论文和研究报告进行分析发现,虽然英国人口仅占世界的 1% ,但是英国学术人员发表的科学论文占每年全球发表科学论文的 9% ,并且拥有 12% 的引证率,科学论文发表量和引证率分别是国际平均水平的 9 倍和 12 倍①。

2. 提高高校教学和科研水平

牛津大学在全球范围内招收优秀生源, 聘用顶尖学者, 与国外的著名高

① Global Science and Innovation Forum. A Strategy for International Engagement in Research and Development[EB/OL]. [2010 - 04 - 05]. http://www.bis.gov.uk.

校、科研机构和企业开展科研合作，促进了该校自身教学和科研水平的提高。更重要的是，几个世纪以来牛津大学和剑桥大学一起始终在英国高校中处于领导地位，构成了英国大学星空中的“双子星座”。牛津大学教学和科研水平的提高带动了英国其他高校教学和科研水平的提高。在1921—2007年牛津大学教师和校友中获得诺贝尔科学奖和经济学奖的38人中，外籍人员高达19人，占半数。许多外籍人员留在牛津大学或英国其他高校从事学术工作，对英国高校高水平教学和科研的保障及提高做出了积极的贡献。英国高校教学和科研水平的进一步提高，除依靠本国学术人员的努力之外，还有赖于牛津大学和其他高校积极发挥在广阔的国际范围吸纳优秀人才的特色，进一步扩大国际化进程。

3. 缓解英国高等教育经费紧张

20世纪60年代以来，英国高等教育规模不断扩大，而政府的财政支持能力捉襟见肘。由于经济危机和庞大的政府开支，到70年代末英国政府再也无力承担庞大的高等教育经费。80年代初，英国开始通过引入市场机制来提高高校的办学效率，通过招收自费留学生等措施以期弥补政府对高校的经费短缺。牛津大学和剑桥大学率先在这方面做出了努力。牛津大学留学生的学费、生活费用、日常开支以及教育培训的收益，部分地缓解了英国高等教育的经费紧张。目前，英国高等教育每年的国际化创收近100亿英镑，占其第三产业的3.596%。英国大学国际学生收入占大学总收入的8%，这项收入同英国大学获得的高等教育资助委员会的科研拨款数额相当。牛津大学的国际化创收不仅来自于留学生的花费，还来自于跨国合作与产学研结合的创收①。通过扩大国际化进程，牛津大学为缓解英国高等教育经费紧张做出了贡献。

（三）对牛津大学自身的影响

招收大量自费国际学生，无疑增加了牛津大学的收入来源。2008—2009学年，牛津大学总收入为8.625亿英镑，增长了13%，总支出为8.52亿英镑。此外，牛津大学的学院收入为2.81亿英镑，牛津大学出版社的收入为5.79亿英镑②。可以看出，除去学院收入和出版社收入，牛津大学的盈余并

① 朱镜人. 浅探战后英国高等教育与产业界的“联系”［J］. 外国教育资料，1998，27（4）：62-63.

② University of Oxford. Facts and Figures.［EB/OL］.［2010-04-15］. http://www.ox.ac.uk/about_the_university/facts_and_figures/index.htm.

不多。而保持一所顶尖研究型大学的世界级地位，需要大量的经费做支撑，招收自费国际学生给牛津大学增加了一笔收入来源。与此同时，牛津大学还通过与欧盟政府、国外企业和高校的合作研究，获得了一些外部研究基金和合同收入。

在教育市场化的大潮下，英国许多高校特别是一些非顶尖高校招收国际学生的主要目的是为了创收，将跨境教育作为一种商品。但是，牛津大学招收国际学生主要不是出于创收的目的，而是为了在广阔的国际范围内吸收优秀生源，扩展学校的国际维度，这点和剑桥大学是一样的。牛津大学的国际合作科研项目，也不是主要为了获得更多的科研经费，而是通过国际合作促进学术水平提升和取得更优秀的科研成果。牛津大学将国际维度引入了高校的教学、科研、管理及服务中。在学习和研究方面，跨文化交流有利于学生和研究者摆脱狭隘的地方观念，形成批判性思维。引入国际观点和多元文化观点，有利于帮助学生和研究者拓宽国际视野。国际化活动促使学生和学者具有理解、欣赏不同国家间的相互依存的意义的能力，同时为学生和教职员工在国际化、多元化的背景下学习、就业或工作做充分的准备。

牛津大学的国际化促使该校保持在英国国内和国际上的领先地位。在培养和造就一批诺贝尔获奖者之外，近年来牛津大学的教师和校友还获得了其他一系列重要的学术荣誉奖项。目前，牛津大学有 90 多位皇家学会会员和大约 130 多位英国科学院院士①。在 2008 年的英国科研评估（Research Assessment Exercise，RAE）中，牛津大学提交的 32% 的学科被评为四级，70% 的学科被评为四级或三级水平②，大多数学科都达到了世界领先或世界优秀水平。

英国《泰晤士报》从 1992 年开始对英国大学进行排名。作为英国历史最悠久的两所大学，牛津大学和剑桥大学一直是一对旗鼓相当的竞争对手。2002 年起，牛津大学一直坚守第一的宝座。英国《卫报》也发布一年一度的大学排名，在这一排名中，牛津大学经常独占鳌头。在 2009 年的排名中，牛津大学在教学质量、学生满意度和就业前景上均获得了高分，牛津大学在每名学生身上的花费也居英国各高校之首。美国《新闻与世界报道》排名

---

① University of Oxford. Facts and Figures. [EB/OL]. [2010 - 04 - 15]. http://www.ox.ac.uk/about_the_university/facts_and_figures/index.htm.

② 质量标准共分四级，四级指世界领先水平，三级指国际优秀水平，二级指国际认可水平，一级指国家认可水平，剩下的为未评定水平。（资料来源：http://www.ox.ac.uk/research/rae_2008_results/index.html.）

是美国国内最有影响的大学排名，评价依据包括学术界评价、雇主评价、师生比例、国际师资比率、国际学生比率和教师论文引用率6个指标。在其发布的2010年全球百所名校排名中，牛津大学名列第四，仅次于哈佛、耶鲁和剑桥大学。在上海交通大学世界大学学术排行中，牛津大学一直处于第10名左右的位置。牛津大学保持世界一流大学的地位，是与其实施国际化战略、扩大国际化进程紧密相关的。

第五节　国际化对研究型大学建设的促进作用（二）

一、剑桥大学的国际化历程

剑桥大学成立于1209年，最早是由一批为躲避殴斗而从牛津大学逃离出来的学者和学生建立起来的。到1226年，剑桥大学已初具规模，许多学者陆续来到剑桥，他们组织起来自行教学，并选出一位校长（chancellor）。当时的剑桥大学没有教授职位，只是教师行会，大家共同管理教学和维持纪律并颁发学位①。1229年，该校便出现了国外学生，许多从巴黎大学回来的学生来此学习。英王亨利三世在1231年颁布三道书面文书，授予剑桥大学以教学垄断权。1290年，教皇尼古拉四世给在剑桥大学学习的塞姆普林罕姆神职律修会修士写了一封信，称该校是一所综合学园（即可在国际上招收学生的学园）。1318年6月9日，教皇约翰二十二世应英格兰国王爱德华二世的请求颁布训谕，对剑桥综合学院这一地位进行了确认②，从此该校正式成为可以招收中世纪其他大学的师生来此讲学、学习的教育机构。

15世纪中期，学校规模不断扩大，一种新的精神意识在剑桥大学广泛流传开来，当时许多英格兰人去国外继续接受教育的做法，感染了剑桥的人们，许多有识之士先后前往国外学习，并在学成归国后，将国外新的思想带回学校。比如，约翰·甘索普（John Gunthorp）于1452年在剑桥大学获得文学硕士学位以后，前往意大利的费拉拉学习希腊文，并在1460年回到剑

① 蒋国华，孙诚. 学林挺秀，旷世一流——英国剑桥大学一瞥［J］. 世界科技研究与发展，1995，(5)：74.

② Leedham-Green, E. A Concise History of the University of Cambridge［M］. New York：Cambridge University Press，1996：5.

桥大学任国王学院的训导长①。此外，英国的一些文人学者也纷纷从意大利、法国带回人文主义思潮，他们按照当时在法国、意大利一些大学采用的教学模式，在剑桥对学生进行语法、逻辑和修辞的教学，使学校的教学内容吸收新思想。新的理论在神学课程中渗透，古典哲学、希腊文化也进入了课堂。这一时期，除本国学者来剑桥任教、讲学外，国外的众多学者也纷纷来此讲学，传播人文主义思想。例如，1472 年到 1482 年间，意大利圣方济会的人文主义者罗伦佐・特拉威尔萨尼（Lorenzo Traversagni）就在剑桥大学讲学，与学校的师生共同讨论西塞罗的《论修辞》和亚里士多德的《伦理学》，促进了相互间的思想文化交流。

16 世纪是史称的“新”大学时期。1536 年，实行宗教改革的英王亨利八世下令，要求学校解雇研究天主教教规的教授们并停止教授“经院哲学”，从此剑桥大学的教学和研究重点从宗教和神学转向希腊和拉丁经典、圣经和数学。在这一时期，剑桥大学仍积极争取他国的人文主义者来此讲学，用希腊文和希伯来文传授新学。最引人注目的是，时任迈克尔豪斯学院院长约翰・费谢尔（John Fisher）力排众议，说服荷兰人文主义者伊拉斯谟于 1510 年到 1513 年来王后学院担任希腊文高级讲师，并在 1511 年担任剑桥大学的神学教授到处讲学②。

17—18 世纪，剑桥大学经历了宗教矛盾和内战的冲击，未得到较大的发展。但这一时期值得一提的是，毕业于剑桥大学伊曼纽尔学院、1637 年移民去美洲的文学硕士约翰・哈佛（John Harvard）在 1638 年去世前，留下遗嘱将他的一半财产和 404 册藏书捐给了坎布里奇的一所学院，后来这所学院以他的名字命名，成为大名鼎鼎的哈佛大学的前身③。另外，自牛顿 1660 年进入剑桥大学三一学院工作的 33 年间，由于他的成就，使剑桥大学的数学、物理学等自然科学课程进入了最为辉煌的时期。比如，他和德国数学家莱布尼兹各自独立创立的微积分是高等数学的基石；他在力学方面的贡献，包括万有引力定律的发现、力学三定律，使他成为经典力学的伟大奠基人，并由此促进了学校自然科学课程的飞速发展。从此学校的科学研究工作全方位展开，一系列数学、化学、天文学、解剖学、植物学、几何学等教职在剑桥大学迅速出现。与此同时，学校还设立了阿拉伯语、伦理哲学、音乐、现

① Leedham-Green, E. A Concise History of the University of Cambridge [M]. New York: Cambridge University Press, 1996: 29.

② 梁丽娟. 剑桥大学 [M]. 长沙: 湖南教育出版社, 1990: 13.

③ 姜文闵. 哈佛大学 [M]. 长沙: 湖南教育出版社, 1996: 18.

代历史、神学和法律等教职[①]，以吸引其他国家的优秀学者来此任教。

进入19世纪，特别是19世纪中叶以来，根据皇家委员会的报告，英国政府于1854年颁布《剑桥大学法》，督促该校做出重要改革，改革矛头指向宗教。在该法案的指导下，剑桥大学于1856年取消了对非英格兰教徒入学和毕业的限制，并且根据1871年英国国会通过的《考试法》的相关规定，准予非英格兰教授入选为院士。可以说，当剑桥剔除了中世纪大学的宗教性特征后，剑桥的国际性特征又成为了学校的一大重要特征。1895年剑桥大学扩大招生规模，进一步向国内外大学毕业生开放。学生只要通过一个委员会的审议，业务合格，研究专题能在实验室顺利进行，便可被接受。个别情况下，甚至不是大学毕业生也可进入，只要他们在剑桥居住两年，研究成绩突出，证明有独创性，即可得到学士学位或研究生证书。

经历了19世纪的众多改革后，20世纪以来，剑桥大学的国际化趋势得到了进一步加强。20世纪初，剑桥大学聘请来的诸多海外讲座教授，如新西兰化学家欧内斯特·拉瑟福德（Ernest Rutherford）、澳大利亚裔物理学家威廉·布拉格（William Bragg）、丹麦物理学家尼尔斯·玻尔（Niels Bohr）[②]等人继承和发扬了剑桥的光荣传统，先后获得了诺贝尔奖，而且他们的学生与合作者在第二次世界大战中的科学成果更是大大加深了剑桥在科技方面的声誉，许多新的学科和研究所如雨后春笋般相继建立[③]。另外，在1900年前后，剑桥大学还陆续设立了法律、历史、神学、印度语言、犹太语（后来改为东方语）、中世纪及现代（欧洲）语以及机械科学等荣誉学位考试[④]，由此吸引了大批学生慕名而来，进入剑桥学习或在实验室工作。

进入20世纪60年代以后，随着《罗宾斯报告》的出台，剑桥大学的国际化进程进一步加快。剑桥大学的大门不仅向本国青年敞开，而且还吸引了越来越多来自欧洲、非洲和远东的青年学生。截至2009年，剑桥大学已招收了来自120个国家的大量的优秀本科生，而且在该学年的在校研究生

① 郝平，程健芳. 创新与挑战——世界名校鉴［M］. 北京：北京大学出版社，2001：19.

② Leedham-Green，E. A Concise History of the University of Cambridge［M］. New York：Cambridge University Press，1996：195.

③ 郝平，程健芳. 创新与挑战——世界名校鉴［M］. 北京：北京大学出版社，2001：23.

④ 刘永. 剑桥人的智慧［M］. 延吉：延边大学出版社，2001：37.

中，超过一半以上的学生来自海外①。剑桥大学的圣约翰学院、达尔文学院、丘吉尔学院等学院的海外留学生数均占到了各自学生总数的三分之一以上②。此外，大学还增设了新的系和新的荣誉学位，有些系分出了新的专业学系，开设了许多新的课程，吸引了国内外许多优秀的教职员工来此任职讲学。在这个时期，剑桥大学还举办了众多国际学术交流活动，它像磁铁一样吸引国内外知名的学者来此交流。前沿的学术交流不仅拓宽了剑桥大学师生的视野，使他们的思路更活跃，而且还为学校的发展注入了新的活力，使学校的研究能够不断取得新的成就。例如，在剑桥大学众多的国际学术交流中，该校学者弗朗西斯·克里克（Francis Crick）与美国分子生物学家詹姆斯·沃森（James Watson）、出生于新西兰的剑桥大学同事莫里斯·威尔金斯（Maurice Wilkins）合作发现了脱氧核糖核酸（DNA）的结构，共同分享了 1962 年的诺贝尔生理或医学奖，该项成果被誉为“二战”结束以来最重要的科学成就；约翰·肯德鲁（John Kendrew）与澳裔分子生物学家马克思·佩鲁茨（Max Perutz）因解决了蛋白质三维结构的难题而共同获得诺贝尔化学奖。

面对未来的挑战，剑桥大学仍不断进行着改革，吸引着大量的国内外优秀学者和学生，始终站在世界学术的前沿。在竞争激烈的国际高等教育舞台上，剑桥大学不断推进的国际化进程将会使其在很长一段时间内继续保持世界领先地位，为整个世界、英国以及该校自身的发展做出积极的贡献。

二、20 世纪 80 年代以来剑桥大学的国际化策略

20 世纪 80 年代以来，剑桥大学一直积极参与国际舞台的竞争，欢迎来自全球各地的学者和学生，并且努力保持学校的独特之处。剑桥大学发展办公室制定了该校的国际化目标，主要内容包括：（1）从英国和海外吸引具有各种背景的杰出学生，包括成年学生；（2）为本科生和研究生提供最高质量的教育，以培养产业界、公共事业、学术界和各行各业所需要的能在国际舞台上竞争的高水平人才；（3）在大学的各学科中鼓励和从事高质量研究，发展新的教学和科研领域，以适应知识和学术研究进步的需要；（4）积极参

---

① University of Cambridge. Undergraduate Study[EB/OL].[2010－04－15]. http://www.cam.ac.uk/admissions/undergraduate/international.

② 林一. 走进世界一流大学：大学的使命与战略［M］. 北京：当代世界出版社，2003：25.

与国内国际与高等教育政策有关的交流活动①。

剑桥大学为了实现这一系列的国际化目标，采取了多种策略。主要表现在以下几方面。

（一）活动策略

活动策略是指高等教育机构中的一些学术活动与服务，通过融合形成的一系列国际化方法②。从20世纪80年代剑桥大学颁布的各项政策来看，学校的国际化策略主要表现在如下三个方面：

1. 促进学生国际流动

学生国际流动主要是指高校学生在国际范围内的流动，这是高等教育国际化潮流中最活跃的因素之一③。

20世纪80年代以来，英国政府先后通过设立政府奖学金、高校奖学金、海外学生奖学金（ORS）等不同种类的奖学金以及实施伊拉斯谟项目等举措，大力拓展国家的留学生市场。

受政府重新开拓留学生市场的驱动，1980年以来，剑桥大学响应英国政府等官方机构所采取的措施，启动各种类型的奖学金项目，比如剑桥联合信托奖学金（Cambridge Commonwealth Trust）、剑桥国际奖学金计划（Cambridge International Scholarship Scheme，CISS）、剑桥海外奖学金（Cambridge Overseas Trust）、剑桥欧洲信托奖学金、剑桥中国留学生奖学金、德意志学术交流中心奖学金（DAAD Scholarship）等，以此不断吸引来自欧盟国家及海外的优秀学生前来就读，并鼓励本校的学生走出国门去国外学习。据统计，在2006—2007学年剑桥大学共支出300万英镑用于资助各类留学生项目④。

除采用奖助学金的形式促进学生的国际流动外，剑桥大学还通过积极参与欧盟国家设立的伊拉斯谟交换项目计划、英国政府资助等形式，与世界许多知名高校，如美国的麻省理工学院、中国的北京大学和清华大学、日本的

---

① 郝平，程健芳. 创新与挑战——世界名校鉴［M］. 北京：北京大学出版社，2001：26.

② de Wit，Hans. Internationalization of Higher Education in the United State of American and Europe：A Historical Comparative and Conceptual Analysis［M］. New York：Greenwood Press，2002：120.

③ 邓烨. 20世纪90年代以来的英国高等教育国际化研究［D］. 昆明：云南师范大学，2006：36.

④ University of Cambridge. Applications and Admissions［EB/OL］.［2010－03－20］. http://www.admin.cam.ac.uk/offices/academic/services.html#sixth.

东京大学和京都大学等，建立友好的国际联盟关系，进行校际合作，互派学生进行短期的交流访问，使学生能够亲自参与学习对接学校所在地区的历史、文化、语言，扩大眼界。其中特别值得关注的是，在英国政府的大力协助下，两所世界顶尖高校剑桥大学与麻省理工学院于 2000 年 7 月合作创办了剑桥—麻省理工学院研究院（Cambridge-MIT Institute，CMI），在学生互换等方面就取得了显著的成效。该机构的创立意味着剑桥大学与麻省理工学院中符合条件的优秀本科学生都可以到对方学校进行交流学习，充分利用对方学校知识、专家智慧和资源，受益于对方学校学术氛围的熏陶。在 2001—2002 学年就有来自两所高校的 50 名学生参加了首轮交换计划。

剑桥大学每学年共分为三个学期，与英国其他高校相比，剑桥大学的假期稍长[1]。为了使学生能够充分利用假期时间，学校还专门设立了各种类型的假期奖学金，比如欧洲假期奖学金（European Vacation Scholarships）、西班牙和拉美旅行基金（Grants for Travel to Iberia and Latin America）；并开办各类暑期学校，以鼓励本校学生去其他国家学习当地的一些课程，了解不同国家的文化[2]，丰富学生的假期文化生活。

从剑桥大学学生统计办公室提供的数据来看，目前该校招收的留学生来自 120 多个国家和地区。在 1980—2009 年短短的十几年间，不包括欧盟学生在内的海外留学生（包括全日制、非全日制的本科生、研究生）总数已由 1980—1981 年度的 394 人增长到 2008—2009 年度的 1 751 人，增加了 3.4 倍，占该校学生总数的比例由 8.7% 上升到 21.9%（见表 3 - 10）。由此不难看出，20 世纪 80 年代以来，剑桥大学在不断拓展海外留学生市场。据此也可以推断，随着学校招生规模的逐年扩大，海外留学生的人数也相应呈现不断上升的趋势，学校招收的来自欧盟国家的学生数量也应当是逐年呈现上升趋势，学生的国际化流动势头强劲。

---

① Wikipedia. University of Cambridge[EB/OL]. [2010 - 04 - 12]. http://en.wikipedia.org/wiki/University_of_Cambridge.

② University of Cambridge. International Cambridge[EB/OL]. [2010 - 04 - 18]. http://www.cam.ac.uk/international/connections.html.

表 3－10　剑桥大学学生（包括全日制、非全日制）人数统计

年度	本科生					研究生					共计
	国内及欧盟国家学生	百分比（%）	海外学生	百分比（%）	合计	国内及欧盟国家学生	百分比（%）	海外学生	百分比（%）	合计	
1980－1981	3 319	96. 1	136	3. 9	3 455	799	75. 6	258	24. 4	1 057	4 512
1984－1985	3 290	93. 5	229	6. 5	3 519	906	69. 6	396	30. 4	1 302	4 821
1989－1990	3 443	93. 1	254	6. 9	3 697	1 143	68. 0	539	32. 0	1 682	5 379
1994－1995	3 526	92. 1	301	7. 9	3 827	1 801	70. 7	747	29. 3	2 548	6 375
1999－2000	3 482	92. 3	292	7. 7	3 774	2 053	70. 1	876	29. 9	2 929	6 703
2004－2005	3. 504	89. 6	407	10. 4	3 911	2 649	70. 1	1 128	29. 9	3 777	7 688
2008－2009	3 490	87. 3	509	12. 7	3. 999	2 754	68. 9	1 242	31. 1	3 996	7 995

数据来源：University of Cambridge. Applications and Admissions[EB/OL].[2010－04－16]. http://www. admin. cam. ac. uk/reporter/2009－10/special/04/studentnumbers 0809. pdf.

注：海外学生指来自欧盟以外国家和地区的学生，不包括来自英国以外的欧盟其他国家的学生。

除留学生人数不断增长外，剑桥大学学生的学费也在逐年上涨。由于所收集到的数据有限，下文仅整理了从 2002—2003 年度至 2010—2011 年度剑桥大学国内外本科生每年学费的数据（见表 3－11），以及 2006—2007 年度至 2010—2011 年度剑桥大学国内外研究生每年学费的数据。

表 3－11　剑桥大学本科生每年学费统计（单位：英镑）

学生＼年度	2002－2003	2003－2004	2004－2005	2005－2006	2006－2007	2007－2008	2008－2009	2009－2010	2010－2011
国内本科生	1 100	1 125	1 150	1 175	1 200	1 225	1 255	1 286	1 310
欧盟本科生	1 100	1 125	1 150	1 175	3 000	3 070	3 145	3 325	3 390
海外学生（文科和数学）	7 416	7 740	8 088	8 451	8 832	9 054	9 327	9 747	10 752
海外学生（理工科）	9 714	10 140	10 596	11 073	11 571	12 219	11 862	12 768	14 073
海外学生（临床医学）	17 976	18 768	19 614	20 496	21 417	21 954	22 614	23 631	26 025

数据来源：University of Cambridge. Applications and Admissions[EB/OL]. [2010－04－12]. http://www.admin.cam.ac.uk/offices/planning/databook.

除学费外，海外本科生以及国内或欧盟辅修第二学士学位的本科生还要支付一定的学院费。各学院的收费情况不同，基本上每年都在 4 000 英镑到 5 000 英镑不等①。与本科生的学费相比，研究生学费则更为高昂（见表 3－12）。

表 3－12　剑桥大学国内外研究生每年学费统计（单位：英镑）

学生＼年度	2006－2007	2007－2008	2008－2009	2009－2010	2010－2011
国内/欧盟研究生	3 168	3 240	3 300	3 390	3 440
海外学生（文科）	8 832	9 054	9 327	9 747	10 752
海外学生（理工科）	11 571	11 862	12 219	12 768	14 073
海外学生（临床医学）	21 417	21 954	22 614	23 631	26 025

数据来源：University of Cambridge. Graduate Course and Fee Status[EB/OL]. [2012－04－12]. http://www.admin.cam.ac.uk/offices/gradstud/funding/costs/index.html.

① University of Cambridge. International Students[EB/OL]. [2010－04－12]. http://www.cam.ac.uk/admissions/undergraduate/international/finance.html.

与海外本科生一样，海外研究生每年除需要缴纳昂贵的学费外，还需缴纳一定数目的学院费。不同学院收取的学院费也有所差别，以2010—2011学年为例，各学院向海外留学生收取的学院费从2 229英镑到5 000英镑不等①。

由此可见，无论是何种类型的留学生，特别是海外留学生的学费都远远高于国内学生的学费，而且海外留学生每年还必须缴纳一定的学院费。据此可以推想，随着学生国际化流动速度的不断加快，这必将会使学校获得一笔十分可观的经济收入。

综上所述，20世纪80年代以来，剑桥大学正积极参与并推进学生国际化流动的进程。剑桥大学大力发展留学生教育的经验表明，促进学生流动的国际化，从学校发展的角度来看，对内能够在一定程度上促进和提升学校的教学质量，增加学校的经济收入，促进学校的发展；对外能够促进学校的国际学术文化交流与合作，增强学校的活力和影响力。

2. 促进教师、学者流动的国际化

为了使学校能够更好地适应国际化发展的要求，剑桥大学在推进教师流动国际化方面也做出了许多积极的努力，并取得了显著的成果。

剑桥大学自创办之初就有吸引国内外学者来此讲学的传统，而且剑桥大学前任名誉校长亚力克·布鲁斯（Alec Broers）爵士就是澳大利亚人②。20世纪80年代以来，剑桥大学继承和发扬了这项传统优势，通过创立一系列国际性研究机构、开展一系列国际研究活动，吸引了国内外越来越多的优秀学者、教师来此讲学和开展研究，进一步促进了该校的国际化。

据统计，剑桥大学目前开设的国际性研究机构和研究项目主要有：剑桥中亚论坛（Cambridge Central Asia Forum）、剑桥俄罗斯、中东研究委员会（Cambridge Committee for Russian and East-European Studies）、犹太—基督教关系研究中心（Centre for the Study of Jewish-Christian Relations）、印度伙伴关系项目（Cambridge India Partnership）、非洲研究中心（Centre of African Studies）、拉丁美洲研究中心（Centre of Latin American Studies）、南亚研究中心（Centre of South-Asian Studies）、东亚研究中心（Department of East

---

① University of Cambridge. Graduate Course and Fee Status[EB/OL].[2012-04-12]. http://www.admin.cam.ac.uk/offices/gradstud/funding/costs/index.html.

② 林一. 走进世界一流大学，大学的使命与战略［M］. 北京：当代世界出版社，2003：23.

Asian Studies）、世界口头文学研究项目（World Oral Literature Project）等①。丰富的国际研究项目、先进的科研技术设备与学校自身自由的学术氛围相融合，增加了剑桥大学的魅力，吸引了来自世界各地的众多优秀学者、教师。不同学术文化之间的碰撞增进了该校在更广阔学术圈和整个世界中的影响力和价值，同时也促进了学校与不同国家之间的学术文化交流。

对剑桥大学而言，在上文提到的伊拉斯谟交换项目中，该项目除允许本校学生可以与欧洲一些合作学校学生进行互访外，还鼓励教职员工和管理人员到欧洲相应的合作学校进行访问学习，并邀请那些学校的教职员工到剑桥大学来交流访问②。通过交换计划不但进一步加强了剑桥大学与合作院校之间的联系，而且还可以使本校的教职员工有机会学习他国的先进教学和管理经验，了解其他国家的科研状况，促进自身的专业发展。

正是这种不拘一格从世界各地选拔最优秀人才的理念，使剑桥大学始终保持着创新的活力，在教学与科研方面处于世界前列。据《泰晤士报高等教育副刊》的统计，截至2009年，剑桥大学的国际教职员工已经达到1 699人，占全体教职员工总数的41. 5%③。

3. 开发国际课程

为了实现高等教育国际化的目标，在课程中增加国际化的内容也是至关重要的。国际化课程是一种为国内外学生设计的内容上趋向国际化的课程，旨在培养学生在国际化和多元文化的社会工作环境下的生存能力。课程的国际化，不仅要开设许多关于其他国家和国际问题的课程，而且所有课程都应该体现国际观点。

20世纪80年代以来，剑桥大学国际化课程的数量逐渐增多。以一年制硕士生课程为例，1983年学校开设了发展经济学和政治学课程，1985年开设了东方研究课程，1990年开设了发展中国家经济学课程，1991年开设了英语与应用语言学课程，1994年开设了欧洲文学课程④。

此外，随着科学技术的不断发展，剑桥大学在不断发展自身实体性国际

---

① University of Cambridge. International Research[EB/OL]. [2012－04－12]. http://www. cam. ac. uk/international/research. html.

② University of Cambridge. Exchanges and Schilarships[EB/OL]. [2010－04－12]. http://www. admin. cam. ac. uk/offices/international/scholarships/.

③ QS. World University Rankings[EB/OL]. [2010－04－12]. http://www. topuniversities. com/university/95/university-of-cambridge/.

④ Leedham-Green, E. A Concise History of the University of Cambridge [M]. New York: Cambridge University Press, 1996: 227－233.

课程的同时，还利用先进的科学技术不断开发不同学科的网络留学课程，使在校学生不出校门也能够通过网络接触到世界上每个学科领域最为先进的知识和研究动向。

除新开设了众多国际课程外，学校还专门设立了多个对不同国家进行研究的系所，比如法语系、德语和芬兰语系、以中国和日本研究为主的东亚研究系、以阿拉伯和伊斯兰研究为主的中东研究系、葡萄牙语和西班牙语系等①。这些系所开设各类相关课程，并采用不同国家相应的语言对学生进行教学，以使学生能够进一步掌握相应国家的历史、文化、语言、宗教等方面的内容，拓宽学生的知识面，增进他们对其他国家的了解，同时也为学校未来的国际交流储备人才。

总体而言，课程内容的丰富化、学习方式的现代化，为剑桥大学加速其国际化进程做出了积极的贡献。课程国际化给那些没有去国外留学的学生提供了接受国际化教育的机会，提高了课程对国外留学生的吸引力。

4. 剑桥现象：与全球产业界的密切联系

20 世纪 80 年代以来，剑桥大学通过专利转让、创办或衍生产业公司等形式与世界各地的各类产业形成密切的合作关系，进一步推进自身的国际化进程。

首先，在科技成果转化方面，学校充分发挥自身的智力和人才优势，成功地将自己的科技创新与研究成果向应用开发层面转移，使其在全球各类企业中开花结果。目前，剑桥大学科学园已开发出了许多新技术和新产品。例如，科学院的计算机革命已进入第四代，卡文迪什实验室的基础物理研究已进入到食品及食品生产有关的微型粒子研究领域。

其次，在教学与科研方面，学校通过邀请产业界人士前来讲座或授课；让学生到公司实习；设立由产业支付薪金和提供研究资金的科研岗位；接受产业委托的科研任务；与诺基亚、微软等诸多跨国公司或集团联合建立研究所、实验室等形式，与全球产业界也保持着十分广泛的联系。

除注重加强自身与世界各类产业之间的密切联系以促进自身发展外，剑桥大学还为促进世界各类产业的可持续发展做出了积极的努力。比如剑桥大学通过设立可持续性领导计划（The Cambridge Programme for Sustainability Leadership，CPSL），为来自世界各地产业界的高层领导开设诸如气候变化

① University of Cambridge. International Research[EB/OL]. [2010-04-12]. http://www.cam.ac.uk/international/research.html.

领导项目（Climate Leadership Programme）等各类研讨班，以使来自不同国家、不同产业的领导者对全球系统和可持续发展的准则有更深刻的理解，从而使他们能够更为有效地应对全球多元化竞争的挑战。据统计，目前各类项目研讨班共吸引了来自 40 多个国家的 3 000 多名领导人前来参加；而且为了能够给来自世界各地的领导人提供便捷的服务，该领导计划在北美、南非、澳大利亚等地均设有相应的管理办事处。

可以说，剑桥大学在立足于教学与科研的基础上，不断拓展自己的国际视野，将国际合作伙伴延伸到产业界，较好地处理了教学、科研与经济效益之间的关系。

（二）组织策略

院校国际化组织策略是指为实现国际化目标建立一些拥有自主行事能力的组织部门，并为保障国际化实施而制定一系列相关政策、制度和运行机制。换言之，就是通过相应政策和管理制度等的发展，使上述被提到过的活动制度化①。可以说，院校国际化能否成功推进在很大程度上是由组织策略来决定的，如果没有组织机构和制度的相应支持，国际化进程是难以顺利推进的。目前，剑桥大学在学校层面设立的各类组织部门主要如下：

1. 国际战略办公室

剑桥大学国际战略办公室（The International Strategy Office）② 的前身是国际教育办公室，2005 年又更名为国际办公室。该办公室改用目前的名称，说明剑桥大学已经将国际化提升为学校战略行为。国际战略办公室是剑桥大学国际合作的核心管理机构和主管办公室，负责为该校提供国际事务方面的战略建议。该办公室的基本活动是在该校寻求、评估大学层次的合作和伙伴关系时开展研究，并为校长、副校长和其他高级学术领导者提供战略咨询和简报。国际战略办公室还负责协调大学范围的战略伙伴关系、已确认国际战略的监控和实施、国外高级大学代表访问的协调，以及参与国家和国际机构等事务。此外，剑桥大学国际战略办公室还负责协调该校参加的国际研究型大学联盟和欧洲研究型大学联盟等国际大学联盟的会员活动。国际战略办公

① de Wit, Hans. Internationalization of Higher Education in the United State of American and Europe: A Historical, Comparative, and Conceptual Analysis [M]. New York: Greenwood Press, 2002: 120.

② University of Cambridge. International Strategy Office[EB/OL]. [2010-04-12]. http://www.admin.cam.ac.uk/offices/international/.

室的设立使得剑桥大学的国际化有了组织保障，使各类重要的国际化项目和活动能够得以顺利开展。

2. 语言中心

剑桥大学语言中心（Language Centre）① 成立于1990年。作为一个学术服务部门，语言中心通过先进的计算机技术为校内教职员工或学生提供语言学习的机会，并为他们开设各类语言学习课程。此外，语言中心的图书馆、特里姆中心（John Trim Centre）还为学校中的使用者提供超过140种语言的语言学习多媒体资源，其中包括一些很少使用、甚至已经濒临灭绝的语言资料。可以说，无论是本国还是国外师生，只要有需要，语言中心就能够满足他们对不同语言学习的需求。非英语国家的留学生或教职员工，通过语言中心的课程学习能够尽快适应学校的语言环境，从而提高自己的学习或教学能力；当本国教师或学生在对非英语国家的文化等问题进行研究时，语言中心的学习也能够为他们找到相关文献资料提供一定的支持和帮助，减少语言方面的障碍。

3. 住宿服务部

剑桥大学住宿服务部（Accommodation Service）② 的主要职责是帮助国外学生或教职员工找到合适的住处。在住宿服务部的网站上有关于居住的房屋类型、结构、设施等方面的详细信息，国外学生或教职员工在来剑桥大学之前都可以通过浏览网站了解各类住宿信息，以节省他们的时间，并避免一系列问题，如来到学校后对房型不满意等。此外，当国外学生或教职员工来到剑桥后，住宿服务部还可以为他们提供各类交通、医疗等生活方面的实用信息，为他们解释房屋租赁合同并提出建议，以减少他们在生活上至少是在居住问题上所遇到的麻烦。

4. 剑桥大学学生会

剑桥大学学生会（Cambridge University Students' Union）③ 一直秉承“学生帮助学生”的理念和宗旨，为本校所有学生包括国内外的本科生和研究生提供各种类型的帮助，如帮助学生传真或复印文件、租用学校的各类场馆

① University of Cambridge. About the Language Centre[EB/OL].[2010-04-12]. http://www.langcen.cam.ac.uk/.

② University of Cambridge. Accomodation Service[EB/OL].[2010-04-12]. http://www.accommodation.cam.ac.uk/.

③ University of Cambridge. International Strategy Office[EB/OL].[2010-04-12]. http://www.admin.cam.ac.uk/offices/international/.

或设施、为学生提供各类商品的优惠券信息、为学生提供获取福利的建议等。可以说，剑桥大学学生社团就像一个大家庭一样，将学校中的所有学生融入进来，为学生的切身利益着想，学生们可以将此看作为自己的第二个家，将社团中的每一个成员都看作是自己的家人。这对于新生，特别是身居异乡的国外新生来说，无疑会增加他们的归属感，使他们尽快适应学校的环境，减少孤独感和寂寞感。

5. 新人和访问学者团体

新人和访问学者团体（Newcomers and Visiting Scholars Group）[①] 主要是为新到学校的教职员工、访问学者提供生活上的帮助。该团体会经常性地开展一系列社交文化活动，比如在每周二早晨安排喝咖啡时间、周二中午开展读书讨论活动、每年举行一次午餐会等。开展这些活动的主要目的是让新来的教职员工或访问学者与他们的邻居，或是长期居住在剑桥的人相互沟通交流，使他们尽快融入到剑桥的生活环境之中，结交更多的新朋友。

三、剑桥大学国际化的影响

“大学像其他人类组织如教会、政府、慈善组织一样，处于特定时代的社会结构中。大学不是孤立的事物，不是老古董，不会将各种新事物拒之门外；相反，它是时代的表现，是对现在和未来都会产生影响的一种力量”。[②] 从中世纪蓬勃走来的剑桥大学，通过采取各种策略促进国际化进程的经验表明，其国际化趋势的加快对于整个世界、英国以及学校自身都产生了一定的积极影响。具体表现在以下三个方面。

（一）对世界的影响

1. 为世界各国培养了大批杰出人才，促进了其他国家的社会经济文化发展

剑桥大学的国际化使学校形成了一个国际化、多元化的师生群体。剑桥大学通过为他国的教师和学生提供优质的资金支持、学习资源，设立各类学生、教师的国际流动和科研项目，与其他国家建立长期合作伙伴关系等形式，为世界各国培养了大批政治、经济、教育、科技、文化领域的杰出人

① University of Cambridge. Newcomes and Scholars Group［EB/OL］.［2010－04－12］. http://www.admin.cam.ac.uk/univ/newcomers/.

② Abraharn Flexner. Universities American English German［M］. Oxford：Oxford University Press，2003：1.

才，包括众多诺贝尔奖获得者。

仅以诺贝尔奖获得者为例，1904—2009 年，剑桥大学共培养和造就了 87 位诺贝尔奖获得者①，奖项涉及物理学、化学、生理学或医学、经济学、文学等各个领域，成为全球诺贝尔获奖者人数名列第二的大学，仅次于哥伦比亚大学，被誉为“诺贝尔奖得主的摇篮”。在这 87 位诺贝尔奖得主中，非英国籍或非英国裔获奖者占到了相当高的比例。按照获奖者出生国别来计算，非英国出生地的得奖者人数达到了 38 位，占到了该校诺贝尔奖获得者总人数的 43.7%；按照获奖者目前所属的国籍来计算，非英国籍或非英国裔获奖者共计 32 位，占学校诺贝尔奖获得者总人数的 36.8%（见表 3-13）。可以说，剑桥大学培养和造就出的诺贝尔奖获得者来自全球多个国家，他们的杰出成就为人类的思想发展、为整个世界的进步都起到了重要的推动作用。

表 3-13　1904—2009 年剑桥大学非英国裔或非英国籍诺贝尔奖获得者名单

年份	姓　名	国　籍	奖项类别
1908	欧内斯特·卢瑟福（Ernest Rutherford）	新西兰	化学
1915	威廉·布拉格（William Bragg）	英籍澳大利亚裔	物理学
	劳伦斯·布拉格（Lawrence Bragg）	英籍澳大利亚裔	物理学
1922	尼尔斯·玻尔（Niels Bohr）	丹麦	物理学
1927	亚瑟·霍利·康普顿（Athur Holly Compton）	美国	物理学
1937	阿尔贝·圣捷尔吉（Albert Szent-Gyorgyi）	匈牙利	生理或医学
1945	恩斯特·陈（Ernst Chain）	英籍德裔	生理或医学
	霍华德·弗洛里（Howard Florey）	澳大利亚	生理或医学
1951	欧内斯特·沃尔顿（Ernest Walton）	爱尔兰	物理学
1953	汉斯·克雷布斯（Hans Krebs）	英籍德裔	生理或医学
1954	马克斯·玻恩（Max Born）	德国	物理学

① Wikipedia. University of Cambridge[EB/OL].[2010-04-12]. http://en.wikipedia.org/wiki/University_of_Cambridge.

续表

年份	姓　名	国　籍	奖项类别
1962	詹姆斯·沃森（James Watson）	美国	生理或医学
	莫里斯·威尔金斯（Maurice Wilkins）	新西兰	生理或医学
	马克斯·佩鲁茨（Max Perutz）	英籍澳大利亚裔	化学
1972	肯尼斯·J. 阿罗（Kenneth J. Arrow）	美国	经济学
1977	菲利普·安德森（Philip Anderson）	美国	物理学
1978	彼得·卡皮察（Pyotr Kapitsa）	苏联	物理学
1979	阿卜杜勒·萨拉姆（Abdus Salam）	巴基斯坦	物理学
	史蒂文·温伯格（Steven Weinberg）	美国	物理学
	艾伦·科马克（Allan Cormack）	美国	生理或医学
	瓦尔特·吉尔伯特（Walter Gibert）	美国	化学
1982	亚伦·克鲁格（Aaron Klug）	英籍立陶宛裔	化学
1983	苏布拉马尼扬·钱德拉斯科哈（Subrhmanyan Chandrasekhar）	美国	物理学
	威廉·福勒（William Fowler）	美国	物理学
	杰拉德·德布鲁（Gerard Debreu）	法国	经济学
1984	凯撒·米尔斯坦（Cesar Milstein）	阿根廷	生理或医学
	乔治斯·科勒（Georges Kohler）	德国	生理或医学
1989	诺曼·拉姆齐（Norman Ramsey）	美国	物理学
1998	阿玛蒂亚·森（Amartya Sen）	印度	经济学
2000	艾伦·麦克迪尔米德（Alan McDiarmid）	新西兰	化学
	保罗·格林加德（Paul Greengard）	美国	生理或医学
2001	约瑟夫·斯蒂格利茨（Joseph Stiglitz）	美国	经济学
2002	悉尼·布伦纳（Sydney Brenner）	南非	生理或医学
2005	理查德·R. 施罗克（Richard R. Schrock）	美国	化学
2007	埃里克·马斯金（Eric Maskin）	美国	经济学
2008	钱永健（Roger Y. Tsien）	美籍华裔	化学

续表

年份	姓　名	国　籍	奖项类别
2009	伊丽莎白·H. 布莱克本（Elizabeth H. Blackburn）	美籍澳大利亚裔	生理或医学
	拉玛克里斯南（Venki Ramakrishnan）	印度	化学

资料来源：University of Cambridge. Adwards Announcements and Prizes [EB/OL]. [2010-04-12]. http://www.cam.ac.uk/univ/nobelprize.html.

注：剑桥大学教师和校友中获诺贝尔奖的总人数为87位。按获奖者在获奖年份的国籍计算，国外获奖者（不包括英籍其他族裔）人数共32位，占总获奖人数的36.8%；按获奖者出生地计算，外籍和外裔获奖者（包括2位英籍德裔、3位英籍澳大利亚裔和1位英籍立陶宛裔的获奖者）人数共38位，占总获奖人数的43.7%。

除培养和造就众多诺贝尔奖获得者之外，剑桥大学还为世界各国培养了许多优秀的科学家、学者和文化名人。例如，中国科学家丁文江、赵忠尧、蔡翘、华罗庚、王竹溪、张宗燧、张文裕、邹承鲁、戴文赛、王应睐、伍连德、曹天钦和作家萧乾、叶君健、徐志摩，印度前总理尼赫鲁、拉吉夫·甘地，马来西亚前总理赫曼，新加坡前总理李光耀等，都是剑桥大学的校友。剑桥大学培养和造就的这些优秀人才对自己所属国家的政治、经济、科学、文化和教育的发展都做出了积极贡献。另外值得关注的是，剑桥大学在与印度的长期合作过程中，为印度培养了众多领导人、科学家和学者。例如，王子蓝吉辛基（Ranjitsinhji）于1888—1891年间在剑桥大学学习毕业后，回国后改善了家乡内瓦纳格（Nawanager）的状况；从剑桥大学毕业的阿玛蒂亚·森（Amartya Sen）后来成为国际著名经济学家并获得了诺贝尔经济学奖。

毫不夸张地说，剑桥大学不仅仅是在英国国内吸收优秀人才，而且是始终在全球范围内吸收优秀人才，培养和造就的许多杰出人才成为英国、其他国家乃至全世界科学、教育、文化界以及政界和工商界的领袖人才。这种全球人才战略是剑桥大学保持几百年长盛不衰的要诀之一。

2. 有利于在国际上形成创新联盟，加强国际合作和文化交流

剑桥大学的各类国际活动不仅仅是传统意义上关于教育和研究的活动，学校开展各类国际合作研究项目和关于国际上共同关注议题的各类国际学术研讨活动，如气候变化问题、国际安全问题、传染性疾病问题等，使不同国家的优秀人才能够形成国际创新联盟，促进国际交流合作，从而为全球化政

治和经济的稳定、科技的创新发展做出积极贡献，改变了世界。

此外，凭借着自身的语言优势，剑桥大学创办的各类学术刊物吸引了全球来自 108 个国家超过 24 000 位的学者投稿。剑桥大学出版社在北美、澳大利亚、非洲、西班牙、巴西等地都设有分支机构[①]，这意味着学校出版社出版的各类学术著作和刊物已在全球范围内形成了较大规模的销售网络，获得了全球的学术认可。

与此同时，剑桥大学设立的各类资格评估方式已得到全球 150 个国家及机构的认可，如中等教育普通证书（GCSE）、剑桥普通水准考试（O-level）和剑桥高级水准考试（A-level）。标准化的评估方式，不仅有利于统一不同国家的评估标准，而且还可以使不同国家的专家学者在各国教育的实践中不断完善各类评估标准，促进全球范围内教育水平的提高。

（二）对英国的影响

第一，促进和保持英国成为高等教育强国，增强国家竞争力。

总体来看，剑桥大学采取的各种国际化策略不仅促进了学校自身国际化进程的加快，而且对整个英国高等教育界的发展也起到了积极作用。多元化的教学背景、多元化的师生构成、多元化的国际合作研究项目、多元化的产业合作形成了多元化的环境，使学校具有更为先进的理念和更加宽阔的眼界，产生了许多先进的科研成果。可以说，作为英国高等教育界首屈一指的学校，剑桥大学在国际化进程中所收获的种种“财富”，同样也是英国的国家“财富”。在剑桥大学和牛津大学等一些世界著名大学的引领下，英国成为世界上名副其实的高等教育强国。

众所周知，未来各国之间的竞争归根结底是人才的竞争，剑桥大学国际化进程的加快为国家培养出了大批能够充分适应国际化趋势的优秀人才，从而为增强国家的竞争力、建立人力资源强国奠定了坚实的基础。

第二，为英国科技的进步和产业创新注入活力。

自工业革命以来，剑桥大学一直能够对英国经济社会发展所产生的变革需求敏锐地加以识别，并予以积极响应，把自身的发展与国家的发展高度统一起来。由于剑桥大学拥有辉煌的历史，具有雄厚的学科实力，许多学科在国际上处于领先地位，它们的研究发展方向往往代表着科技发展的前沿，所

---

① University of Cambridge[EB/OL].[2010－01－12]. http://www.admin.cam.ac.uk/offices/v-c/speeches/20060131.html.

以在剑桥大学与世界不同产业合作的过程中，其科研成果的实际应用往往会促进国家某个产业的飞速发展，甚至导致新兴产业的诞生。

20 世纪 80 年代以来的“剑桥现象”向我们证明，剑桥大学通过与全球各类产业形成密切的合作关系，不仅集成了“教学、科研、社会服务”三项职能，而且大大拓展了各自的传统范围，把大学的学术从知识的创造、传递和应用，自觉地与国家需要、国家利益紧密联系起来，为国家产业的发展提供了卓越的智力资源和有竞争力的产业技术。这样不但能够直接或间接地提升英国各产业部门的竞争力、生产力和创新能力，催生高新技术产业，而且还为英国的科技进步和经济增长注入了新鲜血液，促进了国家的进步与发展①。剑桥大学与国内外众多高科技产业的合作不仅缔造了一个剑桥的硅地(Silicon Fen)，提高了英国的竞争力，而且还增加了英国政府的财政收入。2004 年的统计表明，剑桥硅地已成为世界上仅次于硅谷的第二大风险投资市场；2006 年的统计表明，剑桥硅地的总产值已达 60 亿美元左右②。

第三，拓展英国高等教育市场，缓解高等教育经费紧张。

经费紧张是世界各地大学普遍面临的问题，即使财力相对雄厚的剑桥大学等世界一流大学也面临这一问题。20 世纪 80 年代以来，随着美国、加拿大、澳大利亚、法国、德国、中国香港等国家和地区向剑桥大学输入学生数量的不断增多，大大增加了剑桥大学的留学生人数。近年来，中国、印度、马来西亚等成为剑桥大学海外留学生的重要来源国，使剑桥大学的海外留学生迅速增加，同时也使英国高等教育市场得到拓展。与此同时，剑桥向非欧盟留学生收取的学费远远高于本国学生，即使英国政府或剑桥大学会向留学生发放一定数目的奖学金也不会完全冲抵高昂的学费，而且留学生在学校学习期间的费用，比如生活费、培训费、交通费等，都是一笔不小的开支，这些也都会增加英国当地消费，剑桥大学留学生人数的逐年增长也会间接增加英国政府的财政收入。

第四，推动英国高等教育改革。

近十几年来，剑桥大学向国外特别是其他发达国家派遣了上万名的访问学者和留学生，他们回到国内或剑桥后，带来了先进的科技知识，也带来了根据国际人才市场需求改革高校招生方式、专业设置、教学内容和方法的动

① 王慧颖. 社会转型期的剑桥大学 [D]. 长春：吉林大学，2007：29.

② Wikipedia. University of Cambridge[EB/OL].[2010-04-12]. http://en.wikipedia.org/wiki/University_of_Cambridge.

力，带来了其他国家的教育管理观念、模式及质量评估方法和考试模式①。他们当中的许多人已成为英国高校的领导者或管理者，这样就会直接促进英国高校的改革。

此外，剑桥大学作为英国高等教育的领头羊，在与世界各地知名学者开展各类国际合作活动中所获得的先进理念或科研成果，对英国其他高校来说无疑也起到了一定的榜样和引导作用。可以说，剑桥大学已成为英国其他高校的典范，各高校都在借鉴剑桥大学成功经验的基础上不断探索创新，推动自身的改革发展。

（三）对剑桥大学自身的影响

第一，实行开放式办学方针，增加学校的教育价值和文化价值，促进本校教师和学生的发展。

剑桥大学通过聘请国内外著名的学者、教师来此讲学，使来自其他文化背景和教育体系的教师把他们的文化传统和教育背景带入到剑桥大学的教育体系中来。本地教师通过与海外教师、学者交流，能够增加他们科学研究的广度和深度，丰富自身的课程内容，提高教学质量；而学生在海外教师、学者的指导下，则能够迅速接近到学术发展的前沿，吸收新思想、新知识，扩展知识视野，加速自身的成长过程。

此外，在课堂内外，英国本土学生通过与国外留学生关于不同文化观点的碰撞交流、共同参加科研项目、课外活动等多种方式，能够不断扩大自己的交往圈，了解其他国家的文化、价值观、思维方式、行为方式，增加跨文化的感性认识和敏感性。

第二，提升学校的科研水平，扩大影响，提高在国内外的声誉。

剑桥大学通过开展各类国际学术研讨和研究活动，与国内外众多知名的学者交流、合作，开展研究，使得学校能够吸收其他国家学者的先进经验，活跃学术气氛，不断提升自身的学术研究能力；剑桥大学与产业界的密切合作也带动了一些交叉、边缘学科的产生，从而促进了学校学科的新发展。

国际合作研究与产业合作所带来的丰硕成果，使得学校在国内外的声誉不断提高。在 2001 年和 2008 年英国科研评估中，剑桥大学在整个国家中排名第一，其中有 95% 的学科都获得了 5 或 5* 的国际级优异评价，这也意味

① 李素敏. 高等教育国际化对中国高等教育发展的影响［J］. 高等教育研究，2009，30（4）：13.

着学校有超过一半的学科是国际优秀的。2006年汤姆森科学研究（Thomson Scientific Study）表明，剑桥大学是英国各高校中论文产出量最多的学校，在英国21个主要研究领域中，剑桥大学的研究成果在其中10个研究领域中都居于榜首。同年《泰晤士报高等教育副刊》的研究也表明，剑桥大学的科研经费高出英国其他大学6.6个百分点①。

此外，根据不同排名机构对世界大学的最新排名来看，剑桥大学在世界各知名大学中也都拥有很高的声望和地位。如在2009年，按照各大学的科研能力、雇主和公司对学生的满意度、学校师生的比例、论文的被引用率以及国际学生和国际教职员工的比例这5项指标，在英国《泰晤士报》与英国著名高等教育研究机构QS公司（Quacquarelli Symonds）联合对世界大学进行的评估中，剑桥大学综合排名第二，仅次于哈佛大学，在国际学术声誉同行评审中、在自然科学、生物医学、艺术与人文学科等学科，剑桥大学均居世界著名大学之首，社会科学、工程科学等学科也位居前列②。2009年上海交通大学根据获诺贝尔奖和菲尔兹奖的校友折合数（简称Alumni）、获诺贝尔奖和菲尔兹奖的教师折合数（简称Award）、各学科领域被引用次数最高的教师数（简称HiCi）、在Nature和Science（简称N&S）上发表论文的折合数、被科学引文索引和社会科学引文索引收录的论文数（简称PUB）这五项指标公布的全球大学排行榜中，剑桥大学位居世界第四，仅次于哈佛大学、斯坦福大学、伯克利加州大学三所美国高校③。

第三，增加学校的经济收益。

受英国政府的影响，20世纪80年代以来剑桥大学积极开拓留学生市场，积极开展对外交流，大大推动了高等教育国际化的进程。随着剑桥大学招收留学生数量的逐年增加和留学生学费的逐年增长，不但弥补了因政府减少教育经费所造成的经费不足问题，而且使学校可自由支配经费的数目不断增长，增加了学校的经济收益。

此外，剑桥大学通过与国内外产业界的密切联系合作，采取大力发展学校出版业等形式，成功实现了学校知识资本的国际转化，获得了十分可观的

① University of Cambridge. [EB/OL]. [2010-04-12]. http://en. wikipedia. org/wiki/University_of_Cambridge.

② QS. World University Rankings [EB/OL]. [2010-04-12]. http://www. topuniversities. com/world-university-rankings.

③ 上海交通大学. 最新世界排名（2009）[EB/OL]. [2010-04-12]. http://ranking. abroad-star. com/arwu/ARWU2009. html.

经济收入，提高了学校的国际影响力。据统计，2008—2009 学年度剑桥大学实际获得的经费收入共计 10.74 亿英镑，其中科研经费 2.34 亿英镑，占经费总额的 22.6%；学生学费收入 0.77 亿英镑，占经费总额的 7.2%；而雅思、剑桥英语等机构的收入高达 2.16 亿英镑，剑桥大学出版社的收入也有 1.74 亿英镑，两项合计 3.9 亿英镑，占总经费的 36.3%①。

第四，提高资源使用效率。

从表面上看，大量留学生的到来会增加学校的负担和教师的工作量。事实上，由于学校师生比例偏低（据 2008 年 Top University 网站统计，剑桥大学生师比仅为 4.74∶1），教师负担较轻，所以，近年来随着学校国际化进程的加快，留学生人数的增加能够提高生师比，适当扩大班级规模，学校在无须为留学生增添额外的教师和设备的情况下，就能够促使学校人员配置趋于合理，避免人浮于事的问题产生，并且能够有效地利用一次性消耗的教学实验用品②，更充分地利用学校中的各种现有资源。

*　　　*　　　*

本章参考文献

中文文献

［1］北京大学课题组．“来华留学工作 2009—2020 年发展规划”研究报告［R］．北京：北京大学，2009-10-11．

［2］陈时见，何梅．牛津大学人才培养的现代走向［J］．大学·研究与评价，2006，1（2）：58-61．

［3］邓烨．20 世纪 90 年代以来的英国高等教育国际化研究［D］．昆明：云南师范大学，2006．

［4］高等教育——应付新的挑战（英国高等教育白皮书）．吕达，周满生．当代外国教育改革著名文献（英国卷·第一册）［Z］．北京：人民教育出版社，2004．

［5］顾建新，徐辉．跨国教育的质量保障、认证和资格认可［J］．比较教育研究，2006，28（4）：75-80．

---

① 杨慧琳．英国高等教育观感［J］．读书，2010，31（3）：75．

② Gareth，W. Changing Patterns of Finance in Higher Education［M］. Buckingham：Open University Press，1992：6-10．

［6］郝平. 解放思想　开拓创新　推动来华留学工作科学发展［EB/OL］. http：//www.177liuxue.cn/shenghuo/2009－12/68799.html.［2010－04－15］.

［7］郝平，程健芳. 创新与挑战——世界名校鉴［M］. 北京：北京大学出版社，2001.

［8］贺国庆，等. 外国高等教育史［M］. 北京：人民教育出版社，2003.

［9］蒋国华，孙诚. 学林挺秀，旷世一流——英国剑桥大学一瞥［J］. 世界科技研究与发展，1995，21（5）：74－78.

［10］吕达，周满生. 当代外国教育改革著名文献（英国卷·第一册）［Z］. 北京：人民教育出版社，2004.

［11］李梅. 高等教育国际市场——中国学生的全球流动［M］. 上海：上海教育出版社，2008.

［12］李素敏. 高等教育国际化对中国高等教育发展的影响［J］. 高等教育研究，2009，30（4）：11－14.

［13］联合国教科文组织. 从统计数字看世界高等教育［J］. 教育参考资料，2000（1－2）.

［14］梁丽娟. 剑桥大学［M］. 长沙：湖南教育出版社，1990.

［15］林一. 走进世界一流大学：大学的使命与战略［M］. 北京：当代世界出版社，2003：25.

［16］刘晖. 从《罗宾斯报告》到《迪尔英报告》——英国高等教育的发展路径、战略及其启示［J］. 比较教育研究，2001，23（2）：24－28.

［17］刘永. 剑桥人的智慧［M］. 延吉：延边大学出版社，2001.

［18］裘克安. 牛津大学［M］. 长沙：湖南教育出版社，1986.

［19］王慧颖. 社会转型期的剑桥大学［D］. 长春：吉林大学，2007.

［20］徐辉，郑继伟. 英国教育史［M］. 长春：吉林人民出版社，1993.

［21］杨慧琳. 英国高等教育观感［J］. 读书，2010，31（3）：73－77.

［22］曾满超，王美欣，蔺乐. 美国、英国、澳大利亚的高等教育国际化［J］. 北京大学教育评论，2009，7（4）：75－102.

［23］张建新. 英国高校学生的国际流动［J］. 比较教育研究，2003，25（5）：80－85.

［24］张湘洛. 英国大学海外办学实践及启示［J］. 高等教育研究，

2008，29（5）：99－103.

［25］中央国家机关出国留学研究会. 留学英联邦［M］. 北京：当代世界出版社，2000.

［26］朱镜人. 浅探战后英国高等教育与产业界的“联系”［J］. 外国教育资料，1998，27（4）：61－64.

外文文献

［1］Bohm，A. et al. Vision 2020，Forecasting International Student Mobility：A UK Perspective［R］. London：British Council，2004.

［2］Cemmell，J. & Bekhradnia，B. The Bologna Process and the UK's International Student Market［EB/OL］. http://www. hepi. ac. uk/files/36Bolognaprocesssummary. pdf.［2010－06－02］.

［3］Conference of European Ministers Responsible for Higher Education，Leuven and Louvain-la-Neuve. The Bologna Process 2020—The European Higher Education Area in the New Decade［P］. 2009.

［4］Department for Business Innovation & Skills. Making It Happen：The Prime Minister's Initiative for International Education［EB/OL］. http://www. britishcouncil. org/eumd-pmi2-briefings.［2010－05－28］.

［5］Elliot，D. Internationalizing British Higher Education［A］. In Peter Scott（ed）. The Globalization of Higher Education［M］. Buckingham，UK：SRHE and Open University Press，1998.

［6］Global Science and Innovation Forum. A Strategy for International Engagement in Research and Development［EB/OL］. Released on Oct 11，2006. http://www. bis. gov. uk.［2010－04－05］.

［7］House of Commons，Education and Skills Committee. The Future Sustainability of the Higher Education Sector：International Aspects［R］. London：Parliament of the Great Britain，2007：9.

［8］Leedham-Green，E. A Concise History of the University of Cambridge［M］. New York：Cambridge University Press，1996.

［9］Oxford Awards and Ranking［EB/OL］. http://www. ox. ac. uk/about_the_university/facts_and_figures/index. html#aoxford_awards_and_rankings.［2010－04－05］.

[10] Gareth, W. Changing Patterns of Finance in Higher Education [M]. Buckingham: Open University Press, 1992.

[11] de Wit, Hans. Internationalization of Higher Education in the United States of American and Europe: A Historical Comparative and Conceptual Analysis [M]. New York: Greenwood Press, 2002.

第四章　日本高等教育国际化战略与研究型大学建设

本章评述第二次世界大战结束以来日本高等教育国际化的发展历程、与之相关的国家政策和院校实践。首先，探讨日本推进高等教育国际化的社会背景和动因，梳理国家层面上相关政策的走向和策略，其次，探讨不同院校对高等教育国际化政策作出的回应，最后，试图以日本两所世界著名学府——东京大学和早稻田大学为例，分析国际化对全球性研究型大学发展和建设的促进作用。

第一节　日本高等教育国际化战略形成的背景

一、日本高等教育系统的一般概述

从历史角度看，日本近代高等教育制度发轫于 19 世纪中期，日本明治政府时期。为了摆脱沦为西方殖民统治的危机，明治政府开始实行维新改革，促使日本走上从农业社会转向工业社会的道路。1868 年，政府开始推行“富国强兵、殖产兴业、文明开化”的国家政策。其中“富国强兵”是国家政策目标，“殖产兴业”和“文明开化”是两个重要政策举措。“文明开化”就是通过教育唤起明智，重视教育。因此，日本高等教育制度创立伊始，就同“国家”紧密地结合在一起。1877 年，明治政府仿效欧美国家研究型大学的模式，建立第一所国立大学——东京大学，设置理、法、文、医四学部。与此同时，还大力发展专科院校。到 1885 年，日本共有专门高职院校 102 所，主要教授工业技术，其中一部分院校发展成为私立大学。如 1890 年建立的庆应义塾设大学部（即后来的庆应大学）、1902 年建立的东京专门学校后更名为“早稻田大学”。1886 年，日本政府颁布《帝国大学令》，将东京大学改为帝国大学（后改为东京帝国大学），后陆续成立京都帝国大学、东北帝国大学、九州帝国大学。

"二战"之前，日本高等教育制度的创立和发展（见表4－1）都是在政府的直接干预下实现的，因此，高等教育始终处于政府的严格管理之下，真正实现了高等教育为国家发展服务的目的。在1918年《大学令》颁布之前，日本国内可以使用"大学"字样的高等教育机构仅有5所，均称为"帝国大学"。《大学令》颁布之后，私立大学的地位被认可，大学数量大大增加。形成了"二元等级式的金字塔"结构，也有人称为"二元二层结构"，其中"二元"是指"官学"（包括国立、公立）和"私学"（私立），"二层"是指大学和非大学，包括专门学校、高等学校、实业专门学校、高等师范学校[①]。这一结构反映了日本各类型教育机构在社会地位和办学水平上的巨大差距。

表4－1　两次世界大战期间日本高等教育机构的分布情况

类别／所／年份	大学			专门学校			实业专门学校			高等学校			教育大学			合计			合计
	国	公	私	国	公	私	国	公	私	国	公	私	国	公	私	国	公	私	
1918	5	0	0	26	7	63	18	2	4	8	0	0	4	0	0	61	9	67	137
1935	18	2	25	52	11	114	44	2	14	25	3	4	4	0	0	143	18	157	318

资料来源：朱永新、王智新等根据《当代日本高等教育》相关资料编制。

"二战"之后，日本经历了一个美军占领时期，在美国教育使团主导下开始进行全面的西方民主式的改革，其中包括教育系统的改革。1947年，日本政府正式颁布的《教育基本法》和《学校教育法》两部重要的法律政策文件，规定了战后日本教育的性质与发展方向，此后日本政府又颁布了一系列法律。如1948年的《教育委员会法》、《教师职员许可法》、《社会教育法》，1949年的《私立学校法》、《高等专门学校设置基准》、《短期大学设置基准》，乃至1956年的《大学设置基准》等法律。这些法律构成了较完整的现代日本教育法律体系，但这些法律和规章都没有摆脱西方，特别是美国教育模式的影响。

1952年，《旧金山和约》生效后，日本在一定程度上摆脱了美国的控

① 史朝．现代日本高等教育发展机制研究［M］．武汉：华中理工大学出版社，1997：32．

制，开始进入“技术立国”和“教育强国”的新的历史发展阶段。20世纪60年代，日本经济进入高速增长时期，对理工科人才的需求迅速增加。这个时期日本高等教育迎接来了第一次大发展。1957年，文部省根据国家颁布的《新长期经济计划》对人才的预测，开始实施高等教育扩张计划，特别增加了理、工类高等教育扩张计划，计划增加此类大学生8 000人。1961年开始，文省部继续加强对理工科人才的重视，制定7至9年的理工科人才发展规划，计划每年增招此类学生16 000人，1964年后又改增招20 000人。

此外，在20世纪60年代，伴随着日本经济的快速发展，日本政府根据产业结构需求，对高等教育体制和结构进行调整。一方面将“二战”前旧制大学转换为4年制的新制大学，另一方面将不具备转为新制大学条件的学校暂时定为“短期大学”①（Junior College）。1964年，日本国会修改《学校教育法》，从法律上确认短期大学的合法地位。于是，短期大学开始迅速发展起来（见表4－2）。

表4－2　日本短期大学校数增加情况简表

年　份	校　数	国　立	公　立	私　立	私立短大比例
1955	264	17	43	204	77.3%
1965	268	28	40	301	81.6%
1975	513	31	48	434	84.6%
1985	543	37	51	455	83.8%
1990	593	41	54	498	84.%

资料来源：朱永新，王智新．当代日本高等教育［M］．太原：山西教育出版社，1992：34－36.

对于战后日本教育发展阶段的划分及其各自特征的描述，日本学者金子元久曾经做过一个较为详细的分析，他认为日本高等教育大体可以分成三个不同的历史阶段：第一阶段是“扩大期”（20世纪60年代到70年代中期）。20世纪50年代中后期的经济复苏和60年代的经济高速发展极大地刺激了日本社会对高等教育的旺盛需求，为高等教育数量的扩充提供了社会和思想基础。第二阶段是“停滞期”（从20世纪70年代至90年代初）。随着经济

① 日本政府首次批准建立149所短期大学始于1950年。

从增长减速转入稳定增长期，日本社会开始出现福利化和老龄化的趋势，迫使政府对高等教育进行改革。整个20世纪80年代，伴随高等教育的扩张，不仅教育质量降低日趋凸显，而且导致国立和私立大学之间、大学与非大学之间的差距逐渐扩大。第三阶段是“再次增长期”（从1990年至2003年）。这个时期，经过了“泡沫经济”及其崩溃，日本经济的增长率急剧下滑①。与此同时，由于社会福利各项支出的不断增加，政府的财政状况日趋恶化②。

经过100多年的发展，目前的日本高等教育可以称得上是世界上最发达的高等教育系统之一，呈现出典型的“二元二层”结构特征，形成了公立和私立、研究型大学与非研究型大学同时存在、并行发展的局面③。首先，从层次结构上看，日本高等教育包括三级系统：第一级是短期大学，包括初级学院、高等专科学校、专门学校。这三类学校尽管名称不同，但都属于2—3年制的短期大学。这种短期大学的产生是为了满足20世纪50年代之后日本经济社会的需要，一方面为缓解企业技术工人短缺的现状，另一方面为解决那些难以升格为四年制大学的高中毕业生接受高等教育的需求；第二级是四年制大学，其中包括综合大学、多科大学和单科大学。可以划分成五种类型：（1）研究型大学（research-R型），是指有权授予学位的且大学中具有较强研究功能的大学；（2）大学院大学（doctorate granting 1-D1型），指在所有或大多数的学部之上都有博士课程大学院的大学；（3）准大学院大学（doctorate granting 2-D2型），指仅在一部分学部之上有博士课程大学院的大学；（4）硕士大学（master granting M型），指仅有硕士课程大学院的大学；（5）学部大学（college-C型），指没有设大学院，仅有学部的大学④。第三级是研究生院大学，是指那些没有本科学生，只实施研究生教育的大学。例如，成立于1988年的日本第一所国立研究生院大学——综合研究研究生院大学就属于这种类型的大学。至1998年，这种研究生院大学已经有6所，其中国立4所。

---

① 金子元久. 日本高等教育大众化的经验与启示［J］. 教育发展研究，2007（2）：57.

② 金子元久. 高等教育规模扩大过程中的财政体系：中日比较的视角［M］. 北京：教育科学出版社，2008：23－25.

③ 所谓“二元二层结构”是日本高等教育特有的一种模式结构，包括大学与专门学校、官学与私学。

④ 天野郁夫. 试论日本的大学分类［J］. 复旦教育论坛，2004（5）：5－10.

表4－3　2009年日本高等院校数及在校生数（按类型和层次划分）

	高等院校（所）				在校生（万人）			
	国立	公立	私立	总体	国立	公立	私立	总体
大学（四年制）	86	75	576	737	45.2	11.8	195.7	252.7
短期大学（两年制）	0	21	357	378	0	10	14.5	15.5
研究生院大学	85	68	433	586	14.6	1.5	7.9	24.0

资料来源：根据MEXT相关数据编制而成。

其次，从发展规模和水平上，日本高等教育已经进入大众化和后大众化阶段。1997年，日本广岛大学高等教育研究中心有本章教授在考察日本高等教育大众化演变历程中发现，20世纪90年代日本高等教育出现了区别于普及阶段的质的变化，冠之为“后大众阶段”（post-massification），并将其定位在马丁·特罗（Martin Trow）所说的大众高等教育阶段的“后期”与普及高等教育阶段的“初期”①。根据到2009年4月止日本的统计数据，日本全国总人口为1.72亿人，18岁人口122万；大学招生人数61万，毛入学率超过50%，在校生人数253万；全国高等院校总数737所，其中国立86所，在校生人数45万，公立75所，在校生人数12万，私立院校576所，在校生人数196万（见表4－3）。

二、高等教育国际化问题的提出及其原因

高等教育国际化问题是全球化时代的产物，正在引起各国学者的普遍关注。作为一种世界性的潮流，高等教育国际化正对世界各国的高等教育系统及其所属的机构，尤其是研究型大学起着前所未有的巨大影响。美国著名比较高等教育学者阿特巴赫（Altbach）等人在分析高等教育国际化的影响时指出，其影响因素可从四个方面加以分析。第一，从政治的角度看，这不仅是大学发展的需要，而且符合国家利益的需要，尤其是全球化和知识经济时代，高等教育国际化已经被各国视为强化国家身份（State Identity）的一种方式；第二，从经济角度考虑，这是经济全球化的客观要求，是全球市场条

① RIHE International Seminar Reports. Academic Reforms in the World：Situation and Perspective in the Massification Stage of Higher Education［M］. Japan：Hiroshima University，1997：282－284，1－20，57－94.

件下人才、科学和技术竞争的需要；第三，从学术角度看，高等教育国际化与高校办学质量关系密切，可促使本国高校遵照世界级标准组织教学、科研和服务；第四，从社会文化的角度看，高等教育国际化有利于本民族文化的更新、保存和传播，使之变得更加优秀，促进世界文化的多样性①。

温迪（Wende）认为，长期以来在理论上，国际化主要被看作是聚焦在个体学生和学者的跨境流动，而不是影响高等院校或系统的策略②。中国学者认为，国际化是全球化过程中的国家和院校做出的一种创造性的反应，表现为知识、观念、人员等因素的跨国间流动③。加拿大学者奈特（Knight）给出的普遍被接受的定义是指将国际维度整合到教育和研究之中的一个过程④。按照这个定义去理解，不论是4世纪、5世纪的印度，还是11世纪、12世纪的欧洲和亚洲，都发生过不同程度的“国际化”现象。但是从严格意义上说，这个时期的“国际化”，还不是本文中所说的高等教育国际化。本文中所说的“高等教育国际化”包含特殊的含义：第一，高等教育国际化是在全球化背景下国家层面和院校层面所做出的某种反应。第二，高等教育国际化是相对于本土化、民族化或者区域化的对立面而存在的一个概念。第三，高等教育国际化与高等教育全球化之间存在一种互相包含的关系。第四，高等教育国际化对各国研究型大学建设具有特殊的意义，构成研究型大学学术发展重要指标和实现途径。如按照世界银行的解释，作为国际化明显表征的“教师和学生”的国际化程度也已成为研究型大学建设中不可或缺的重要方面（见图4－1）。

从历史上看，日本高等教育“国际化”与“现代化”现象几乎是在19世纪中后期同一时间发生的。但严格意义上说，日本高等教育国际化是伴随20世纪60年代日本经济国际化而发生的，是对经济国际化趋势做出的积极反应。日本高等教育国际化具有世界普遍性的诱致性因素，如全球化、信息化、知识经济、市场竞争等，正如日本学者天野郁夫指出：进入90年代，日本高等教育面临来自国内外三个方面的挑战，从外部看，三个方面分别是

---

① Altbach, P. & Knight, J. The Internationalization of Higher Education: Motivations and Realities [J] Journal of Studies in International Education, 2007 (3/4): 290－305.

② Wende, M. The International Dimension in National Higher Education Policies. What has Changed in Europe in the Last Five Years [J]. European Journal of Education, 2001, 36 (4): 431－441.

③ 杨文武．印度吸引外国留学生现状分析［J］．南亚研究季刊，2005（2）：69－76.

④ Knight, J. Update Internationalization Definition [J]. International Higher Education, 2003 (4): 2－3.

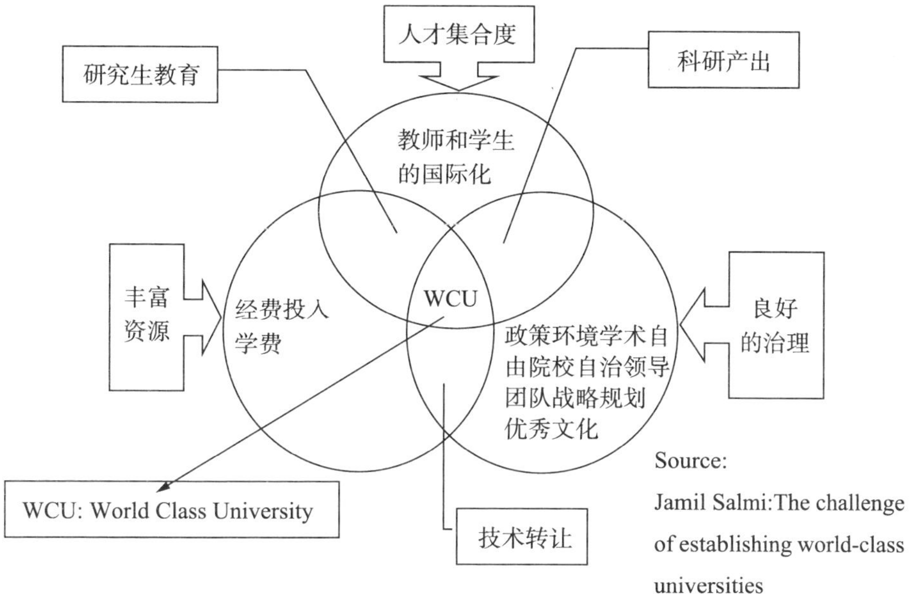

图 4－1　世界级大学的构成要素

大众化、市场化和全球化的挑战；从内部看，面临人口变化、经济变化和政策变化的压力，这些因素都是导致高等教育国际化发生的诱致性因素①。除此之外，日本高等教育国际化也有其日本民族国家战略和院校发展需要等因素。下面几个方面足可说明这一点。

第一，从政治角度看，日本始终抱有成为世界大国的梦想，尤其是在经济领域取得辉煌成就后，其在政治、教育等方面谋求强国的心情越来越迫切。这一点从几任首相的言论中就可见一斑：1981 年，铃木善行首相在美国正式宣布："日本要进行第三次开国。""开始第三个新起点，即要从被动的受益者成为积极的创造者"，"改变过去采取的被动姿态"，"发挥自己的主动精神，以同日本的才能和能力最相称的方式，发挥与它的力量和地位相称的作用"。1983 年，中曾根康弘首相进一步指出："要在世界政治中提高日本的发言权，日本不仅要作为经济大国，而且要增加作为政治大国的比重"，并且把"国际国家"作为日本发展的目标。1988 年，竹下登首相进一步提出日本"对亚洲与世界的未来负有重大责任"。1989 年，海部俊树首相更直截了当地提出："在国际社会中居于重要地位的日本，作为一个负有责

① 天野郁夫．日本高等教育改革的动向与问题［J］．教育与经济，2002（2）：2.

任的国家，必须明确表明今后前进的道路。”

第二，从经济角度看，20 世纪 80 年代后期，日本经济发展开始进入缓慢增长期，20 世纪 90 年代后一直处于低迷状态。据日本政府最新预测，日本名义和实际 GDP 增长率，2001 年度分别为 -2.4% 和 -0.9%，2002 年度分别为 -0.9% 和 0.0%。日本银行及一些重要国际机构的预测也认定，日本经济已出现“二战”后最严重的负增长。失业率屡创新高，是日本经济衰退空前严重的重要表现。2001 年 11 月日本的失业率达到 5.5%，若按欧美统计口径，高达 10% 以上。日本经济衰退的严重性还表现在股市和汇市双双下跌方面。日经 225 种股票平均价格在衰退前曾达到过 19 835 日元，目前已跌至 10 000 日元上下，下跌了近 50%。日元对美元汇率 2000 年 10 月为 1 美元兑 108 日元上下，目前已贬至 132 日元左右。总之，多项重要经济指标均创“二战”后最坏纪录①。经济形势的恶化给高等教育改革和发展带来了很大的影响。

第三，从文化角度看，日本人长期具有居安思危的“忧患意识”和“危机意识”。不论是明治维新时期，还是“二战”后改革时期，日本社会在向先进国家和文化看齐方面始终抱有积极和主动的态度。尤其是成为世界经济的排头兵之后，日本在学术和文化影响力方面也抱有很大的抱负和诉求。作为东亚儒家文化圈的国家，日本始终处在一种十分矛盾的心理状态：一方面，无法摆脱，也不想摆脱欧美，尤其是美国文化的影响；另一方面，也想继续保持在东方文化，尤其是日本文化发展方面的国际影响力，以适应其经济发展的需求。例如，日本始终提出开展国际理解教育，其目的就在为其“重返亚洲”做思想和文化方面的准备。

第四，从社会人口结构变化上看，从 20 世纪 90 年代起，日本人口结构发生着急剧变化，正向超高龄化、少子女化社会迈进。在这总人口结构变化过程中，18 岁人口总量减少成为 20 世纪 90 年代后教育界最关心的大事，同时也构成高等教育政策转变的主要因素。换言之，传统意义上的接受高等教育的适龄人口逐年减少，据日本官方统计，在 1992 年 18 岁人口数量达到了第二个高峰期（205 万人），之后开始转入低谷，2000 年降到 150 万人，减少了 55 万人，预测 2014 年将减少到 119 万人。这种突增突减现象给制定 20 世纪 90 年代及其以后高等教育的发展规划带来一定困难，同时也给高等院校、尤其是私立院校带来极大的危机感。据调查，目前日本大约有 60%

① 江瑞平：日本经济衰退何以空前严重［N］. 光明日报，2012 -01 -29.

的私立短期大学和大约30%的私立大学都处于招生不满的状态。有近百所私立和短期大学面临关门的危险[①]。日本政府越来越意识到人口因素对高等教育发展的影响，例如1991年日本大学审议会发表的报告——《1993年以后高等教育计划整备》中就把适龄人口减少看成是日本第四次高等教育计划期所面临的一个极其严重的问题。报告指出："由于高等院校传统的升学年龄层（18岁）人口急剧减少，各高等院校根据不同情况会出现学校规模缩小，甚至会影响学校的生存基础。"[②]

第五，适应高等教育自身改革发展的需要。尽管"二战"后日本高等教育伴随经济发展取得了显著的成就，实现了高等教育大众化和普及化，但是日本高等教育在长期的发展过程中，也出现了不少问题：（1）文理专业发展不平衡，理工科相对薄弱[③]；（2）高等教育缺乏个性，学制、教学计划、教育内容等整齐划一，缺乏灵活性，学校特色、地区特色不明显；（3）招生考试制度方面的缺陷。学历国家、文凭社会、考试地狱等问题十分严重，竞争异常残酷、激烈；（4）日本国立大学法人化之后，公共经费投入呈现下降趋势，直接对高等教育发展构成威胁。自20世纪80年代以来，日本社会的发展和变化趋势主要表现在3个方面：国际化、信息化、成熟化。这些特征对日本高等教育提出了新的要求，与此同时，日本高等教育所暴露出的问题和矛盾，以及不适应性也愈加明显。正因为如此，从20世纪80年代初开始，日本就开始了"二战"后新一轮的全面的教育变革，史称"第三次教育改革"。

上述政治、经济、文化和高等教育发展的需要及改革需求构成了日本实施高等教育国际化的必要政策环境和制度前提，但不是直接导致其实施国际化战略的充分理由和直接诱因。事实上，日本政府之所以在新一轮改革过程中逐步认识到提高高等教育国际化水平的重要性，并将之提升到国家和院校发展战略的高度加以考虑，其中一个很重要的原因是日本高等教育系统国际化程度不高。关于这一点，在20世纪70年代，一些国际组织，如UNESCO、OECD就已经做过定论。如1974年，OECD的报告《日本高等教育：封闭的系统》就曾经对日本高等教育提出过严厉的批评。该报告指出：虽然日本大学在国际化方面做过许多努力，但效果并不令人满意，日本大学很难与

① 赵秀侠．论20世纪90年代以来的日本大学改革［J］．河海大学学报，2006（1）：84－87.

② 张玉琴．日本高等教育的普及化与研究生教育数量的扩大［J］．日本问题研究，2002（4）：49.

③ 有数据表明，1980年人文社会科学的学生占54.13%，而理工类仅占32.13%。

其他国家大学开展交流、聘请到外籍教师和用英文进行教学。据此，报告建议日本政府改善其封闭的教育体制，提高其国际化程度①。加拿大学者露丝·海霍（Ruth Hyhoe）在对日本高等教育做过系统研究之后提出这样一种质疑："为什么丰田、本田、索尼、三菱等日本产品享誉世界，而东京大学、早稻田大学仍然没有达到这种程度?"她的潜台词是：日本大学从来就没能国际化，至少不能与日本公司相提并论②。这些来自国际社会和学者的批评和质疑虽然刺耳，但句句属实，可以充分证明日本高等教育国际化程度的现状：（1）在留学生人数上远不及西方发达国家，与日本的经济地位极不相称。日本大学留学生所占比例相对较低，一些国际化程度较高的国家，如澳大利亚、英国国际学生占全体学生的比例分别达到20%、15%的时候，日本还不到3%，远低于OECD的平均水平。（2）与西方一些著名大学相比，日本大学雇用外籍教师的比例也相对较低，如耶鲁大学外籍教师的比例是31%，哈佛大学29.5%，剑桥大学41.5%，日本大学仅达到5%③。

这种状况印证了西方权威组织和学者的评价和观点。这些评价和观点不仅极大地刺激了日本政府和学术界，也促使政府和大学下决心扭转这种现状，将推进高等教育国际化列入议事日程和国家重点发展战略。如1995年，日本大学审议会的报告提出：在全球化时代，日本的高等教育应该培养"视野广阔，富于创造性和综合判断能力，掌握高深的专门知识和技能，能够进行跨学科的学术研究，向世界提出独创性的研究成果，并活跃于国际社会的'国际人'"④。2011年，文部省的《关于"大学结构改革方针"咨询报告》也指出，要积极地推进大学国际化程度，以图"……使大学更具有灵活性、战略性和较强的国际竞争力；实行通过第三者对大学进行评估的制度，推动大学开展竞争，坚决果断地将好大学（不论是国立还是公立、私立）建设成世界一流大学"⑤。

---

① Kenzo Kitahara. A Case Study of Internationalization in a Japanese University: Organizational Change and Communication [D]. University of California at Los Angeles, 2003.

② 同①.

③ Kato Shigeharu. Japan's Higher Education Reform in Globalization Era [R]. Lecture PPT at the Graduate School of Education, Peking University.

④ 崔红丽. 面向21世纪日本高等教育改革的趋势 [J]. 广东农工商职业技术学院学报，2001(2)：24.

⑤ 2001年6月，文部科学省向日本第10次经济财政咨询会议提交的"大学结构改革方针"。

第二节　日本高等教育国际化的战略形成及特征

一、日本高等教育国际化战略发展的不同阶段

日本高等教育国际化战略从无到有，从不明确到明确经历了几个不同的历史阶段：

第一阶段：概念模糊期（19 世纪 60 年代末—20 世纪 50 年代）。1868 年明治政府实行明治维新，实施“求知识于世界”的政纲，开始自身的现代化和国际化进程。最初的“国际化”基本上是狭义地解释为“向西方学习，引进西方的先进科技”。有资料表明，在 1868—1912 年，日本政府共聘用外国专家 3 000 余人，其中在国立大学任教的人数仅次于通产省的聘用人数，位居第二。当时的帝国东京大学是“国际化”程度最高的大学，39 名教授中就有外国教授 27 人，其中德国的著名医学专家贝尔茨·埃尔温（Baelz Erwin）和尤里乌斯·斯克里巴（Julius Skriba）分别在东京大学任教长达 26 年和 20 年[①]。第二次世界大战结束后，日本高等教育受制于美国教育使团，开始实行民主化改造。根据 1946 年出台的《美国教育使团报告》的改革建议，日本高等教育必须保障有才能的人获得接受高等教育的机会和权利。1947 年，日本政府又先后颁布了《教育基本法》和《学校教育法》，从法律角度，对西方民主式的高等教育做出明确的规定。在“二战”后高等教育重建过程中，日本政府十分重视推进高等教育国际化政策，日本文部省于 1952 年设立了资助外国留学生的专项奖学金。进入 20 世纪 50 年代中期，

表 4－4　日本高等教育国际化分期及其特征图解

历史分期	19 世纪 60 年代末—20 世纪 50 年代	20 世纪 50 年代—20 世纪 70 年代末	20 世纪 80 年代初—20 世纪 80 年代末	20 世纪 90 年代初—21 世纪初	21 世纪初—21 世纪头 10 年
社会背景和思想基础	帝国主义竞争时代；工业化兴起；西学东渐；第一次教育改革	倡导和平和国际理解时代；技术立国与拿来主义；第二次教育改革	后工业社会来临；高等教育大众化；第三次高等教育改革	知识经济端倪时代；高等教育质量诉求；世纪末的思考，大学教育反思的年代	新世纪社会变革的挑战；大学合并与法人化；大学间国际竞争力，早期政策效果反馈

① 王留栓，小柳佐和子．日本大学国际化的进程与回顾［J］．日本问题研究，2004（3）：38.

续表

历史分期	19 世纪 60 年代末—20 世纪 50 年代	20 世纪 50 年代—20 世纪 70 年代末	20 世纪 80 年代初—20 世纪 80 年代末	20 世纪 90 年代初—21 世纪初	21 世纪初—21 世纪头 10 年
五阶段论	概念模糊期	思想准备期	初步确立期	政策调整期	最终形成期
重要法律和政策	少有涉及关于“国际性问题的文件”，东京大学 1877 年建立的提出要建成“世界级”的大学	《关于发展青年人之间国际理解和国际组织的教育之建议书》（1948 年）；发表《关于促进教育、学术、文化的国家交流》报告(1956 年)，《关于教育、学术、文化的国际交流》报告(1974 年)	《国立或公立大学外国教员任用特别措施法》(1982 年)；《关于面向 21 世纪留学生发展政策》(1984 年)，《发展国际间的理解和合作——通过各种教育、科学、文化和体育活动》(1988 年)	修订了《学位规则》(1991 年)；参与“亚太大学流动计划”(UMAP)仿效欧洲的伊拉斯谟斯计划，推动该地区的高等教育国际化进程	《大学法人法》(2004)；全球性 COE 计划(2002)；30 万留学生计划(2008) 和“Global 30”工程(2009)
政策目标和政策诉求	服务国家“文明开化”基本国策需要	响应 UNESCO 号召，开展和平理解教育，维护世界和平	改变日本高等教育封闭落后状况，树立“世界中日本人的形象”	为实施留学教育创造条件	为实施留学教育创造条件
措施和内容	聘请外国教师；开展外语教学，招收少量留学生	1. 1952 年首次设立政府专项奖学金，资助外国留学生；2. 1957 年成立国际教育协会等促进交流合作的非官方组织机构等	1. 在非语言学科任用外国教员；2. 实施“10 万外国留学生计划”；3. 改进日语教学计划；4. 确保住房；5. 鼓励私人企业和民间团体资助留学生；6. 为回国人员提供服务	1. 1996 年成立了留学生教育学会；2. 开展留学教育和国际化问题研究；3. 1996 年撤销外国留学生（包括就读于日本语学校的外国学生）的身份保证人制度；国际间院校合作广泛开展	1. 开设以英语授课的学位教育；2. 简化申请和入学手续；3. 为国际学生提供学习日本语言和文化的机会；4. 要求入选大学必须在海外建立两个单独设立的海外大学办事处

续表

历史分期	19世纪60年代末—20世纪50年代	20世纪50年代—20世纪70年代末	20世纪80年代初—20世纪80年代末	20世纪90年代初—21世纪初	21世纪初—21世纪头10年
特征描述	这个时期政府只有朦胧的“国际化”意识，但没有“国际化”的概念，更不可能制定出台相应的政策	第一次正式在教育领域提出国际化概念。虽只发表研究报告，并非国家政策，但为日本政府以后制定大学国际化的政策提供了依据	第一次提出将“国际化原则”作为第三次教育改革的方向之一；正式出台了与国际化直接相关的政策	同时开始重视本土化和区域化	将国际化作为大学改革与发展的有机组成部分；不仅目的明确，而且有具体的落实方案和措施
价值评判	具有典型的国家帝国主义色彩	具有理想主义色彩	对国际化概念的理解以及对为何开展国际化等问题的认识具有一定局限性	发展上的“高原区”，在国际化认识上有了新进展，但不乏理想的成分	国际化正式上升到国家发展战略高度，得到社会和大学的普遍回应
显示度	不明显	不明显	明显	不太明显	非常明显

日本开始意识到以国际化观点进行教育改革是关系到日本生存与发展的重要问题。1956年，日本中央教育审议会（简称中教审）发布名为《促进教育、学术、文化的国际交流》的咨文，提出推进国际交流的初步设想，文中提出“为了提高我国的学术水平，进一步增进国际了解和友善，大力促进留学生和研究人员的国际交流……就成为当务之急”。1957年，日本国际教育协会宣告成立。这个时期政府只有朦胧的“国际化”意识，没有“国际化”的概念，更不可能制定、出台相应的政策。

第二阶段：国际化概念形成时期（20世纪60—70年代）。进入20世纪60年代，伴随日本经济的高速发展，许多日本企业相继成立国际大公司，打入国际市场。与此同时，它们很快发现，日本大学不能适应经济领域国际化的步伐。在这种情况下，教育国际化问题被正式提出。1965 年日本中教审在其《教育咨询报告》中明确提出“ 培养活跃于国际社会中的日本人是推进日本国际化的核心”。这个时期，由于大学改革与发展滞后，大学国际化的步伐一直比较缓慢，一直没有明确提出国际化的概念，并没有将之上升为国家或者院校发展的战略高度。

直到 20 世纪 70 年代，OECD 报告“关于日本高等教育国际化状况调查”问世之后，日本政府才真正下定决心加快大学国际化建设。1974 年，日本中教审在为文部省提供的咨询报告《关于教育、学术、文化的国际交流》中，第一次正式提出“国际化时代”、“国际性”和“国际理解教育”等概念。虽然此报告只是一个咨询报告，并非国家政策，但为日本政府制定大学国际化的政策提供了依据。

第三阶段：战略目标形成时期（从 20 世纪 70 年代末—80 年代初）。为改变日本高等教育封闭落后状况，树立“世界中日本人的形象”，日本启动第三次教育改革运动。第一次提出将“国际化原则”作为第三次教育改革的方向之一；正式出台了与国际化最直接相关的政策，例如颁布《关于面向 21 世纪留学生发展政策》（1984 年）、《发展国际间的理解和合作——通过各种教育、科学、文化和体育活动》（1988 年）等，具体内容包括：（1）在非语言学科任用外国教员；（2）实施“10 万外国留学生计划”；（3）改进日语教学计划；（4）确保住房；（5）鼓励私人企业和民间团体资助留学生；（6）为回国人员提供服务等。

第四阶段：20 世纪 90 年代，战略目标调整期。可称之为主要根据国际化政策实施中出现的问题，制定相关的配套政策；同时开始重视高等教育本土化和区域化发展；具体调整的政策有：（1）1996 年成立了留学生教育学会；（2）开展留学教育和国际化问题研究；（3）1996 年撤销外国留学生（包括就读于日本语学校的外国学生）的身份保证人制度；国际间院校合作广泛开展。

第五阶段：2000 年战略确立时期，高等教育国际化上升为国家发展战略。2007 年，安培（Abe）政府为了使日本大学在亚洲保持领先地位，将日本高等教育国际化列入国家政策议事日程。2008 年，福田政府（Fukuda）将教育作为外交工具，提出实施“30 万留学生计划”和“Global 30 计划”。2008 年麻生（Aso）政府也试图提升日本高等教育国际化水平，化解经济危机。

二、日本高等教育国际化战略发展的特征

第一，根据日本文部省网站信息，日本大学国际化战略形成过程是一种“阶段递进式”演进过程，经历了概念模糊、思想准备、目标（政策）制定、政策调整和政策形成五个阶段，并且不同的阶段呈现出不同的时代特征（见表4－5）。

表4－5　日本留学生数及来源国分布

国　家	人　数	比例（%）
中国	74 292	63
韩国	15 974	13.5
中国台湾	4 211	3.6
马来西亚	2 156	1.8
越南	2 119	1.8
美国	1 790	1.5
泰兰	1 734	1.5
印度尼西亚	1 553	1.3
孟加拉	1 456	1.2
斯里兰卡	1 143	1.0
其他	11 499	9.8
全部	117 927	100

第二，日本大学国际化战略发展模式是在不断调整变化中逐步确立的，并仍然处于调整变化之中。早期的大学国际化发展基本上属于一种以政府理想为导向、大学被动接受为特征的“单一流向”发展模式；后期的大学国际化战略发展模式则逐渐发展成为一种“以政府拨款引导，院校主动参与为特征”的“双向互动”发展模式。政府和大学成为大学国际化战略的利益共同体。如日本学者米泽彰纯指出：“高等教育的主要利益相关者（政府、院校和学生）之间的平衡是认识国际化社会价值的核心问题，不论政府还是大学都应该在国际竞争力和国际理解的价值问题上对学生和公民进行

社会呼吁①。

第三，日本大学国际化战略发展具有明显的政策挤压性和效果联动性的特点。21 世纪 80 年代和 21 世纪初是日本留学生人数增长最快的两个时期，虽然原因复杂多样，但政策的引导作用不可否认（图 4－2）。

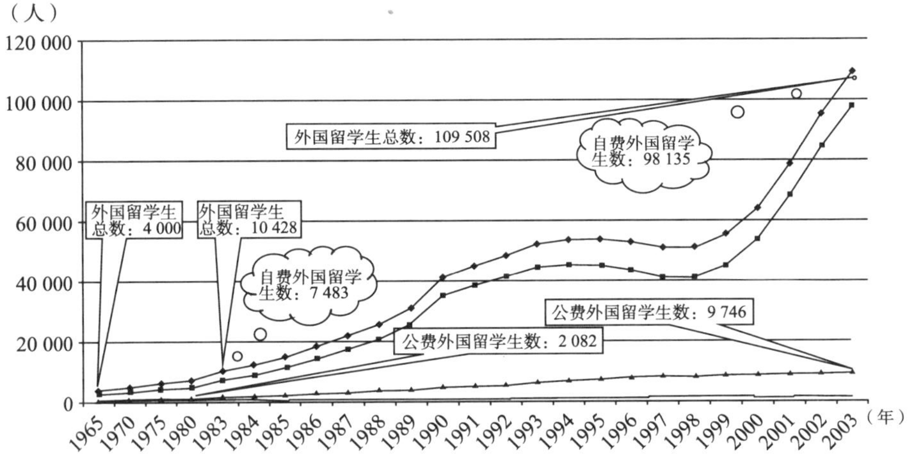

图 4－2　日本留学生人数变化

资料来源：日本留学制度概况：接收与派遣. 文部科学省高等教育局学生资助科［EB/OL］.［2010－04－16］. http：//www. mext. ac. jp.

第四，日本大学国际化战略具有明显的国家工具主义（nationally instrumentalism）和地区化（regionalization）的特点，表现在：日本留学生市场一方面具有高度私人化倾向性，即 80%—90% 的日本留学生由自费生构成；另一方面，具有明显的地区和国家依赖性，例如，93% 以上的留学生来自亚洲，而中国学生占 63%（见表 4－5）。

第三节　日本高等教育国际化政策环境

一、日本高等教育国际化重要政策文本及其内容

如上所述，日本高等教育国际化政策是伴随日本高等教育发展而不断得到强化的。在整个过程中，国家意图和主导倾向明显。具体表现为国家的相

① Akiyoshi Y. Japanese University Leader's Perceptions of Internationalization：The Role of Government in Review and Support［J］. Journal of Studies in International Education，2009（13）：125－142.

关政策不断为高等教育国际化创造良好的政策环境（见表4－6）。

表4－6　日本高等教育国际化相关政策

文件名称	年代	部　门	形式	政策目标
《所期望的人》	1965	中教审	报告	首次提出教育国际化思想
《关于教育、学术、文化的国际交流》	1974	中教审	报告	要求日本推进国际性的启蒙教育和国际理解教育
《关于21世纪留学生政策的建议》	1983	21世纪留学生政策委员会	报告	“引进10万留学生计划”
《日本临时教育审议会报告》	1986	临教审	报告	促使大学课程和教育方法的国际化
《发展国际间的理解和合作——通过各种教育、科学、文化和体育活动》	1988	文部省	报告	概述增进国际间的理解和合作的有关策略以及在教育、科学、文化、体育方面的规定
《新时代的研究生院教育》	2005	中教审	报告	要求各大学研究生院实现研究生教育的实质性发展
《研究生院教育振兴施策纲要》，《研究生院设置基准》	2006	文部省	政策	要求学校的培养纲领要明确硕士课程、博士课程的人才培养目标
《研究生院设置基准》	2007	文部省	政策	进行研究生教育改革

资料来源：根据相关材料编制。

日本高等教育国际化政策主要涉及的内容可以概括为如下几个方面。

第一，确立新的国际化人才教育目标。针对全球化和知识经济时代的到来，日本政府亟待通过教育，尤其是高等教育来培养具有国际视野的日本人——世界中的日本人，彻底改变日本人封闭的形象。如在“二战”后出台的比较有影响的两份报告《所期望的人》（1965年）和《中教审报告》（1966年）中，对未来社会所需要的人才规格做了较为详细的描述：“战后的日本人是放眼世界……处于世界政治和世界经济之中的当今的日本人必须充分地面向世界，应付世界的复杂形势，日本人应当做世界通用的日本人，认识日本使命的日本人。”“处于世界政治和经济之中的当代日本人，必须充分地面向世界，应付世界的复杂形势……日本人应当做顺应世界潮流的日本人……唯有真正好的日本人，才能成为真正的世界人。”

伴随全球化和知识经济影响的深入，在20世纪80年代，日本政府进一步强化了这种新型的人才观，明确提出“要培养世界通用的日本人”和“培养在国际社会中被信赖和尊敬的日本人”，如日本临时教育审议会报告就有这样的描述：“只有做一个出色的国际人，才能做一个出色的日本人，在国际社会中要想生存下去，除了牢固掌握日本文化外，还应该对各国的文化和传统加深理解。”在教育国际化中还提出了具体的培养目标：要求学生“懂技术、通外语、会经营管理，具有较强的国际意识，通晓国际贸易、金融、法律知识，能够适应国外工作和生活环境”①。

第二，重视国家与国家之间的文化和教育交流。为了培养出具有国际视野的日本人，日本政府将促进国际间的人才和知识流动作为实现教育目标的重要手段和途径。早在明确提出教育国际化战略之前，日本文部省在20世纪50年代就已经开始恢复教育和文化交流工作，开始陆续派遣国立大学教员出国进修。20世纪60年代后期又制定了几个选派留学生的制度。此后，日本出国留学的学生逐年增加。20世纪70年代初每年约5 000人，70年代中期增至10 000人，20世纪80年代初期则达20 000人。1974年，中教审发表《关于教育、学术、文化的国际交流》的咨询报告，要求日本推进国际性的启蒙教育和国际理解教育，正式以文件形式发表《国际化时代的教育、学术、文化、体育等国际交流的基本方案》。进入20世纪80年代，开始加快推进高等教育国际化进程，在前首相中曾根康弘的倡导下，1983年，日本成立“21世纪留学生政策委员会”（COSP），提出一份《关于21世纪留学生政策的建议》的报告，从长远的观点阐明了留学生交流对提高接收双方的教育与研究水平，促进双方的相互理解与合作的重要意义，并筹划到21世纪日本将接收10万名外国学生，即著名的“引进10万留学生计划”。这一计划使日本的高等教育国际化从理念向具体行动迈进了一大步，对日本的高等教育国际化具有巨大的推动作用。

第三，将高等教育国际化上升为国家发展战略高度。如前所述，由于经济上的快速发展，日本谋求政治强国的心情越来越迫切，试图利用高等教育优质资源实现国家战略的意图也愈加明显。进入21世纪，日本政府将推进

① 吴忠魁．日本教育改革的战略设想——临教审教改最终报告述评［J］．比较教育研究，1988（3）：42.

高等教育国际化作为一种重要的国家战略加以考虑。如安倍晋三（2006—2007 年）政府，提出通过建立开放的日本社会以保持日本在亚洲的领导地位，具体内容包括将高等教育国际化列入议事议程；再如福田康夫（2007—2008 年）政府试图将教育作为一种外交工具加以利用，实施吸引 30 万留学生政策，选择 30 所国际化程度较高的院校，力求建成“全球性大学”（Global 30），积极推进亚洲的“ERASMUS”计划。麻生太郎政府（2008—2009 年）提出，继续强化中教审的职能，制定增强高等教育竞争力和国际化战略，目的在于应对经济危机，提高日本的国际领导地位①。这些政策倾向都清晰地表明，日本已经开始将高等教育国际化作为一项国家战略性的政策加以考虑。

第四，高等教育国际化从“符号式的”的定义和表述变成“可操作性的”行动和策略，成为日本高等教育改革的出发点和归宿。1986 年，日本临时教育审议会（简称临教审）在年度第一份咨询报告中指出，要对高等教育实行一场实质性的改革，核心内容是促使大学课程和教育方法国际化，采用国际通校历，转学和入学制度的国际化，建立完善的学分互换制度，增加吸收国外优秀教师的数量，鼓励日本学生出国留学，以便让外国留学生获得更多的留学学习机会等。1988 年，日本文部省发布了题为《发展国际间的理解和合作——通过各种教育、科学、文化和体育活动》的报告，概述了增进国际间的理解和合作的有关策略以及在教育、科学、文化、体育的国际化方面应该做出的努力。1991 年，日本大学委员会发表宣言指出：“在知识社会里，知识具有超越国界的特性，必须注重培养学生在知识信息高度膨胀背景下的国际适应能力。”1995 年，日本文部省编写的《教育白皮书》指出：“为增进国际理解、确保世界和平与国际社会的稳定，必须继续有计划地推进教育、文化、体育领域内的交流与合作，建立国际信赖关系，并且进一步对外开放。”为了把大学办成对世界有贡献的教育研究据点，根据学术研究进展情况进行教育研究，向世界提供具有独创性的研究成果，并且培养在国际社会中活跃的人才。对于今后学术政策的方向，1995 年度的《教育白皮书》指出：“为了在国际社会中发挥必要的作用，至关重要的是，把学术研究作为对未来提前进行的投资，同时，对于以大学为中心的学术研究工作应该进一步充实和振兴。大学应该确保并且继续提高其学术基础，还应该把培养优秀研究人员和多方面人才作为使命予以充实和振兴。此外，改善大

① Akiyoshi, Y. The Internationalization of Japanese Higher Education: Policy Debates and Realities [J]. Nagoya Higher Education Research, 2009 (9): 199-219.

学的学术研究条件亦是当务之急。”同时，提出促进国际学术交流的建议与措施。1994年7月，“科学技术学术审议会”在“关于推进国际学术交流”的建议中，提出三点建议：（1）对具有国际高水平的国内研究基地进行调整；（2）调整、充实接受国外研究者的体制；（3）进行国际学术交流。文部省在1995年的《教育白皮书》中特别指出，大学应该积极促进交流活动。具体内容包括：①为改善接受和派遣教师、学生的经济条件，校方在经费上应予以资助；②实行全额工资半年休假制度，派遣更多的教师到国外讲学及从事研究工作；③为迎接频繁召开的国际科学讨论会，并使日本在会议上起主导作用，各大学应该加强交流与合作；④设置专门进行国际交流的组织，并且配备具有国际化思想的职员，进一步改善涉外机构和提高涉外人员的水平。由此可见，高等教育国际化成为日本高等教育改革的方向和指南，也成为提升日本研究型大学竞争力的基本手段和途径。

二、高等教育国际化战略方面的主要政策

（一）从“引进10万留学生计划”到“吸引30万留学生计划”

“引进10万留学生计划”（简称“10万人计划”）和“吸引30万留学生计划”（简称“30万人计划”）是日本政府在20世纪80年代和21世纪初实施的两个既有政策联系性，又有相对独立性的促进学生流动的政策举措。

“10万人计划”是1983年21世纪留学生政策委员会（COSP）在《关于21世纪留学生政策的建议》报告提出的一种政策建议，即到2000年时，日本在全球范围内，尤其是亚洲地区接收10万国际学生，而彻底改变日本给世人造成的高等教育的国际化程度不高的印象。报告还建议采取一些有效的新政策，以确保这项政策得以实现。其政策建议的主要包括以下内容。

第一，增加公共经费，鼓励高等院校发展留学教育。日本政府将陆续发放1万个日本政府全额奖学金，金额为每月179 500日元（约1 190.00美元），高校为留学生提供的奖学金数每月是136 500日元（约910.00美元），外加一定数量的旅费与研究费用。此外，高校还提供900个减免学费名额。根据日本文部省网站信息，学生类型不同，文部省奖学金资助的年限也略有不同（见表4-7）。为了鼓励私立院校参与吸引计划，政府也予以积极鼓励政策，如给那些减免外国留学生学费和为留学生扩建宿舍的私立大学财政补贴。

表 4－7　按照留学生身份予以的经济资助年限

学生类型	年　限
研究留学生	2 年
教员研修留学生	1.5 年
学部留学生	5 年
日本语、日本文化研修留学生	1 年
高等专门学校留学生	3.5 年
专修学校留学生	2.5 年

第二，采取多种形式资助国际学生和研究人员。为此，日本政府出台了许多优惠政策，具体措施包括：①在国立大学设置留学生宿舍，以低于市场租房价格租给享受政府奖学金的留学生和正式交流人员；②设立“育英奖学金”向一些自费留学生（本科生和研究生）提供部分财政支持，或向租用私房的留学生提供部分补助金；③为留学生扩建、设立和提供住房、宿舍的公共服务组织、地方政府和其他社团（指那些为留学生提供资助的商业企业协会）提供资助和实行减免税政策；④向原日本政府资助、现已学成回国的外国留学生提供“善后服务”，邀请他们回日进行三个月的继续研究，等等。

第三，改进日本语的教育与管理。具体内容包括：（1）加强对留学生进行留学前和留学初期的日语培训。例如，日本政府每年派出 50 名日语教师到中国和马来西亚两个国家对即将赴日的留学生实行日语强化训练和赴日前预备教育；由国际交流基金派出约 150 名日语教师，到日本大学协助实施日本语言教育；由国际交流基金资助编写日语教材等；（2）加强日本国内大学的日语教育。由于享受政府奖学金的留学生（包括一些自费生）到日后，还需在 10 所国立大学中接受半年至一年的日语培训，方可到指定的大学学习，所以日本政府要求一些大学重视日语培训课程开发。1987 年文部省委托 88 所大学开设了相关课程，到 1989 年，这个数字增至 131 所；（3）学位授予体制的国际化。原来在日本某些领域学习的留学生，尤其是在人文社会学科，即使完成了博士水平的课程，大部分也不能获得博士学位。这种情况已引起人们广泛的批评。因此，日本文部省和“21 世纪留学生政策委员会”极力建议并积极鼓励对学位授予制度进行改革等。

“10 万人计划”极大地促进了日本留学生教育发展，政策实施的第一年

（1983 年），正在日本各类高等院校留学人员的数量首次超过 1 万人，1987 年达到 2 万，1990 年已经达到 41 347 人，几乎是 1974 年（5 933 人）的 7 倍。但是，日本并没有在预定的时间内完成“10 万人计划”，这为日本进入 21 世纪进一步强调实施高等教育国际化战略提供了反思和改革的动力。

“30 万人计划”是 2008 年日本前首相福田康夫在施政演说上提出的一项新的高等教育国际化政策，内容是：日本将大力发展留学教育，将在日学习的国际学生数从 2007 年的 7.5 万人增加到 2020 年的 30 万人；具体保障措施包括六项：（1）吸引外国学生赴日留学，并帮助他们树立正确的留学动机；（2）改善入学考试、入国签证等方面的标准，简化赴日手续，使赴日留学渠道畅通；（3）建设具有吸引力的国际化大学。选定 30 所大学作为推进国际化的据点进行重点建设；（4）要大幅度增加用英语授课的课程，积极推进交换生项目、短期留学项目，促进学生的流动性，加强大学专门组织体制的建立，增加外籍教师等，通过保证教学质量提高大学在国际上的影响力；（5）创造良好的环境，使学生能够安心地学习和生活。要求大学加强与各有关机构的联系合作，对赴日一年以内的学生提供住宿，改善公费留学生制度，增加对留学生生活的支持力度，充实国内的日语教学，推动地方和企业与留学生的交流等；（6）推动留学生毕业后的就业工作。为了建立国际化的日本社会，需要吸引并雇用外国留学生在日就业。企业、学校、政府要协调一致，加强合作，接收和支援留学生的就职工作，包括修改在留期限等，推进全社会接收留学生的工作，加强留学生回国后的联络等。这一计划的出台引起了国际社会的广泛关注。

对比“30 万人计划”与“10 万人计划”可以发现，两者之间有很多相似之处，也有很多不同（见图 4－3）。首先，从社会背景上看，前者处于从技术型到创新型社会转型时期，“二战”后的日本亟待得到国际社会，尤其是亚洲国家的理解和对其文化的认同；而后者处于全球化和知识经济的鼎盛时期，高等教育国际化成为一种不可阻挡的趋势，高等教育竞争在全球院校中展开，尤其是在日本进入老龄化和少子化后，生源不足直接威胁日本大学，特别是私立大学的生存；从导火索上看，“10 万人计划”是就国际社会对日本高等教育国际化程度不高做出的一种被动的选择和回应。而后者是日本追求自身高等教育卓越、保持在世界的领导地位的一种主动变革。从结果上看，“10 万人计划”没有在预订的时间内完成指标，但极大地促进了日本的国际化发展；“30 万人计划”后果如何还很难预测。事实上，福田政府下台后，加上经济不景气，民主党政府已经放缓了对这项政策的执行力度。尽

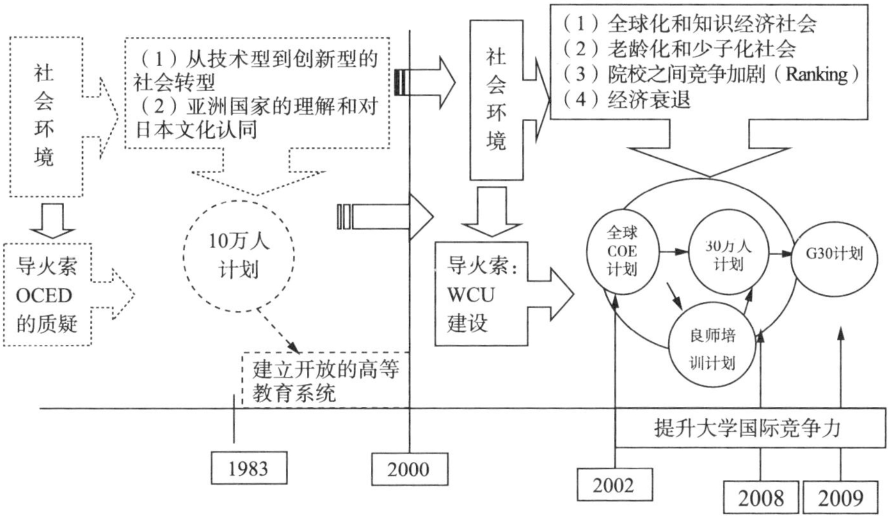

图4－3　新旧大学国际化战略（政策）的比较分析

管如此，“30 万人计划”以及日本在新世纪出台的一系列高等教育国际化战略都会产生积极的影响。

（二）从“远山计划”到“COE 计划”

首先，“远山计划”是 2001 年 6 月由日本文部省向国会提交的一份关于独立行政法人化改革的计划。该计划于 2004 年获准正式实施。当时的文部省大臣是远山敦子，所以这一方案又有“远山计划”之称。远山计划目的是建议从国立、公立、私立大学中选出若干所大学作为重点支持对象，将之建成世界最高水平的研究机构，成为世界“顶尖级大学”①。虽然远山提出的建议虽然没有马上得到响应，但文部省还是决定从 2002 年度起，实施一项称为“21 世纪 COE 计划”的项目（见表 4－8）。“COE”是“Center Of Excellence”一词的缩写，意为“卓越的基地”，因此，这个项目也称为“21 世纪卓越研究据点计划”。文部省出版的《21 世纪 COE 计划》文件的前言指出，实施该项计划的基本目的就是为提高研究水平、培养世界顶尖的创造型人才，在日本的大学中建立若干以学科方向为基础的世界最高水平的研究教育基地，

① 张晓鹏．日本的“大学结构改革”：进展、背景及意义［J］．复旦教育论坛，2003（2）：64.

由国家提供重点财政资助，旨在建设特色鲜明的、具有国际竞争力的大学①。因此，“远山计划”是COE计划不可分割的组成部分和动因之一。

表4-8 获“21世纪COE计划”立项的大学排名相关学科分布

排名	大学名称	基地数量	基地内容（简称）				
			生命	化学	信息	人文	交叉
1	东京大学	11	3	2	2	3	1
2	京都大学	11	2	2	2	2	3
3	大阪大学	7	2	2	1	1	1
4	名古屋大学	7	2	2	2	1	0
5	东北大学	5	1	2	1	1	0
6	庆应大学	5	1	1	1	1	1
7	早稻田大学	5	0	1	1	2	1
8	东京工业大学	4	1	2	1	0	0
9	九州大学	4	1	1	1	1	0
10	北海道大学	4	1	0	1	1	1

资料来源：杨栋梁．日本推行高等教育改革的新举措——《21世纪COE计划》评述［J］．日本学刊，2003（5）：122.

其次，“COE计划”是2002年根据远山的提议启动的一项促进大学科学研究和教育国际化水平的政策。类似于中国的“211工程”、“985工程”和韩国的“BK21计划”。

“COE计划”资助的对象主要是研究大学，主要指国立、公立、私立大学开设研究生院博士课程或同等水准的研究机构。采取学校申请、自评与专家评审相结合的办法，遴选研究基地。对于遴选上的中心，政府原则上给予5年的连续资助，预算额度为每个据点每年1—5亿日元。

2002年7月，计划正式启动。首批受理了包括生命科学、化学及材料科学、信息及电气电子学、人文科学、交叉学科及新领域在内的五大学科群的申请，首批资助总金额为167.43亿日元②。之后，计划连续执行了3年，2004年对前三批执行情况进行了评审，结果发现，国立大学在申请数、批

① 杨栋梁．日本推行高等教育改革的新举措［J］．日本学刊，2003（5）：122.

② 吕可红．日本新一代大学启动——当前日本大学改革初探［J］．外国教育研究，2004（9）：9.

准数以及申请通过率上均占有压倒性优势。据统计，提交申请院校总数为464 项，其中国立大学 76 所 283 项，私立大学 66 所 143 项，公立大学 21 所 38 项。批准立项数为 113 项，其中国立 84 项，私立 25 项，公立 4 项。同时还发现，虽然有 163 所院校提交了申请，最后立项的 113 个基地却被 50 所大学所瓜分，这说明基地的分布相对集中，评审结果比较客观地反映了当前日本高等院校的实力和地位。显然，“21 世纪 COE 计划”主要是针对研究型大学建设，为提高日本大学科研国际水平所采取的资助政策。

基地评审的结果还表明，东京大学和京都大学的立项数遥遥领先。不过，从学校规模、以往国家资金的投入等多种因素考虑，京都大学、东京大学的表现并不理想。大阪、名古屋、东北三所国立大学的表现非常不错，立项数甚至超过私立大学中最好的两所院校——早稻田大学和庆应大学。有 10 所大学获得资助金额最大（详见表 4 –9）。

表 4 –9　“21 世纪 COE 计划”资助额前 10 位的大学

排名	大学名称	院校性质	受助金额（亿日元）
1	京都大学	国立	19.58
2	东京大学	国立	18.53
3	大阪大学	国立	12.56
4	庆应大学	私立	9.31
5	东京工业大学	国立	7.51
6	东北大学	国立	7.27
7	名古屋大学	国立	7.16
8	九州大学	国立	6.50
9	北海道大学	国立	5.79
10	早稻田大学	私立	5.62

资料来源：杨栋梁．日本推行高等教育改革的新举措——《21 世纪 COE 计划》评述［J］．日本学刊，2003，5：122.

（三）从“全球 COE 计划”到“G30 计划”

2007 年度开始，日本政府启动新一轮的“21 世纪 COE 计划”，更名为“全球 COE 计划”（Global COE Program）。其目的是为了进一步充实和强化研究生院的教育研究机能，并在世界最高水准的研究基础上培养引领世界潮流的具有创造力的人才，重点支援创建卓越的国际性教育研究基地，并以此推动更加具有国际竞争力的大学的建设。“全球 COE 计划”分别于 2007 年、2008 年、2009 年进行了各年度卓越研究基地的申请和评审工作，重点资助的学科领域与“21 世纪 COE 计划”基本相同。在日本执行新一轮 COE 计划的同时，日本前首相福田康夫提出了“30 万人计划”，开始实施新的高等教育国际化战略。文部省的工作重点也开始转移到如何保证“30 万人计划”顺利实施方面。2008 年，文部省出台了一项名为“核心大学国际化战略”计划，主要内容就是在 2009 年到 2013 年选择 30 所大学国际化基础较好的院校，重点投入建设，将之打造成为高等教育国际化中心。这个计划又称为“全球 30 计划”（Global 30，简称“G30 计划”）。这个计划与吸引 30 万留学生计划是一脉相承的。实施这个计划的主要目的有二：一是增强日本高等教育的国际竞争力；二是提供高质量的教育课程，更多地吸引国际学生来日学习。具体内容包括：第一，在国立和私立院校中选择 30 所核心院校，予以重点投入和建设，首次命名了 13 所大学（见表 4－10）。

表 4－10　首批被命名为国际化中心的 13 所大学及其海外办事处

国　立	海外中心所在城市	私　立	中心所在城市
东北大学	俄罗斯的莫斯科和新西伯利亚	庆应大学	
筑波大学	突尼斯的突尼斯市	上智大学	
东京大学	印度的海得拉巴	明治大学	
名古屋大学	乌兹别克斯坦的塔什干	早稻田大学	德国的伯恩
京都大学	越南的河内	同志社大学	
大阪大学		立命馆大学	印度的新德里
九州大学	埃及的开罗		

表 4－11　日本部分高校英文学位课程开设情况

学　校	本科（门数）	研究生（门数）	学　校	本科（门数）	研究生（门数）
北海道大学	3	11	庆应大学	1	2
筑波大学	3	6	上智大学	2	2
东京大学	2	17	明治大学	1	2
名古屋大学	5	9	早稻田大学	5	9
京都大学	1	19	同志社大学	1	7
大阪大学	2	4	立命馆大学	2	3
九州大学	5	33			

第二，全力打造国际化高等教育环境，计划规定：（1）被选院校要开展英语教学，授予用英语完成论文的学位，同时开发英语教学材料和培训英文授课教师；日本计划在5年内，建成以英语为教学媒介的33门本科学位课程和123门研究生学位课程（见表4－11）。与此同时，全球公开招聘和任命教师，提倡英语教授专业课程；（2）进行留学生教育改革，不断改善接受国际学生的环境，例如改革入学考试制度，允许外国学生在境外参加考试，使之能在赴日前取得入学许可；（3）开展国际合作。日本政府对开展国际，尤其是与东亚地区间的高等院校合作态度积极。日本前首相鸠山由纪夫（Yukio Hatoyama）曾经提出一项旨在加强东亚地区质量评估的大学交换计划。2010年，中日韩大学交流委员会在东京成立，同年4月“亚洲校园计划”（Asian Campus Program）正式启动，该计划旨在促进东亚地区学生和教师之间的合作与流动。2011年，“亚洲校园计划”已经试探性地开始实施。2011年3月，东京举办了中日韩大学交流研讨会。讨论的议题主要包括：质量认证框架下促进大学交流的问题及其相关对策；建立学分认可系统、联合开发课程、建立大学网络和认证机构；加深对双边各国认证框架和制度的理解；从大学交流的角度看东亚社会的理念等。这一系列活动都旨在加强亚洲，尤其东亚地区高校之间的合作与交流；（4）开展学生交换计划等。例如，2003年到2004年的“学术前沿学科学生交流促进项目”（Academic Frontiers Student Exchange Promotion Program）主要是针对日本大学生和那些日本大学合作伙伴的研究生的一个交换项目，目的是培养未来的研究者使之接触世界级的学术前沿，从而提高国家未来的研究能力与水平。又如“年轻领导者项目”（Young Leadership Program，YLP），是为了培养亚洲和其他国家的未来领导者，同时加深参与此项目的学生对日本的理解，有利于建立一个国家领导者网络，有利于亚洲国家之间建立良好的关系。其目的也是培养和吸引世界优秀人才。从2001年开始，到日本留学的学生数量增长速度加快，到2009年5月，入学人数达到132 720人，其中欧洲4 033人，占总数的3%；中东地区923人，占总数的0.7%；非洲1 159人，占总数的0.9%；亚洲122 464人，占总数的92.3%；大洋洲516人，占总数的0.4%；北美2 575人，占总数的1.9%；南美1 050人，占总数的0.8%。（5）加大教育经费投入，设立海外入学服务中心，直接方便留学生申请入学。有资料显示：2009年海外机构接收留学生方面的宣传以及机构设置支持经费预算为7亿日元；完善接收留学生的环境经费预算为420亿日元，占总预算的96.7%。目前13所大学中已经有8所在7个国家的9个城市建立这样的中心①。

三、相关配套政策和制度环境的创立

日本实施国际化战略目的在于建设全球性的研究型大学，有关国际化战略本身不过是其中一部分内容。实施全球性研究型大学建设是一个复杂和庞大的工程。有人称之为“彩虹工程”，又称“日本教育新生计划”。

所谓“彩虹工程”，是日本进入21世纪之后，在高等教育改革与发展方面采取的重大的战略性选择，是对日本高等院校进行的一次系统性的全面改造。这次改革目的就是要全面提升日本大学的国际竞争力，适应科学技术迅猛发展、经济的全球化、政治多极化、文化多样化和教育国际化给整个社会所带来的重大的变化。最初提出该项改革计划的是一个由社会各界人士组成的首相私人咨询机构——“教育改革国民会议”。2000年12月，该机构发表了一个著名改革咨询报告——《教育改革十七项提案》。该报告发表后，受到日本政府的高度重视，2001年1月，日本文部省很快就以文部科学大臣的名义发表了《21世纪教育新生计划》（也称“彩虹计划”，或简称“新生计划”），将2001年确立为“教育新生元年”，从而进行大刀阔斧的教育改革。

“新生计划”包括经济结构改革、高龄化社会对策以及教育改革三项主要国家政策。其中教育改革政策是以实现“日本的复兴”为目标，以加强包括终身教育、学校评价、教师教育、高等教育、教育理念等七个领域建设为战略重点。教育改革是全方面、全方位、全系统的改革工程，其中涉及高等教育，尤其是高等教育国际化和全球性研究型大学，主要包括如下几方面的内容。

研究型大学建设是21世纪日本高等教育的重要战略选择（见图4-4）。这种选择的诉求在于将日本大学打造成世界级的一流大学。除了实施具体的高等教育国际化政策和措施之外，其他方面的改革也都与国际化战略发展具有紧密的相关性。几个方面改革的叠加，共同支撑了日本高等教育国际化和全球性研究型大学建设的目标和诉求。下面我们就各个计划的主要内容逐一分析和介绍。

---

① Kato, S. Japan's Higher Education Reform in Globalization Era [R]. Lecture PPT at Graduate School of Eduction, Peking University.

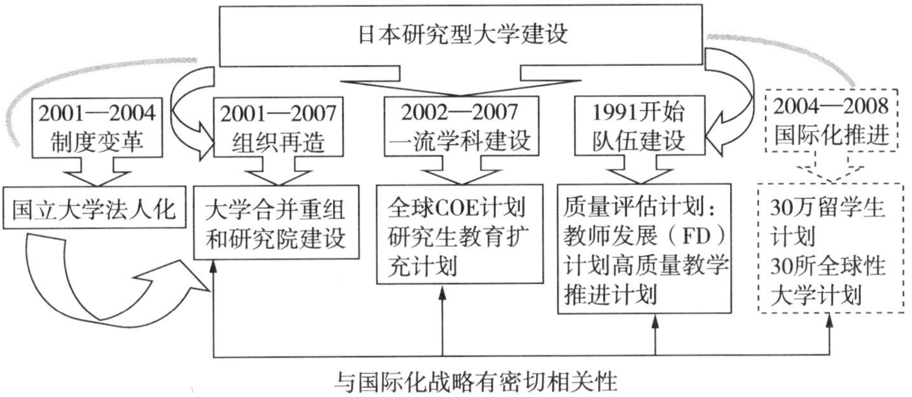

图 4－4　日本研究型大学建设路线图

（一）国立大学法人化改革（2001—2004 年）

所谓国立大学法人化，就是将现有的属于国家行政组织一部分的国立大学变成独立行政法人，也就是将国立大学民间化，使国立大学从国家行政组织中脱离出来，赋予国立大学在运营与管理上有高度的自主、自律性权利并强化其自身面向社会服务的责任，给予国立大学独立的法人资格，成为如同自然人一样具有自身权利和义务的独立主体，减少国家行政部门的干预与统治，营造大学间相互竞争的环境，形成个性化、活性化的大学。从本质上看，国立大学法人化改革是日本的一次制度性变迁。

第一，从国立大学法人化改革的历史进程上看，国立大学法人化的问题，早在 1971 年中央教育审议会的报告中就已提出来了，并在 1987 年 4 月临时教育审议会的报告中被再次强调。但这一时期大学法人化问题还仅仅停留在理论层面，没有进入实质操作阶段。直到 1997 年日本开始实施国家行政改革，它才被政府作为亟待解决的政策课题正式提出来。1999 年日本政府又提出把大学的独立行政法人作为大学改革的一环进行探讨。从 2001 年 4 月开始，将包括内阁府在内的中央各省厅直属的近 89 所机构变成独立行政法人，在 2003 年就国立大学独立行政法人化问题做出最终结论。2004 年 4 月 1 日，日本所有的国立大学全部实行改制，由国家行政单位改为大学法人，由此完成日本高等教育史上划时代意义的改革①。

① 赵永东．日本国立大学结构改革的原因简析［J］．现代教育科学，2004（3）：26.

第二，从改革的背景和起因上看，可归纳为三方面：（1）国立大学符合日本政府规定的实施独立法人制度的对象界定；（2）由于日本设立独立行政法人的根本目的在于精减国家行政机构。自20世纪90年代以来日本政府已裁减国家公务员近135 000左右。其中包括占国家公务员总数近16%的国立大学教职员。（3）大学的法人化就是要进一步提高运营效率，确保管理的透明度，培育具有世界教育与研究水准的大学，以此引导整个高等教育系统的革新①。

第三，从本次改革的主要目标和内容上看，达到三个目标的日本国立大学改革主要目标可以归纳为：（1）努力建成具有世界教育研究水平、个性丰富的大学，以国立大学法人化改革为契机；（2）建立重视国民需要或社会“问责制”（Accountability）与引入竞争机制的国立大学；（3）通过大学经营责任明确化，实现灵活和富有战略性的大学经营②。

第四，从采取相应的具体措施上看，主要有三项大的内容：（1）推进国立大学的调整和合并；（2）将企业或民间经营手法引入国立大学。即在大学管理人员或管理机构中聘用校外专家；通过大学经营责任明确化，机动灵活、富有战略性地经营和管理大学；打破论资排辈的做法，主要根据能力和业绩等评估标准，在大学中引入新的人事制度；分离或独立分化部分国立大学的职能，例如，将大学的附属中小学校以及各种专业学院（Business School）独立于大学之外；（3）在大学中引入第三方评价机制，第三方评价机构既不直接隶属于政府，也不完全由大学教师或研究者等学术人员支配。通过第三方评估，在全国约650所国公立高等院校中选择30所最高水平的大学予以重点建设和投入。文部省从2002年开始，在约650所国立、公立、私立院校中选定30所大学，在原有财政支出基础上，5年内连续每年追加1—5亿日元财政拨款，从资金上保证30所大学在教学和科研等方面，达到最高学术水平③。

第五，从改革的效果上看，改制导致国立大学出现许多新变化，具体表现为：（1）大学法人化改革将使大学的运营机制、组织结构、教学与研究管理、财务人事等方面发生重大变化。（2）增强了国立大学之间的竞争意识。由于今后日本的高等教育面临着“少子化”的巨大挑战，生源不足，

---

① 宋志勇．日本国立大学的法人化改革［J］．日本学论坛，2005（1）：28－29．

② 黄福涛．日本国立大学结构改革的现状与趋势［J］．比较教育研究，2002（10）：32．

③ 同①，33．

招生困难，水平低下的大学将面临破产危险。例如 2003 年，日本私立性质的立志馆大学倒闭。这是“二战”以来日本第一所倒闭的四年制本科大学，整个事件震动日本高等教育界。为此，各大学普遍提高了竞争意识，争取在今后的发展中争上游，不掉队。尤其是处于中下等地位的国立大学，对于大学的存亡有较强的危机感，更是想方设法争取发展空间。各大学的竞争意识表现在大学之间和教职员之间两个层面：在大学之间，各大学对自己的大学的体制进行了大幅度的调整，对科研、学科设置、产学结合等做了新的具体的规划。（3）国立大学开始重视办学资金的筹措。国立大学法人化后，学校和校长最为头疼的是筹集办学经费。根据改革法案，国家对国立大学的拨款将在今后 5 年每年减少 1%，也就是说，等到中期规划验收时，国家拨款将减少 5%，这是一个庞大的数额，而且如果实现不了中期目标，国家的拨款还将进一步减少，没有钱就没法办学。因此，如何确保今后的办学经费成为所有国立大学领导层特别是校长的头等大事，国立大学的校长已经开始被称作“社民”，想方设法筹钱，由于国家限定了今后 6 年国立大学的学费上调幅度不超过现在学费的 10%。

（二）大学合并与组织内部再造（2001—2007 年）

大学合并几乎是伴随国立大学法人化改革同时进行的，但其酝酿和准备时期可以追溯到 20 世纪 90 年代，其最主要的表征就是对《大学设置基准》法规的修改。《大学设置基准》是日本政府对高等学校进行管理的重要法规，是“二战”后初期日本政府仿照美国的高等学校评价制度制定的。但是在实施的过程中，这种基准认定制度实际上发生了质变，变成设置许可制。在这种制度框架下，大学设置和评估直接由中央政府——文部省控制，尤其是对国立大学，文部省的各项规定都非常详细。除了对高等院校应该具有的设施、设备等硬件条件加以规定之外，还对大学课程的设置、学分、学期、教师组织等软件条件进行了规定，使高等学校在具体的教学和研究活动中缺乏自由的空间。针对这一情况，日本政府于 1991 年开展了《大学设置基准》的“大纲化”改革，也就是改变《大学设置基准》对大学办学条件和课程设置等硬件和软件两方面过细的规定，要求用粗线条的大纲去原则性地规范大学。同年，新的《大学设置基准》出台，与旧的相比，新基准做了如下改动：

——改革课程设置上的变化。旧的《大学设置基准》规定大学的教学科目要分为一般教育科目（即通识教育，分为人文、社会和自然三大领域)、外语科目（两门以上）、保健体育科目和专业教育科目，毕业条件是修满 124 学分，各类教学科目的必修的学分数也都有详细的要求。而“新基准”规定各个大学可以根据自己的实际情况自主地进行课程设置，只规定需要必修的总的学分数，不再规定学分的细目，而且在学分的换算方面有一定的自由度。

——实行四年一贯制教育。按照旧的《大学设置基准》，大学的前两年进行一般教育，后两年进行专业教育，而“新基准”则消除了一般教育和专业教育的界限，由大学自主决定如何开展一般教育与专业教育相协调的四年一贯教育。

——各个院校内部组织。“新基准”颁布之后，全国各大学担任一般教育任务的机构——“教养部”（教师组织）基本上解体或被改组，造成由一般教育课程专任教师组成的团体不复存在。根据文部省的资料，1991 年有 30 所大学的教养部变成了新的学部或新的研究科，或被别的学部吸收。与此同时，许多大学开始将过去划分的由“学科系列”（人文科学、社会科学、自然科学）组成的一般教育改革成按“主题”（如人类、环境、信息等）划分的新的教养教育。除了课程设置和教学方面的内容以外，“新基准”还对学位、教学与研究组织、教师组织等方面进行了调整。“新基准”为大学的发展创造了自由的环境，为每个大学开展各具特色的改革奠定了基础。

进入 21 世纪，日本开始了新一轮的大学组织改造。其目的是要使日本高等教育在激烈的竞争环境中成为国家发展活力的源泉，并保证高等教育本身具有强大的国际竞争力，因而最大限度地利用教育资源、提高办学效益成为当前紧迫的课题。为此，国立大学的再编与统合被列为近期高等教育改革的重点。

所谓“再编与统合国立大学结构”，就是指由政府指导，根据不同大学和不同领域的实际情况进行合并重组，实现“强强联合”的效果。2004 年，日本实施国立大学法人化改革运动，其中一项重要的改革措施就是将现有的 99 所国立大学进行适当整编合并，组建 86 个国立大学法人，将 15 处大学共用设施合并为 4 个大学共用法人，即人类文化研究机构、自然科学研究机构、信息研究机构和新能源加速器研究机构。将国立大学附属的学校、商学院等从大学分离出去，使其成为独立的法大学校。从 1999 年到 2009 年 10 年间，日本 4 年制大学的数量减少 13 所，国立短期大学减少 17 所，国立研究院减少 14 所，相应的公立和私立四年制大学的数量却增加 131 所，公立和私立研究院增加 137 所，而短期大学数量整体减少，10 年间共减少 171 所[①]（见表 4－12）。当然，国立大学的再编与统合并不是简单地以减少大学数量为目的，而是从大学的内部在根本上予以改革，从而促进大学教育与研究的发展。

表 4－12　日本 4 年制以上大学数量变化情况

院校类型	四年制本科大学			
属性 / 数量 / 年份	国立	公立	私立	全部
1999	99	66	454	619
2009	86	75	576	737
数量变化	－13	9	122	118
院校类型	研究生院大学			
属性 / 数量 / 年份	国立	公立	私立	全部
1999	99	45	319	463
2009	85	68	433	586
数量变化	－14	23	114	123

在新一轮的大学内部组织再造过程中，不论是原来院校，还是合并院校都将研究生院的建设作为改革的重中之重。研究生院重点建设计划也是这个时期日本大学组织再造的重要内容。从历史上看，日本研究生教育制度是按照美国研究生教育模式建立起来的，其主要依据是 1947 年的《学校教育法》、1949 年的《研究生院设置标准》和 1953 年的《学位规则》等相关法律法规。与美国研究生教育管理所不同的是，在发展过程中，日本政府非常严格地控制研究生院的数量发展。根据规定，只有在大学中才能成立研究生院，从事研究生的培养，研究机构被排斥在外。然而，伴随经济社会的发展，原有仅仅依靠研究型大学培养研究生的模式已经无法满足日本经济社会与高等教育发展的需求，亟待改革和发展。1987 年，日本文部省正式成立了由 20 名委员组成的大学审议会。该机构的委员多是著名大学的校长、教

① Kato, S. Japan's Higher Education Reform in Globalization Era [R]. Lecture PPT at Graduate School of Eduction, Peking University.

育管理专家及有名望的企业家。1988 年，审议会提出了《关于研究生教育制度的弹力化》等有关研究生教育改革的七项报告，提出要对研究生教育的体制、学位制度、教育评估、扩大规模、提高质量等方面进行全面的改革和再造。七项报告的核心思想是：除了继续加强在现有大学的研究生院建设之外，还应该允许在现有体制和组织之外成立一种新的研究生教育机构，并使之制度化。这种新的研究生教育机构主要依托大学以外的研究机构而建立。这种机构不设本科教育课程，只设硕士和博士教育课程。日本学术界将这种机构称为“研究生院大学”。

政府很快就批准了这一建议，于是日本的第一所国立研究生院大学于1988 年成立，名为“综合研究研究生院大学”。该校只设博士生课程，有 4 个研究学科（文化科学、数物科学、生命科学、先导科学）、18 个专业方向，由分布在日本各地的 14 个国立研究机构联合组成。之后，这种新型的研究院大学模式在日本纷纷建立。但是由于传统和历史的原因，这种新型研究院大学模式在日本发展的速度较为缓慢。研究生培养主要还是依靠大学来进行。

2007 年，日本政府要求各个大学根据修订的《研究生院设置基准》的新规定，结合自身情况进行研究生教育改革，这项改革被赋予一个非常响亮的名头——“研究院教育改革推进计划”。为了保证这项计划的顺利实施，日本文部科学省成立了“研究生院教育改革推进计划委员会”①，专门负责这一计划的审查工作。这项计划的主要涉及以下两个方面的内容。

第一，对申请资格做出了明确规定，指出：具有国立学校、公立学校以及私立学校（必须是设置了学校法人的大学）资格的院校都可以提出申请开办研究生教育。但其教育课程必须是“具有明确的人才培养目标，能够实现研究生院教育实质化，同时还可以为国际教育环境的发展做出贡献的”。为尽可能做到涵盖面广，保证财政援助的公平公正，该项计划同时规定，申请单位提出的教育课程必须是有组织的，在某一专业下设置的符合要求的、符合多个专业人才培养目标的，由几所大学联合实施的；为使财政援助不出现重复浪费的现象，“研究生院教育改革推进计划”同时对不能提出申请的教育课程也做出了规定，并对申请经费及其用途加以明确规定。该计

① 2009 年委员会的委员共计 23 名，由来自各个大学的校长、公司的顾问和知名教授等担任，其中委员长是，开放大学广播电视大学校长石弘光。独立行政法人日本学术振兴会负责“研究生院教育改革推进计划”的管理工作，该委员会的主要职责是对各领域审查分会所选出的优秀教育课程进行审查。

划尽可能多地涵盖了社会生活的各个领域，包括人文社会科学系研究领域、理工农系研究领域及医疗系研究领域等。该计划重点资助那些积极推进高水平教育改革及提高国际竞争力的院校。重点关注对“教育课程的特色、个性以及国际影响力”等方面的审查，试图推动日本高等院校的世界最高水平建设，加强培养世界级的优秀科研人才的能力建设。

第二，启动研究生院重点发展计划。1988 年 12 月，大学审议会发表了成立以后的第一份咨询报告《关于研究生教育制度的弹力化》，提出了改革研究生教育制度及机构的设想与意见。此后，大学审议会又相继推出了一系列咨询报告①，从研究生教育的组织、形式、目的、内容、数量、学位制度等方面讨论了研究生教育问题，指出了研究生教育改革与发展时的基本方向②。1998 年的大学审议会在咨询报告中谈到研究生教育的改革与发展时指出：为了积极开展具有世界前沿水平的教育与研究，培养能够适应我国社会与国际社会发展的活跃于诸多领域的优秀人才，有必要支持、形成一批作为高水平教育与研究基地的研究生院。为此，应该采取这样的措施，即根据对专攻领域（或研究科）的客观、公正的评价，在一定时间内，集中重点分配研究费、设备费等。重点投资建设一批高水平的研究生院，是 20 世纪 90 年代日本政府在大力发展研究生教育方面所采取的一项重要措施。人们把这项措施称为“研究生院重点化”计划。在这项计划的安排下，1991 年至 2000 年的 10 年间，7 所重要的国立大学（北海道大学、东北大学、东京大学、名古屋大学、京都大学、大阪大学、九州大学）实施了“研究生院重点化”的计划。研究生院中重点化的主要内容包括：

——加大对研究生的经济资助力度。为吸引更多的优秀学生进行学术研究，日本一方面设立专门针对研究生的奖学金，如日本学术振兴会奖学金、育英奖学金等。另一方面导入助教制度，让研究生院的学生在任课教师的指导下指导本科学生或者辅导学生实验、实习、模拟演练。

——鼓励并资助博士开展研究。1996 年 7 月，日本政府提出，到 2000 年日本将提供 10 000 个博士后名额。通过大量增加博士后名额并提供相当

---

① 包括《关于修订学位制度及研究生教育的评价问题》（1991 年 2 月）、《关于研究生教育的调整充实》（1991 年 5 月）、《关于研究生教育的数量调整》（1991 年 11 月）、《关于实施夜间博士课程教育等问题》（1993 年 9 月）、《关于提高研究生教育质量的审议结果》（1996 年 10 月）、《关于函授研究生教育制度》（1997 年 12 月）以及《21 世纪的大学状况与今后的改革方针政策》（1998 年）等。

② 胡建华. 20 世纪末日本研究生教育改革述评［J］. 有色金属高教研究，2001（2）：52－57.

的经费资助（每月 28.2 万日元，同时还支付 150 万日元的专门研究费，而博士生每月只有 19.5 万日元），使优秀的年轻博士生毕业后继续从事最具尖端、独创性的学术研究。同时，还吸引国外优秀博士到日本从事高水平的学术研究。

（三）一流学科的建设（1990 年—2007 年）

学科建设是全球性研究型大学建设的核心内容。日本在推进国际化的同时，也将目光紧紧跟随世界科技发展的潮流，对于大学的一些特殊学科和领域予以特殊的资助和建设。其中前面所提出的“远山计划”，即全球 COE 计划就是最典型的一例。除此之外，日本研究型大学还注意对科技人才的培养，重视研究生教育，推行所谓的“研究生教育扩充计划”，或称“日本的研究生倍增计划”。

长期以来，日本研究生教育发展相对缓慢，主要特征就是规模小，学位难拿。很多学科在修完博士课程之后，需要相当长的时间才能够拿到学位。有文献表明，到 1915 年年底，日本每年授予的博士学位不到 100 人；“二战”后，日本研究生，尤其是博士研究生发展较快，但总体发展水平落后于西方发达国家。正如 1987 年日本大学审议会咨询报告中写道：“我国研究生院无论在质量上，还是在数量上与欧美诸先进国家相比均处于较低水平，这对我国今后的发展以及为国际社会做出贡献方面都很不利，因此，充实、改革研究生教育便成为当务之急。”①

基于这一精神，1991 年 11 月日本大学审议会提出了《关于研究生院数量上的调整》的报告，计划 2000 年研究生院在学人数达到 1991 年的 2 倍。到 1999 年，日本研究生教育阶段在校生达到了 19 万人（相当于本科在校生的 7.6%），预计到 2010 年，日本研究生人数将达到 25 万。该计划是根据日本过去 10 年大学研究生数量的增加速度、成人教育的需要以及留学生规模不断扩大等方面考虑制定而成的，此计划即著名的《日本研究生倍增计划》。

1998 年，日本政府又提出的《21 世纪的大学及今后的改革方策》报告，其中进一步指出：“从大学毕业生的升学动向及毕业后就业机会的变化情况来看，2010 年日本研究生数可达到 25 万人，仅从雇用机会预测的结果推算，这个时期劳动市场需要的研究生数为 22 万—24 万人。但是，从研究

① 张玉琴. 日本高等教育的普及化与研究生教育数量的扩大［J］. 日本问题研究，2002（4）：49.

生院制度不断多样化、知识技术不断更新、人们需要接受再教育的需求来看，预计将超过 25 万人的规模。"[①] 这就是说研究生教育规模将进一步扩大，估计还会大大超过政府预测，大力发展研究生教育已是大势所趋。因此，日本政府提出的高等教育向高层次化发展的设想恰好适应了社会发展及人们接受再教育的需求，生源潜力得到挖掘，在一定程度上填补了本科生入学人数减少的部分。

由于实施上述计划，自 20 世纪 90 年代末，日本研究生数量迅速扩大，2000 年在校研究生总数达到 205 311 人，2001 年达到 216 322 人。其中 2000 年的硕士生达到 142 830 人，博士生达到 62 481 人，二者平均超过计划目标值[②]。另外，据日本文部科学省 2004 年的统计数字，授予的博士学位数已经达到 16 796 人[③]。

（四）师资队伍建设和教学改革（1990 年—至今）

国立大学是文部科学省管、公立大学是地方管，在日本就称国立、公立和私立三种。

第一，重视教师队伍建设，大力提高师资水平。主要表现在对大学教师发展（以下简称 FD）项目的重视。日本 FD 的制度化建设始于 20 世纪 80 年代，与其他西方发达工业国家相比，大约落后 20 年。进入 20 世纪 80 年代，为了适应高等教育改革的需要，日本学术界开始有目的地翻译和出版相关领域的书籍和文章，介绍国外 FD 发展历史和状况。但这时的 FD 研究还仅停留在学者的自由探索阶段，"没有任何革新触动高等教育的制度和组织，也没有对大学和教师造成什么关键性影响"[④]。这个时期，日本成立文部科学省常设咨询机构——"大学审议会"被赋予参与制订政府大学发展计划的职责，但在 FD 方面没有出台任何政策和措施。有学者将这个时期称之为学者"自由发展时期"。20 世纪 90 年代是 FD 制度化发展的第一阶段，或称为"准制度化时期"[⑤]。这个时期，日本政府认识到开展 FD 的重要性，试图通过政策引导高校实施 FD 活动。1991 年修订的《大学设置基准》的第 14 条明确规定："大学教师必须具备能够担当大学教育的能力。"1998 年，大学

① 张玉琴．日本高等教育的普及化与研究生教育数量的扩大［J］．日本问题研究，2002，4：50.

② 同①，50.

③ 冯帮．美、英、日博士生教育发展规模和速度比较［J］．青年研究，2006（1）：26.

④ 有本章．教师发展（FD）的课题——日本的视角［J］．复旦教育研究，2006（6）：8.

⑤ 李文英，陈君．日本大学教师发展制度化探析［J］．保定学院学报，2010（23）：1.

审议会报告——《关于21世纪的大学形象以及今后的改革方案》也建议："为使每个教师能够改善教育内容和方法，整个大学、整个系、学科都要努力在本大学理念、目标以及授课内容、方法等方面对教师实施有组织的研究、研修（大学教师发展），这一点必须写到大学的设置基准之中。"受其影响，1999年9月《大学设置基准》在第25条第2项也明确规定："为了改善各大学的授课内容以及方法，各大学要尽量实施有组织的研究以及研修（FD）。"显而易见，经历了一个多世纪的发展之后，日本FD终于进入到新的历史时期，"被有计划地列入文部省的高等教育政策，国家也开始参与对全国FD发展的管理"①。但由于各项政策都没有将实施FD计划作为一种"强制性的义务"，因此，政府的政策性建议并没有得到院校的积极响应。

进入21世纪，尤其是国立大学法人化改革之后，FD制度化进程进入一个新的阶段。新的大学评审制度要求所有大学从2004年开始接受第三者评价，开展FD活动完全成为一项义务，而非"准义务"。在政策引导下，许多国立和公立，甚至私立大学都开始实施FD计划。文部科学省2006年的调查报告——《关于大学内容等方面改革的状况》指出，到2004年，75%的公立和私立大学都实施了不同形式的FD计划②。次年，文部科学省的另一项调查报告指出，到2005年，日本全部四年制大学（713所）的80%都已经开始实施FD计划③。有些大学还成立了专门负责开展FD研究和实施的机构，如东北大学高等教育开发促进中心CAHE，名古屋大学的高等教育研究中心CSHE等。

2005年是日本FD制度化发展的重要分水岭，标志着FD完成从"准制度化向制度化"的转变。2005年的中央教育审议会报告——《新时代的研究生院教育》指出："鉴于有组织地开展教育课程的重要性，在注意不对研究生院教育的研究特色、创造性等造成损害的同时，各研究生院有必要在课程目的、授课内容以及方法等方面实施有组织的（FD）"；"必须将实施以改善授课以及研究内容等为目的的有组织的研究和研修写入研究生院设置基准之中"。按照报告精神，2007年文部科学省对《研究生院设置基准》进行了修改。修改版文件中的第14条第3款明确规定："为了对研究生院的上课以及研究指导内容和方法等进行改善，各研究生院必须实施有组织的研究以

---

① 有本章．教师发展（FD）的课题——日本的视角［J］．复旦教育研究，2006（6）：10.

② CAHE.「東北大學のFD実施状况と展望」［J］．東北大学高等教育開発推進ヤンター，平成19年3月：1.

③ 夏目達也，青山佳代．名古屋大学高等教育研究，2008（7）：5－17.

及研修。”这就表明：“研究生院不再仅仅只是要求尽量实施 FD，而是要求必须实施 FD”；研究生院“先于大学和短期大学率先进入了 FD 的制度化阶段”。此外，日本也开始对本科教育强制性实施 FD 的情况进行反思和检讨。本科阶段 FD 制度化问题也提到了日程上来。7 月 31 日，日本出台了《大学设置基准》（修订版）和《短期大学设置基准》（修订版），要求大学和短期大学也必须实施“以改善授课内容以及方法为目的的有组织的研究和研修（FD）”。这个时期，一些地区性的学术团体也相继成立。如 2008 年日本关西地区 FD 联络协议会成立。该学会属于院校协作性组织，设立 FD 情报交流部、共同实施部、联合规划部、广告部和学术部五个部门；京都大学高等教育开发促进中心主任田中每实教授出任会长；前文部科学省高等教育局大学振兴处长中冈司到场祝贺，东京大学名誉教授天野郁夫教授发表《大学教育改革与 FD》主题报告；104 所大学和短期大学首批协会单位 162 名代表参会。2009 年，该协会第二次会议在京都大学召开。大会主题为“从教学评价到 FD 评价”，共有 234 名专家学者参会研讨①。显而易见，日本的大学和短期大学与研究生院一样，也走上了大学教师发展制度化的道路。

目前，日本大学的 FD 活动已经制度化和多样化，内容包括：（1）大学理念、目标的专题介绍；（2）老教师对新任教师的指导；（3）帮助教师改进教育技能的培训活动；（4）协助促成课程改进项目；（5）理解教育制度（法律和政策）；（6）教学评估；（7）表彰教学优秀教师；（8）帮助教师开展研究活动；（9）理解大学的运营管理和教授会权限的关系；（10）学术研究和教育工作协调校内组织建设的研究；（11）使教师熟悉大学教师伦理规定与社会责任；（12）自我反省、评价活动及其利用等②。

第二，重视高等院校教学改革。为满足社会发展的需要，提高高等教育质量和国际竞争力，日本文部科学省从 2008 年 4 月开始实施“高质量大学教育推进计划”。该计划又称作“教育 GP”（Good Practice），意为“优秀教育改革方案”。“教育 GP 计划”是在 2007 年《大学设置基准修正》的基础上制定的。主要侧重于从大学、短期大学、高等专科学校的教育改革方案中选出优秀教育改革方案，对其进行重点财政资助，同时向社会公开“优秀教育改革方案”信息，实现资源共享，强化各大学的人才培养功能和办学特色。为保证“高质量大学教育推进计划”的顺利实施，日本文部科学省

---

① Kansai Faculty Development Association. FD News［EB/OL］. http://www.kansai-fd.org.2009.

② 財団法人大学セミナー？ハウス編．大学力を創る：FDハンドブック［M］．1999.

专门成立了“高质量大学教育推进事业委员会”，负责“高质量大学教育推进计划”的审查工作。“委员会”的委员由来自各大学的校长、理事长和知名教授等担任，共计25名，主任委员是日本学习院大学法学系教授佐佐木毅，管理工作则由独立行政法人日本学术振兴会负责。该委员会的主要职责是对各大学分会选出的“大学教育改革方案”进行审查。“高质量大学教育推进计划”的审查体制实行三级管理：第一级是由大学分会、短期大学分会、高等专科学校分会等组成的分会；第二级是由“委员会”委员长和副委员长、各分会的分会长和副分会长组成的分会长会议；第三级是“高质量大学教育推进事业委员会”。

该计划的涵盖领域涉及教育课程、教育方法、非教育课程和教育方法的分类方式。同时，实行严格的第三者审查机制管理制度。该制度遵循以下两条审查原则：第一，摆脱行政部门的直接干预，行政主管部门文部科学省不直接参与评审，而是将评审工作委托下属监督管理部门——独立行政法人日本学术振兴会。由“高质量大学教育推进事业委员会”负责评审规则的制定、事务性操作等具体环节；第二，在对提出申请的教育改革方案进行遴选时要举行遴选听证会，对具体审查情况进行说明，以保证评审过程的公开透明。“高质量大学教育推进计划”的审查基准主要着眼于大学自身以及教育改革方案两个方面。大学自身要满足以下四个条件：明确的人才培养目标；明确的成绩评定基准；实施大学教师发展（FD）项目；完善的评价体制和方法。

实行这一制度不仅意味着大学可以从国家得到有形的资金资助，使大学有强大的后盾支撑，能够继续高水平地进行教育改革，而且还可以使大学的声誉和地位等无形资产得到极大提升，从而使大学从少子化的社会困境中走出来，提高国际竞争力。

第三，重视高等教育评估与认证。为了进一步提高办学水平，增强国际竞争力，日本大学不断按照国际标准进行改革和发展，从而使日本高等教育水平始终保持在一个较高的水准上。其采取的相关措施有：

——建立严格的院校设置认证制度。在2004年之前，日本大学设置相对宽松，2004年国立大学法人化后，日本政府将主要精力放到对日本大学设置的审批和监管方面。按照新的《大学设置基准法》规定，任何院校在没有向文部省报批之前都不得擅自设置学校和专业课程。申请设置报告的内容应该包括：（1）设置院校的目的和目标，要具体说明办学目标，能否招收到足够的学生等；（2）课程设置，要具体说明开设那些课程，采用怎样的教育教学方法等；（3）师资队伍状况，全日制教师占多大比例，学历学缘结构构成等；(4) 办学条件和设施情况；(5) 其他方面的要求①。

由于审批严格，日本大学设立的数量有减少的趋势（见表4－13）。

表4－13　2002—2009年日本审批和通告高等院校情况表

年　份	2002	2003	2004	2005	2006	2007	2008	2009
批准	291	277	196	127	126	110	87	78
大学	17	15	17	14	10	10	10	11
短期大学	3	0	2	1	2	2	1	4
研究院大学	13	25	20	19	12	11	9	8
通告	1	1	276	265	356	243	258	228
总数	292	278	472	392	482	353	345	306

资料来源：MEXT, higher education bureau, Higher Education in Japan [EB/OL]. [2010－04－16]. http://www. mext. go. jp/english/higheved/1302653html.

——进行强制性质量评估。1991年，文部省提出开展高等院校评估工作。1999年，这一工作从非强制性变成强制性的。尤其是2004年后，开展高等教育教学评估工作正式写到法律文件中。按照法律规定，所有的高等院校都应该对自身的教学、科研、师资、设施以及其他方面的状况进行必要的评估。这个过程分三步进行：首先是自评。被评院校客观地对自我办学水平和状况进行自评，撰写自评报告；其次是评估和认证。这个环节由文部省组织专家参照受评院校提交的自评报告进行实地评价，提出修改建议或者授予质量认可，评估结果向全社会公布；最后是对于通过验收的院校授予自评资格，鼓励它们开展定期的自评工作，同时要求，这些院校必须做到信息公开，教学内容、标准等必须透明。日本文部科学省官方网站信息显示，目前，日本大学中许多院校都接受了这种评估（见表4－14）。

表4－14　2002—2007年接受过认证机构评估检查的大学和研究生院大学（法律）

	国　立		公　立		私　立		总　体	
大学	51	61%	31	49%	301	56%	383	56%
研究生院大学（法律）	20	87%	2	100%	46	94%	68	92%

① MEXT, higher education bureau, Higher Education in Japan [EB/OL]. [2010－04－16]. http://www. mext. go. jp/english/higheved/1302653html.

纵观日本高等教育国际化的发展历程，可以看出，日本高等教育国际化的主要目的是培养和吸引优秀的人力资源，为振兴日本的经济与科技服务。当然，这并不排除高等教育成为服务贸易后，其所做出的一种经济利益上的考虑。同时，为了谋求其政治大国的地位，日本加快高等教育国际化进程也成为必然。

第四节　日本研究型大学国际化的战略选择

国际化是日本高等教育发展的战略选择，但国际化不过是一种手段，目的在于提高日本大学的国际竞争力和学术声誉，因此其最后的诉求是建立全球性研究型大学。为了实现这个目标，自 20 世纪 90 年代末开始，日本大学采取了一系列的改革措施，出台了许多相关的政策和举措。这些与国际化政策和举措一道成为提升日本大学国际竞争力的重要支柱。2008 年的研究发现：进入 21 世纪以来，日本的 624 所高等院校中（国立 77 所，公立 70，私立 477 所），大多数院校都开始将国际化确定为学校发展的重点，其中 87 所国立大学中比例高达 89. 6%。与此同时，有 70% 国立和公立大学，50% 私立大学都制定了院校国际化发展目标和战略①。

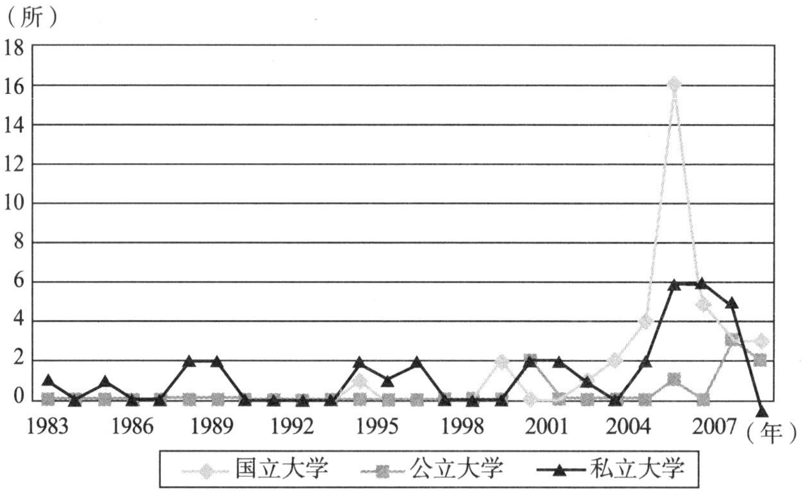

图 4－5　按时间划分的首次制定专门国际化发展战略规划的大学数

资料来源：Hans, de Wit. Internationalization of Higher Education in the United States of Ameriaca and Europe: A Historical Comparative and conceptual Analysis [M]. New York: Greenwood Press, 2002.

① Akiyoshi, Y. Japanese University Leader's Perceptions of Internationalization: The Role of Government in Review and Support [J]. Journal of Studies in International Education, 2009.

显而易见，重视大学的国际化战略发展已不仅仅是政府的一种倡导，也是高等院校发展的自愿选择。在本节中，我们将选择两所日本高等教育国际化程度最高的研究型大学作为个案加以介绍和分析，目的在于：第一，试图探讨日本研究型大学如何回应全球化影响，并在政府主导下进行自主性选择国际化发展战略的过程；第二，试图分析高等教育国际化在“官学”和“私学”系统之间的共同与差异；第三，试图说明高等教育国际化在日本研究型大学建设发展中的价值所在。

一、东京大学——国立大学的发展模式

（一）东京大学的历史与自然概况

东京大学（Tokyo University，简称“东大”或“Todai”）是日本第一所国立大学，也是亚洲创办最早的大学之一。东京大学成立于1876年，前身是明治时期创办的东京开成学校（1868年）和东京医科学校（1868年），后在此基础上不断扩充、改组，逐渐成为日本乃至世界的一流大学（见表4－15）。

表4－15　东京大学历史沿革及主要事件

年　份	重要事件
1868	开城学校和开城医学院时期
1877	成立法学、理学、文学和医学四个学部，命名东京大学
1886	增加工学部更名东京，大学为帝国大学
1897	更名为东京帝国大学
1947	《教育基本法颁布》，男女开始同校，更名为东京大学
1985	成立留学教育中心
1990	留学教育中心更名为东京大学国际中心
1997	完成研究生教育改革
2003	颁布《东京大学宪章》
2004	改制法人化，成立法人组织
2005	公布《东京大学行动计划》，成立国际关系部
2007	举行成立130校庆，启动“东大—耶鲁项目”
2009	《行动图：丛林2015》颁布，改组成立国际事务部
2010	《东京大学促进国际化战略长期设想》颁布

资料来源：此表根据《东京大学宪章》沿革部分绘制而成。

东京大学有 10 个学部（学院）、15 个研究科（研究所）。截止到 2011 年 5 月，东京大学共有教职员工 7 672 人，其中教授 1 320 人、副教授 914 人、讲师 238 人，外籍教师 296 人；共有学生 28 798 人，其中本科学生 14 123 人、硕士研究生 6 790 人、博士研究生 6 218 人、博士后进修研究人员和旁听生 776 人，另外，有专业型研究生（Profesional）886 人。在学生总数中，国际学生 2 913 人，占全体学生的 10.1%①。

目前，东京大学是亚洲最好的大学之一，在各种全球性大学排行榜中，东京大学的名次始终在亚洲名列前茅。根据《东京大学概要》最新统计，多年以来，作为世界一流大学的东京大学为日本政界、商界、学术界培养了众多领袖性的人才。据统计，东京大学共培养了 17 位日本首相和 6 位诺贝尔奖得主②。在日本，学生无不以进入东京大学学习为荣，教授们也以能进入东京大学教书为骄傲。

（二）东京大学国际化战略思想的形成与发展

东京大学国际化策略是 21 世纪全球化和高等教育国际化的产物，其国际化战略思想的形成可以分为以下三个阶段。

第一阶段是酝酿时期（2003—2005 年）其标志是《东京大学宪章》的颁布。《东京大学宪章》（简称《宪章》）是全校所有教学科研活动的纲领性文件，其中用大量篇幅讨论了国际化方面的内容。制定宪章的目的如《宪章》第 20 条解释，是“东京大学的组织与运营基本原则”，是学校办学的基本“法律”，“东京大学相关的法令规定的所有解释和应用都必须与之一致”③。《宪章》于 2003 年开始实施，不仅揭开了东京大学“法人化”改革的序幕，也为其未来的发展提供了法律基础。

《宪章》是在时任校长莲实重彦（2001—2004 年）领导下制定的，其开宗明义指出，“东京大学希望在实现自身的自治和自律的同时，向世界开放自我……”；“东京大学把活动的全部内容公开，以征求外界对自身的评价和批判，并切实对应世界范围的广泛需求，改变自身，此外更不懈追求变革现有系统的发展途径，为世界性的学术和知识创造、交流、发展做贡

① 东京大学 2011 概要［EB/OL］.［2012 -05 -03］. http://www. u-tokyo. ac. jp

② 日本各政府部门的主要高级行政官员几乎清一色毕业于东京大学。在东京大学建校 100 多年的历史中，还涌现出如著名文学家川端康成、夏目漱石、太宰治、芥川龙之介、大江健三郎等知名人物。

③ 东京大学宪章［EB/OL］.［2012 -05 -03］. http://www. u-tokyo. ac. jp.

献”；“在新世纪中，作为服务于世界的公共性的大学，东京大学确信能够成为名副其实的‘世界的东京大学’，是符合日本国民的期望、利于日本社会的发展之路。本着这一信念，我们郑重决定：将不断追寻超越国籍、民族、语言等所有界限的人类不变真理及真实，并通过教育和研究，为世界和平与人类幸福、人类与自然的共生、安全环境的创造、各地域均衡的可持续发展、科学和技术的进步及文化的批判性继承与创造做贡献”。

《宪章》整个贯穿了东京大学国际化的思想和意图，以及加快东京大学国际化进程的决心。在《宪章》中，东京大学表示要提高自身组织和活动的国际性，要深入理解世界各地区……要“时刻意识到自己是位于亚洲的日本的大学，发挥日本所积累的学问研究的特质，进一步加强与亚洲的联合，推进世界各地区间的交流”。此外，《宪章》第一章“学术”的第5节，还专门为如何开展“教育的国际化和社会合作”做出原则性的规定，即东京大学要成为一所面向世界的大学，要“准备迎接来自世界各地区的学生以及教员，同时把东京大学的学生以及教员送往世界，在教育方面形成国际性的网络”。

虽然《宪章》已经提出了大学国际化的思想，但还没有形成对大学国际化的行动计划，这个时期只能视为战略思想的酝酿和产生时期。

第二阶段是国际化时期（2006—2009年）。其标志是《促进东京大学国际化计划：2005—2008》（简称“行动计划”）。2005年4月，小宫山宏（2004—2008年）就任新一任东京大学校长。他表示立志要使东京大学成为世界上最优秀的、最具影响力的大学之一，使之能够“站在时代的前列，目标指向世界知识的顶点”。在任期内推进学校的建设，经过反复咨询各方面的意见，制定了《东京大学行动纲领2005—2008》（简称《纲领》）。《纲领》既是小宫作为新校长的任期规划，也是东京大学开始实施国际化战略的宣言书，整个内容都贯穿着实施国际化的战略思想。例如他在《纲领》的前言中指出：“大学面临世界性的激烈竞争，必须快速变化，不进则退，即使已经处于世界先进行列的大学也不能例外；东京大学要把握时代的要求和机遇，朝着成为21世纪引领世界和人类的综合性大学的目标努力；为此，东京大学要成为能够聚集世界最优秀青年来学习的场所，成为能够吸引顶尖学者来创造新知和交流的场所，成为能够促进知识发现和应用、造福社会和人类的场所。”

《纲领》充满国际化设想，希望东京大学能积极与世界上顶尖大学开展教育和科研合作，发展个体理解和欣赏他人的能力，培养“21世纪所需的全球公民”，关注“全球的可持续发展和人类的生存”问题等。东京大学的建设目标就是“接近全球知识的顶峰”，具体包括：（1）成为具有高水平科研能力的世界顶级大学；（2）重视以亚洲多样性为基础的教育和研究活动；（3）成为一个能够有助于帮助解决世界问题的领跑者；（4）通过发展教师和学生的全球性，使东京大学成为21世纪“示范大学”（A Model University）；（5）扮演亚洲、欧洲和北美学术联系的中心角色；（6）发展多语基础设施建设等。

为了实现这个理想，东京大学制订了“行动计划”，对全面实施国际化战略提出了具体的目标和实施计划。该计划包括了以下几个方面的内容。第一，在前言部分，行动计划阐述了实施国际化战略的背景和重要性，明确了促进国际化战略的工作重点和具体目标。行动计划指出，东京大学的使命是通过教育和科研活动服务于“世界和平和人类福祉”、“自然与人类共存”和“安全环境的创造”等；这不仅是东京大学的任务，也是全球化时代世界各国大学共同的任务。东京大学既是国际学术界的领导成员，又是亚洲的大学，一方面需要强化与亚洲大学的联系，另一方面也要在全球范围促进相互交流与合作。第二，正文第一部分将促进国际化的工作重点放在四个方面：（1）制定出国际高水平的教育标准；（2）通过强化国际研究网络和国际合作研究提高东京大学的科研水平；（3）促进与国际社会，包括国际组织、各国政府和非政府组织的广泛合作，提高东京大学的学术影响力；（4）改善促进以因特网国际化为主的基础设施建设和国际学生和研究人员的生活条件等。第三，正文第二部分提出了实施国际化战略的具体策略。例如开发国际教育的合作项目，设立海外办事处等，大部分措施在下节的国际实践中能得到体现。“行动计划”对东京大学如何实施国际化做出了较为详细的设想和规定，标志着其国际化战略思想的形成。

第三阶段是战略发展期（2009年至今）。2009年，滨田纯一继任成为东京大学新任校长，他表示继续延续前两任校长制定的《宪章》和《纲领》中提出的既定国际化战略，继续加快大学的国际化步伐，以应对全球化时代的挑战。同时他在2011年也领导制定了《行动图：通向2015的丛林计划》（Action Scenario：Forist 2015），（以下简称《丛林2015》）。按照滨田自己的解释，这个计划是在其就职主题讲演“走向丛林：知识的世界领导中心”（Moving the Forest：A world Leading Centre of Knowledge）思想基础上形成的。他将大学学术活动的宽度和多样性比喻为茂密的丛林，而《丛林2015》就是东京大学行走在丛林中的路线图。滨田校长强调：“毋庸置疑，我们今天的生活和面临的课题存在于与世界各国的普遍联系之中，离开了与世界的联系，东京大学的教育科研活动也就不能成立。大家希望这些研究能让全人类受益。”① 他解释说，《丛林 2015》的关键词有六个：（1）“前沿”（Frontline），期冀东京大学永远处于日本学界领头羊；（2）“开放”（Openness），广泛地向不同民族背景和世界开放；（3）“责任”（Responsibility），履行对日本和世界未来的责任；（4）“卓越”（Excellence），取得教育和科研上的卓越；（5）“可持续性”（Sustainability），使东京大学能够在教学和科研上持续保持卓越；（6）“坚韧性”（Toughness），一所具有国际竞争力大学中的教师、学生和管理人员所需的坚韧性。这六个关键词也是他为东京大学制定的四年乃至更长时间的发展目标②。

在《丛林 2015》中，国际化战略成为重中之重，其第一部分的标题就是“知识的公共性和国际化的重要性”。东京大学提出，通过开展国际合作和增强全球意识，强化自身的国际性存在，促进可持续社会的实现。与此同时，在工作目标中，东京大学提出要力争学术和科研达到世界先进水平，同时提出要成为一所真正的“全球性校园”（Global Campus）。根据《丛林 2015》计划的基本思想，2010 年 3 月，东京大学国际事务部发表了《东京大学促进国际化发展的长期构想：2020》（简称《2020 设想》）报告，全面规划了东京大学到 2020 年的国际化发展战略，报告共分如下几个部分：（1）发展国际联系和国际活动的机构，促进学术、教育等方面的国际化；（2）通过加强各学部的国际化以及学生外语水平，为世界输送高水平、专业性和具有国际视野和教养的人才；（3）通过部门内部组织建设，加强国际化工作的领导和组织，提高国际化运营水平等③。

总体而言，《丛林 2015》和《2020 设想》是在继承《宪章》和《行动计划》提出的国际化的设想基础上，更加突出实施国际化战略的重要性，不仅标志东京大学国际化战略向前迈出了一大步，也为东京大学未来的发展指明了道路。正如滨田校长在接受记者采访时说：“对东京大学的运营来说，如何回应国际化问题是需要考虑的极其重要的主题，我很自然地就想到了小宫前校长所说的‘努力达到全球知识的顶峰’，对我来说是‘通过知识

---

① Action Scenario：Forist 2015. Tokyo Univerity（2010）[EB/OL]. [2012 - 12 - 07]. http://www.u-tokyo.ac.jp.

② 同①.

③ 东京大学国际事务部. 东京大学国际化发展长期设想 [EB/OL] [2012 - 12 - 08]. http://www.u-tokyo.ac.jp./president/eu/abot/publications/index.htm/.

支持世界'，这是我 2009 年在就职演讲中从全球化的视角谈论的一个问题，也是相当重要的问题。"①

（三）东京大学国际化战略的实施及其经验

东京大学是在日本大学中开展国际交流和国际教育最早的大学之一。最早可以追溯到大学建立之初②。根据《帝国大学令》（1886 年）的规定，以东京大学为首的帝国大学就是要借鉴德国柏林大学模式，创办世界通行的大学研究生教育。1908 年，东京大学开始特设招收留学生的预科并接纳 60 名清朝派遣的留学生。此外，东京大学在创办初期的 39 名教授中，所聘用的外国教授就达 27 人。在 20 世纪 80 年代后伴随日本政府开始实施促进国际化发展的战略，东京大学很快就做出了积极的反应。尤其进入 21 世纪，东京大学办学国际化战略逐渐形成。由于大学不断强化办学国际化的实践和创新，东京大学国际化形成了自身的一些特点和经验。

1. 成立专门的组织机构，强化领导作用

表 4－16　东京大学海外办事处分布情况

地　区	数　量	地　点
亚洲	24	北京（4）、哈尔滨、苏州、无锡、南京、昆明、榆林、羊八井、乌兰巴托、首尔、河内、胡志明、新加坡、苏拉巴雅、喀布尔、曼谷（2）、巴沙姆沙尼（泰国）、新德里、那鲁拉（印度）、达卡
欧洲	8	剑桥、伦敦、巴黎、阿姆斯特丹、那不勒斯、卡德拉舍、日内瓦、菲灵根
北美	6	多伦多、纽黑文、东兰辛（USA）、伯克利、德尔塔、冒纳罗亚（USA）
南美	2	圣地亚哥、恰卡塔雅山（玻利维亚）
澳洲	2	布里斯班、伍默拉

资料来源：Overseas Waison Offioes [EB/OL]. [2012－12－08]. http://www.u-tokyo.ac.jp.

2004 年，日本高等教育开始实施"国际化"和"法人化"改革，东京大学与其他国立大学一样，在改制的同时，开始实施国际化发展战略；先成

① Tokyo University. The incumbent. TANSEI [J]. English Version, 2010 (9): 11－12.

② 李岩松. 东亚大学的国际化发展趋势——以北京大学、东京大学和首尔大学为例 [J]. 北京大学教育评论，2009 (3): 104.

立了“国际规划办公室”，之后又在 2005 年成立了国际关系部（The Division of International Relations），专司本校国际化的推进工作。下设三个部门：（1）国际规划办公室，主要职责是制定促进国际化发展的战略；建设国际化战略资料图书馆；实施内部和外部评价；加强国际化问题研究；（2）学术促进办公室，主要职责通过与国外大学签订协议、申请加入大学合作组织、建立外国联络处等方式，服务国际化战略、改进科研和教学社会合作；（3）国际合作运营办公室，主要职责是负责校园内国际合作方面软硬件和基础设施建设，包括日语教师培训、留学生和外国人员的住宿等。2010 年，适应新形势的需要，为了加强国际化工作，东京大学又将国际关系部改成国际事务部（Division of International Affairs），改革了内部机构设置，设置两处、两中心和一个项目办公室（AGS 办公室）（见图 4－6）。“AGS”是“全球可持续发展联盟”（Alliance of Global Sustainability）的简称，成立于 1997 年，是四个世界顶尖理工大学——苏黎士理工（学院）、麻省理工（学院）、东京大学和查尔姆斯理工大学自愿组成的国际院校合作机构。东京大学国际事务部设立这样一个专门的办公室，旨在强化这个联盟的合作[①]。与此同时，东京大学各个学部也相继成立专门负责国际合作事务的办公室。

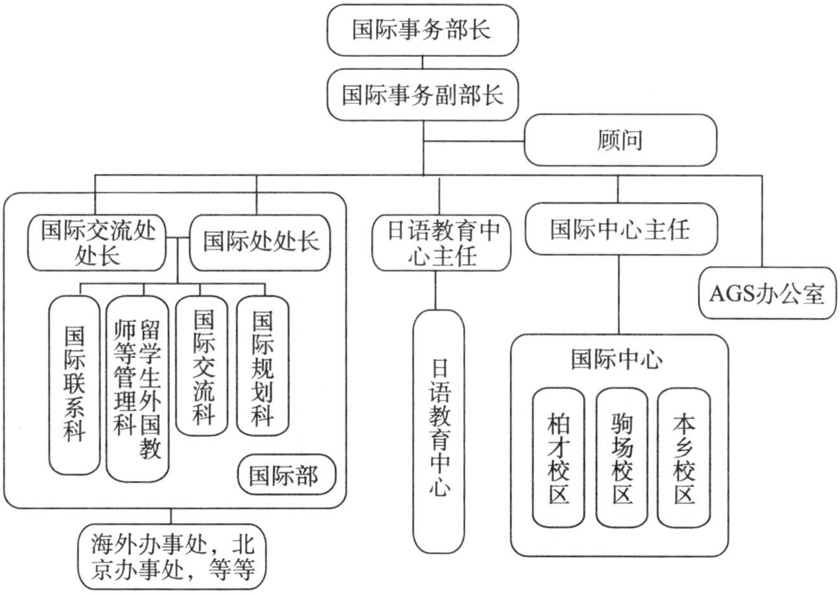

图 4－6　东京大学国际事务部组织架构

① Tokyo University. The incumbent. TANSEI［J］. English Version，2010（9）：11－12.

2. 参与和发起大学联盟活动，加强国际合作网络建设

东京大学通过强化国际研究网络来促进自己的研究活动，积极与国际社会开展合作。第一，在许多国家建立海外办事处，如中国的北京办事处、苏州办事处等，帮助学校与其他国家的高等院院校、研究机构、中央政府、地方政府、海外私营部门及日本公司的合作保持紧密的联系。目前，东京大学已在海外设立近44个办事处或项目联络处（见表4－16）。从办事处分布情况看，东京大学发展国际化的重点区域是亚洲，尤其是中国。第二，积极参加和发起国际大学联盟。目前，东京大学是IARU（国际研究型大学联盟）、APRU（环太平洋大学协会）、AEARU（东亚研究型大学协会）BESETOHA（东亚研究型大学论坛）和AGS（顶尖理工大学联盟）的成员，并在其中发挥着重要作用。第三，参与举办高水平国际大学论坛，如2008年8月在东京举办的“东京论坛”等。第四，与世界主要大学签订合作与交流协议。例如东京大学与我国的北京大学、复旦大学签订的产学研究合作协议。

3. 鼓励国际交流与合作，重视国际学术网络建设

国际学术领域的合作是东京大学实现国际化战略的基本手段。其主要的实现方式和途径有如下几种：第一，加强自身学术组织和专业建设，尤其是加强日本文化和东方文化问题研究。根据《东京大学概要》，东洋文化研究所开展的创造性、尖端性亚洲文化研究具有以下特色：①放眼东亚到西亚的大半个欧亚大陆，将视野扩展到全球；②将对古典文化的深刻理解和现代问题相结合；③深入研究浩瀚的文献与资料，进行周密的实地调查；④将人文学的观点与社会学的观点相结合，进行创造性的亚洲文化研究。第二，签订交流与合作协议，广泛开展人员与学术合作。到2011年5月，东京大学已经与355个国外合作机构（大学355所、院系（所）243个）签订了协议，其中亚洲138个、非洲5个、南美9个、北美48个、大洋洲17个、欧洲和其他137个；平均每年交换学者1万人次。例如2010年交换学者共12 370人，其中派出9 036人，接受3 334人[①]。

4. 积极开展留学生教育，扩大学术影响

留学生教育是国际化的一个重要指标。东京大学十分重视此项工作，取得了很好的成绩（见图4－7），从2002年开始，东京大学留学生人数保持在一个稳定增长的状态，每年接受留学生2 500人左右，占全校学生总数的9%左右；派出学生380人左右，占1.7%左右。为了吸引更多的留学生，

① Tokyo University（2010）. The incumbent. TANSEI［J］. English Version，2010（9）：11－12.

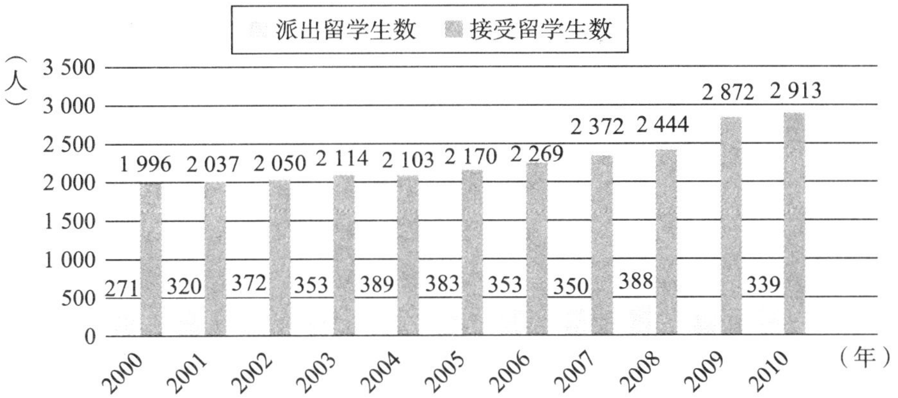

图4－7　东京大学留学生人数变化

东京大学做出多方面努力，如利用海外分支机构的招生及公关活动扩大影响力，实施课程的互认制度，提高相关文档的外文化程度，创造机会使留学生（尤其是亚洲留学生）更为深入地了解日本及本校文化，建立新的学生交换项目（如暑期学校）并以此促成未来的学术交换项目，通过吸收外部资金及捐助等扩展奖学金项目吸引更多的留学生，建立校友网络，等等。在留学生入校后，加强和完善留学生服务系统，如加强相关人员的职业技能训练等培训项目，关注留学生的学习、生活及心理状况，提高其健康及安全保障等。同时，东京大学还强化国际交流体制，设置各种支援小组，如设立"友好与文化交流项目"（Friendship And Culture Exchange，FACE）、校际协作协调小组、研究项目协调小组、外国留学生后援会、海外学友会等。

二、早稻田大学——私立大学的模式

早稻田大学始创于1882年，由日本明治时代著名政治活动家、自由民权主义者大隈重信（Shigenobu Okuma）在东京郊区一片稻田里建立，前身名为东京专门学校，1902年建校20周年时，正式改名为早稻田大学。大隈重信本人深受指西学体系的影响，主张自由探索学术，提倡独创的钻研精神，坚持培养具有实际应用知识并在国际事务中具有广泛活动能力的人才。他的教育哲学观就是：促进"东西文明之间的和谐"。这里的"东"主要指亚洲国家，"西"指西方国家。他要求东西方不同文化和文明之间需要不断对话、相互交流，最后达到相互理解和尊重①。2012 年 5 月，早稻田大学已经发展了 100 多年，成为拥有 54 113 名学生（其中本科生 44 756 人，研究生 9 357 人），7 638 名教师（其中教学科研究人员 6 424 人、教辅人员 1 214 人，教职人员中外籍人数为 627 人），13 个本科学部、21 个研究生院以及配套齐全的附属学校的一所规模宏大的综合性大学，是名副其实的日本“私学之首”。有人认为，早稻田大学之所以成为日本和亚洲著名的私立大学，同时国际化教育程度较高，这与创始人大限重信的“东西方文明调和”理念、“不屈服于国家强权的自由主义，在野之精神”不无关系②。

（一）历史回顾

从历史上看，早稻田大学国际化进程始于接收亚洲留学生历史。中国历史上一些政治家，如李大钊、彭湃、周恩来等都先后就读于该校，对亚洲社会的发展产生过积极的影响。重点招收亚洲学生是该校的一个传统，一直保持至今。因此，早稻田大学在亚洲，尤其是中国和韩国社会中影响较大。1885 年，早稻田大学首次聘用朝鲜人到英文系任教，并招收朝鲜学生。1899 年之后，开始招收来自中国的学生。次年，早稻田大学利用国家留学基金，首次派遣 2 名教员去德国留学，开始了该校教育和留学人员交流的先河。1905 年，该校成立了中国清朝留学生部，负责中国学生的招生与管理。但这个部门在 1910 年被撤销。期间共招收中国学生约 2 000 人。1955 年开始实施外国学生特别考试制度，1963 年设立国际部，1966 年开始实施交换留学制度。一系列研究生院及各种国际研究中心的设立对各学科、各院系、各种研究层次的国际化教学科研活动实现了有组织的系统管理，研究生院层次的教学管理机构的不断增设与完善，也是对国际化活动体系的有效配合。下面列举了早稻田大学不同历史时期与国际化有关的历史事件，由此可以窥见它的国际化的发展轨迹（见表 4 – 17）。

① Kenzo，K. A Case Study of Internationalization in a Japanese University：Organizational Change and Communication ［D］. UC Los Angeles，2003：64 – 65.

② 夏亿，王留栓．日本私立大学国际化发展战略及其成效［J］．浙江树人大学学报，2006（3）：17.

表 4－17　早稻田大学“国际化办学”理念的历史沿革

1900	用刚创立的国外留学基金，第一次送教员去欧美留学
1905	开办了中国清朝留学生部（1910 年结束）
1958	高级教师培训班成立；比较法研究所成立
1963	设置国际部
1988	日语教育研究中心成立
1997	以社会科学院和系统科学院为前身，成立了亚洲太平洋研究中心
1998	开办了亚太教育学院（GSAPS） 成立了国际信息通讯研究中心
2000	成立了国际信息通讯研究生院
2001	开办了日语教育研究生院
2003	设立亚细亚太平洋研究科（MOT）
2004	设立国际学院

资料来源：Wasada University History and Development[EB/OL].[2012－12－08]. http://www.waseda.jp/eng/about/history/html.

（二）早稻田大学国际化的现状

目前，早稻田大学有两个主要的国际办公室，一个是国际中心，另一个是国际部。前者主要负责国际学生和教师的交流，国际部负责留学和交流人员的语言、文化教育与培训。进入 21 世纪，为了适应国家国际化发展战略和日本社会因少子化所带来的生源不足的压力需要，早稻田大学开始将目光投向海外留学市场。根据该大学官方网站公布的数据看，截至 2012 年 5 月，早稻田大学在校外国留学生为 3 604 人（其中本科生 1 487 人，研究生 1 910 人，语言培训学校学生 207 人），在私立院校中名列第一。其中来自亚洲的留学生达 3 115 人，占总数的 86.5%；欧洲 209 人，占 5.8%；大洋洲 22 人，占 0.6%，北美洲 179 人，占 5.0%；中南美洲 25 人，占 0.7%；中东 27 人，占 0.7%；非洲 27 人，占 0.7%。

（三）早稻田大学“国际化办学”的实践发展

1. 战略设计与远景规划

尽管早稻田大学实施国际化发展策略已经有一百多年的历史，其间也制定和执行了许多有效果的国际化政策，但将国际化作为大学的战略性思考和设计始于20世纪90年代，是对全球化社会和日本高等教育国际化战略的一种反应，当然也是为了满足自身发展的需要。有学者认为，20世纪90年代，早稻田大学的声誉有所下降，常听人抱怨："一流的学生，二流的学校，三流的质量和教学"。1992年，《sankei新闻报社》出版一本题为"质疑大学"的教育书籍，书中专门对早稻田大学政治经济学部的教师提出尖锐批评，认为他们缺少教育热情和竞争性，从而导致行为上的懒惰。相比之下，早稻田大学的对手学校——庆应大学和立命馆大学（Ritsumekan）却因为自身不断改革和创新，创造良好的成就，使早稻田大学在竞争中处于不利地位。这种现状引起了校长和高层的重视，决策层重新思考早稻田大学未来发展的方向和道路①。

早稻田大学董事会对学校未来发展提出两个基本的目标：一是要强化国际方面的研究，二是促进能够满足后工业化日本社会对信息技术和服务行业人才的需求。改革的前提是要充分考虑日本社会老龄化和全球知识经济的特殊需要，将全球化不仅仅看成是暂时的现象，而是一种长远的影响。其次，要考虑日本社会少子化现象日趋严重，各校之间竞争日趋紧张激烈，学校必须通过提高质量来吸引更多优秀学生前来就读。

1995年6月，校长奥岛孝康正式宣布基本的大学改革计划，主要内容包括以下三点。第一，提出建立"全通性大学"（Glocal University）的设想，一方面努力"培养能综观世界、有高瞻远瞩（Globe）的眼光和愿意服务于地区性（Local）工作的精神及行动能力的青年"，另一方面大力开展以亚太地区为中心的研究和教育②。按照奥岛孝康校长的解释：全通性（Glocal）很好地将"全球化"（Global）和"本土化"（Local）有机集合在一个办学理念中，有助于日本社会增加向世界的开放度，加速日本大学的国际化。按照学校董事会的解释，早稻田大学的本土化战略就是要培养保持民族灵魂、兼顾具有国际视野的"早稻田人"。在全球化方面，要求早稻田大学采取各种国际交流的形式推进国际化进程，如增加外国学生和教师人数，建立便利的现代信息网络，推进与外国大学研究机构之间的合作与交流，加强与私有企业之间的互动等。与此同时，在本地化方面，早稻田大学将努力提高奖学金额度，吸引日本各地最优秀的学生，学校也不会因为推行国

① 王留栓．早稻田大学办学的特点及其经验借鉴［J］．浙江树人大学学报，2004（1）：5-8.

② Kenzo，K. A Case Study of Internationalization in a Japanese University：Organizational Change and Communication［D］. University of California at Los Angeles，2003：3.

际化战略而放松对服务本地的关注①。第二，建立与国际化密切相关的专业化学院——亚太教育学院（Graduate School of Asia-Pacific Studies，GSAPS）。建立该学院的目的在于服务“环太平洋地区”（Pacific Rim）。这种专门性的研究性学院主要是想通过开展研究生层次的教育和科研活动，加强对亚太地区各国政治、经济和文化及外交等领域的研究，促进与世界各国同类机构的交流与合作。第三，提升现有学部的办学水平和科研能力。按照改革的设计要求，早稻田大学鼓励各个专业学部和研究所开发新的研究科目和课程，改善学校的研究水平和培养能力。早稻田大学的领导层认为，伴随全球化和信息化社会的来临，研究生教育成为大学教育不可或缺的重要部分，其重要程度等同于本科水平的教育。

2007 年，125 周年校庆之际，早稻田大学根据社会形势发展的需要，进一步规划新的计划，提出“向独创的失端研究挑战”、“全校终生学习的机构化”和“地球市民的培育”三大教学目标。其目的就是要致力于充实、改善大学的教研环境，并大力推进大学对社会的贡献。特别是在亚洲地区，早稻田大学致力于建设全球化的知识网络并力图成为其重要的组成部分。

2. 管理组织建设和领导作用

早稻田大学在众多日本大学中国际化程度名列前茅，与其拥有一支强有力的机构组织和专业人才队伍密不可分。2003 年 8 月，为了全面统一地完成与促进国际化相关的业务，早稻田大学在组织总部建立了国际事务部。2005 年 1 月，早稻田大学意识到需要加强自身提供支持服务的功能，建立了用于接受和派遣交流学生的国际中心和国际部中的学生交流计划部。这些机构还负责设计交流项目。两个办事处的作用是把 100 名学生输送到国外和在近期接受 3 000 名交流学生。现在早稻田大学已派出留学生 1 091 人，招入留学生 3 000 人。

① Okashima, T. Glocal university: Reforming of Wasada University [M]. Tokyo: Wasada University Press, 2002.

表 4－18 早稻田大学国际化系统设置

部 门	国际部/国际科	留学中心	学生交流计划科
职责	规划设计国际化战略	实施接纳留学生方案	接纳留学生方案设计
	建立海外据点，开发新的方案，开拓海外业务	实施派遣留学生	派遣学生方案设计
	接纳派遣研究人员	实施国际教育方案	
	接待来访者	实施学生海外就业	海外学生就业设计
	缔结学术交流协定	外籍学生考试，归国学生考试	学生交流方案设计

资料来源：根据早稻田大学官方网站提供的信息整理而成。

除了建立校园内部组织之外，国际部还在海外设置专门机构（见表 4－18）。在德国伯恩，早稻田大学设置专门的海外招生点，负责国际学生入学"直通车"工作。另外，为吸引外国留学生，早稻田大学的领导主动到国外宣讲，动员招生。如前任校长奥岛孝康和现任校长白井克彦两位学校领导都曾经先后于 1998 年和 2003 年率队到上海招揽学生。

3. 建立专业学院开发国际课程

1998 年，早稻田大学按照发展目的的设计要求，成立了专门研究亚太地区经济、政治、文化等问题的专门研究生教育学院。亚太研究生教育学院属独立的研究生院，下设国际经营学和国际关系学两个学系和专业，主要致力于开展从全球及地区的角度对以亚洲太平洋为中心的地区的历史、政治、经济、产业、经营、社会、文化及国际间各种问题进行学术性研究。该研究科的课程设置不仅限于日语教学的科目，还包括指定的纯英语教学的科目。2004 年 4 月开设的国际教养系是以亚太地区为主的开展最高水平的大学教育，遵照国际标准配备了相应的教学环境，教学语言为英语。

4. 积极拓展海外业务，实施国际化办学策略

首先，建立国际化科研网络。如在海外设置研究机构，在亚太地区实现知识共创的目标（见表 4－19）。以信息化、国际化的举措促进"知识共创"：策划了三期信息化推进项目。第一期项目实施于 1997—1999 年，建立了数据库和宽带视频，建设了可供 5 万名学生共享的信息资源。第二期项目实施于 2000—2002 年，设立了开放式教育中心，推进了教学的开放化和研究的开放性。第三期实施于 2003—2006 年，致力于实现 CUC（Cyber University Consortium)，即与国外大学之间班级的自由交流、授课和教材互换。同时包括从 2002 年开始实施，共计 17 个国家的 33 所大学参与的跨文化远程教育（Cross-Cultural Distance Learning，CCDL）项目。

表 4－19　海外研究机构

德国波恩	欧洲中心
波兰	俄勒冈事务所
新加坡	成立“早稻田——欧林巴斯生物科学研究所”
泰国	日语教学中心
亚太地区	全球性的知识网络研究中心
中国	“北京大学——早稻田大学教育科研联合中心”

其次，积极开展国际合作与研究。1994 年北京大学和早稻田大学推出了“北大—早大国际关系学硕士联合培养项目”。2001 年，该项目进一步扩大规模，并新增了联合培养博士生项目。2004 年 8 月，两校共同成立教学科研联合中心，将在教育合作和共同研究等领域开展全方位深入的合作。2005 年，中日首个本科生双学位联合培养项目正式开始。这标志着两校多层次、全方位、战略性的交流合作架构已经确立。此外，2007 年 4 月 12 日，早稻田大学和中国国家汉语国际推广领导小组办公室签订了《孔子学院设立协议书》，设立了早稻田大学孔子学院，该学院由早稻田大学和中国最高学府北京大学共建共管。自 1982 年签订学术交流协议以来，两校进行了多项人员交流与学术合作。2003 年，设立了“早稻田大学—北京大学共同教育研究管理机构”，建立了将两校的共同教育研究工作推广到所有学科的体制。除此之外，还在北大附近的产学研基地开展共同研究工作。作为共建共管事业的一部分，早稻田大学孔子学院开展的项目包括：“培养青年学者”、“聘请著名学者”、“中日学者学术共同研究”、“早稻田大学孔子学院讲义录出版”。早稻田大学孔子学院与其他孔子学院不同，是世界上第一个“研究型”孔子学院，致力于支持以中国为研究对象的研究生和年轻学者的研究活动，不同于其他孔子学院开展以学习汉语和体验中国文化为主的“学习型”项目。第三，积极扩大留学生人数，力求将留学生人数达到早稻田大学学生总数的一半以上，使大学成为具有不同的文化、不同历史背景、不同语言的年轻人会聚、交流的场所。力图推进日本和国外大学之间的友好合作与交流，培养学生的世界观和全球观。

*　　　　*　　　　*

本章参考文献

中文文献

[1] 崔红丽．面向21世纪日本高等教育改革的趋势［J］．广东农工商职业技术学院学报，2001.

[2] 黄福涛．日本国立大学结构改革的现状与趋势［J］．比较教育研究，2002：10.

[3] 金子元久．高等教育规模扩大过程中的财政体系：中日比较的视角［M］．北京：教育科学出版社，2008.

[4] 金子元久．日本高等教育大众化的经验与启示［J］．教育发展研究，2002（2）：57.

[5] 史朝．现代日本高等教育发展机制研究［M］．武汉：华中理工大学出版社，1997.

[6] 宋志勇．日本国立大学的法人化改革［J］．日本学论坛，2005：1.

[7] 吴忠魁．日本教育改革的战略设想——临教审教改最终报告述评［J］．比较教育研究，1988：3.

[8] 杨文武．印度吸引外国留学生现状分析［J］．南亚研究季刊，2005. 2.

[9] 张晓鹏．日本“大学结构改革”：进展、背景及意义［J］．复旦教育论坛，2003（2）.

[10] 赵永东．日本国立大学结构改革的原因简析［J］．现代教育科学，2004：3.

[11] 朱永新，王智新．当代日本高等教育［M］．太原：山西教育出版社，1992.

外文文献

[1] Akiyoshi Y. Japanese University Leader's Perceptions of Internationalization: The Role of Government in Review and Support［J］. Journal of Studies in International Education, 2009.

[2] Altbach, P. & Knight, J. The Internationalization of Higher Education:

Motivations and Realities [J]. Journal of Studies in International Education, 2007 (3/4): 290 -305.

[3] CAHE.「東北大學のFD実施状況と展望」[J]. 東北大学高等教育開発推進ヤンター，平成19年3月.

[4] Kenzo, K. A Case Study of Internationalization in a Japanese University: Organizational Change and Communication [D]. University of California at Los Angeles, 2003, 3.

[5] Knight, J. Updated Internationalization Definition [J]. International Higher Education, 2003: 2 -3.

[6] RIHE International Seminar Reports. Academic Reforms in the World: Situation and Perspective in the Massification Stage of Higher Education [M]. Hiroshima: Hiroshima University Press, 1997.

[7] Wende, M. The International Dimension in National Higher Education Policies: What has Changed in Europe in the Last Five Years?. , *European Journal of Education*, 2001 (4): 431 -441.

[8] 夏目達也，青山佳代．名古屋大学のFD活動への高等教育研究ヤンターの支援 [J]. 名古屋大学高等教育研究，2008: 7.

网络资源

[1] 东京大学宪章 [EB/OL]. [2012 -05 -03]. http://www. u-tokyo. ac. jp.

[2] 东京大学国际事务部．东京大学国际化发展长期设想 [EB/OL]. [2012 -12 -08]. http://www. u-tokyo. ac. jp.

第五章　全球化背景下德国精英大学建设：政策与实践

第一节　德国高等教育国际化与博洛尼亚进程

欧洲高等教育的发展历来是在一个国际化的氛围中进行的。这一传统可以追溯到欧洲中世纪大学的产生与发展。即便是在民族国家理念盛行的19世纪，欧洲范围内的大学交往从未中断过，国际间的学术交往可以说是欧洲大学发展的一个组成部分。德国当然也不例外，其大学自始至终与欧洲其他的国家保持有密切的联系。建立于20世纪初期的德国学术交流中心（DAAD）或洪堡基金会（Alexander von Humboldt-Stiftung）就是专门从事高等教育学术交流的机构。

然而，高等教育的国际化初期并不被看作是高等教育政策的目标之一，直到20世纪80年代，高等教育国际化逐渐开始成为德国高等教育政策的一个议题。1982年，当时的西德大学校长联欢会以“大学的国际性”为主题，对大学的国际化问题进行了专门的讨论。具体议题包括：（1）大学的国际性与大学的观念；（2）大学与文化沟通及国际性合作（包括与第三世界的合作）；（3）大学与人类面临的共同问题，如人口、环境等；（4）学术人员、大学生的交流；（5）大学与对外文化政策。大会最后向政府、经济界及各高校发出呼吁，要求各方面都来关心、重视、支持大学的国际交流与合作。此后，高等教育国际化开始受到普遍的关注，政府及有关权威机构提出了一系列有关促进高等教育国际化的政策，如1986年联邦议院发表的文件《关于加强与发展中国家科学合作政策的必要性》、1988年联邦教育和科学部发表的研究报告《国际联合培养计划的比较、经验、问题、成果》、1988年联邦教育和科学部发表的研究报告《赴外留学对大学生及毕业生的益处》、1989 西德大学校长联合会提出的《对国际学术联系的意见》、1990 年联邦经济合作部专家咨询组报告《关于加强与发展中国家科学合作政策的必要性》以及 1991 年联邦教育和科学部发表研究报告《欧洲统一市场对联邦德国教育系统的挑战》，等等。1992 年，德国关于高等教育发展的权威智囊机构——科学审议会提出了《关于科学交往国际化的建议》的咨询报告。该报告指出，德国的科学研究和高等教育虽然已在很高的程度上进入国际交往之网，但在新的国际政治、经济、科学发展的条件下，德国的高等教育及科学研究还应当进一步国际化。此报告的提出标志着对高等教育及科学国际化的认识及重视程度在德国已达到一个新的水平①。

对高等教育国际化的关注是从大学生的国际流动开始的。在“二战”后的几十年间，德国的留学生人数非常有限。1950—1951 年在德外国留学生仅占大学生总数的 1.7%。在很长一段时间里，高等教育的国际交流与合作在联邦德国从来不是一个重要的议题，相反往往受到忽视。有限的一些国际交往也以零碎、个别的活动为主；决策部门对此问题更缺乏宏观的认识。从 20 世纪 80 年代开始，大学生的国际交流日益成为一个普遍受关注的议题。其中高等学校的国际化、大学生和择业的国际流动问题在 80 年代不断突出，成为德国乃至欧洲大学关注的中心议题之一。

在政府及大学的各项政策推动下，大学生的流动性逐步得到提高。在 20 世纪 70 年代中期以前，与其他国家相比，联邦德国出国留学生的数量偏少，大学生“厌外”一度成为大问题。80 年代以来情况开始发生变化。每千名德国大学生中，1980 年平均有 26 人出国留学，1985 年 29 人，1990 年这一数字上升到 34 人②。1987 年德国出国留学生人数约达 2.5 万，在西方发达国家中仅次于日本，居第二位③。在德外国留学生的数量在 80 年代也有较大的增长，1980 年大约为 5.8 万人，1990 年约达 10 万人，10 年间增长了 71%。外国留学生在全部大学生中的比例由 1980 年的 5.5% 提高到 1990 年的 6.3%④。从国际上来看，德国也是西方国家中仅次于美、法的大学生“进口”大国。

在推进大学生国际流动的诸多措施中，联合办学、联合开设课程是一种

---

① 陈洪捷．德国高等教育的国际化趋势［J］．欧洲，1945（1）：65.

② 联邦德国科学审议会．关于科学交流国际化的建议［J］．德国大学通报，1993（12）：5.

③ 联邦德国教育和科学部．基本统计手册 1991/1992［G］//格茜尔德·弗拉姆汉．联邦德国的高等教育——结构与发展．北京：北京大学出版社，1993：121.

④ 同②.

较为普遍的措施，这些举措主要是在大学的双边或多边合作基础之上进行的。比如德国、法国和卢森堡诸国交界地区的7所高校1984年建立了“萨、罗、卢、特、西法耳茨高校同盟”（Hochschul-Charta：Saar-Lor-Alux-Trier-Westpfalz）；5所德国大学、5所法国大学和卢森堡、比利时各一所大学进行合作，共同培养研究生。“莱茵河上游地区大学欧洲联盟”（Die Europäisehe Konfoderation der Oberrheinischen Universitäten，建立于1989年）则包括两所德国大学（弗赖堡大学和卡尔斯鲁厄工业大学）、一所瑞士大学和4所法国大学。在这一联盟中，各高校相互交流学生、教师及技术和管理人员，相互承认课程，设置共同的培养计划，建立共同的研究机构，共享科研成果和信息。还有德法技术与经济学院（Das Deutsch-Französische Hochschulinstitut für Technik und Wirtschart），该学院由德国的萨尔技术与经济学院和法国梅斯大学合办，在德法两国招生，并授予两国的文凭。该学院设置的专业有建筑工程、企业经济、电子学、信息学和机器制造，注重外语学习和培养进行跨文化交流的能力。

在双边或多边的校际合作中，培养与课程往往是一项重要内容。20世纪80年代以来，德国高校与国外，特别是英、法、美高校共同建立了大量的“联合培养计划”（Das integrierte Auslandstudium，IAS）。在这种培养计划中，两所或多所高校共同开课或相互承认课程，承认文凭或授予两国文凭。例如，亚琛高等专科学校与英、法、希腊、西班牙和意大利诸国的7所高等学校共同设立了一个联合培养计划。在这一“欧洲经济培养计划”中，学生可以根据自己的选择在其中3所高校就学。最初两年，学生均在本国家高校学习基础课程，同时开始学习相应的外语。第三年，学生在自选的一所外国高校学习，然后再去自选的另一所外国高校学习一年，必须同时通过所在高校的考试。毕业论文可在3所就读的任何一所高校中进行，但指导教师必须是本国高校的教师。结业时可获得“企业经济专家文凭”（高专）以及另外两所国外高校的文凭。

德国高等教育国际化的趋势与欧洲的政治经济发展背景是息息相关的，本身就是西欧一体化、东西欧接近进程中的一个组成部分。欧共体及欧盟的旨在促进欧洲一体化的种种措施有力地推动了成员国之间的政治、经济与教育的联系，促进了大学生、高校教师在欧共体内部的流动，促进了欧洲各国大学之间的科研合作，如伊拉斯谟斯计划（Euopean Action Scheme for the Mobility of University Students，ERASMUS）等。同时，国际经济市场及国际化劳动力市场的出现，对于德国这样一个资源比较贫乏、以工业品出口为生存基础的国家有着重大的影响。要保持其经济实力和产品在国际市场上的竞争力，就必须培养出了解国际市场，能够参与国际竞争的人才。因此，加强高等教育和科学领域的国际合作，通过资源的共享改进自己的培养制度也就势在必行。另外，与发展中国家在科学、教育领域的交流与合作也是德国高等教育国际化的一个重要方面。由于政治、经济、文化及道义等原因，德国从 20 世纪 70 年代初就开始对发展中国家进行援助。20 世纪 80 年代初，德国的援助政策开始注重援助与合作相结合，特别注重人才培养、科研、技术上的合作，其中接受发展中国家的留学生被看作一项重要措施。为了在经济、技术、生态等方面进行长久的合作，德国认为对留学生的培养不仅要注意专业知识，更要培养了解多元文化、能够进行跨文化交流的能力；文化上的了解和沟通是技术、经济合作的基础和保证。

总之，在欧洲一体化的大进程和国际东西方格局的变化过程中，德国的高等教育从 20 世纪 80 年代开始，大约在 20 年间出现了明显的国际化的趋势，这一趋势主要反映在大学生国际流动、联合培养、合作研究等方面，其中大学生的国际流动现象最为突出。

自从第二次世界大战结束以后，欧洲开始了一个漫长的体系化进程。在关税同盟、共同贸易政策、共同渔农政策、单一货币体系的基础上，欧盟一体化的程度不断加深。与此同时，高等教育的欧洲化被提上了议事日程。1999 年 6 月 19 日，29 国教育部长共同签署了《博洛尼亚宣言》。该《宣言》在 1997 年《里斯本公约》和 1998 年《索邦宣言》的基础上，明确了“欧洲高等教育区”的建设目标。所谓“博洛尼亚进程”正式启动，这次进程对于推动整个欧洲的高等教育改革产生了深远的影响。博洛尼亚进程包括如下几个重要方面。

第一，推广相对统一的阶段式学位制度。欧洲各国高校的学位制度纷繁多样，学制之间的差异给高校学生出国交流、攻读学位、跨国就业带来不便，不利于欧洲统一教育科研区和统一劳动力市场的形成。因而，需要建立一种相对一致、并符合国际通用标准的学位制度。《博洛尼亚宣言》提出效仿英、美等国学制，将高等教育分为“本科”（undergraduate）与“本科后”（postgraduate）两个阶段。2003 年柏林会议后，将博士阶段也囊括进这一体系，构成“本—硕—博”三阶段式的学位制度：高等教育第一阶段（本科）原则上不超过 3 年，毕业生应具备在欧洲劳动力市场就业的能力；第二阶段（硕士）2 年左右，培养目标介于应用型人才与学术人才之间；第三阶段（博士）没有明确规定时限，主要是学术研究导向。

第二，增强学位的易理解和可比较性，促进学位互认。除促成学位体系在结构上的一致化，博洛尼亚进程还致力于增强各国高校颁发学位的易理解性和可比性，进而促进学位互认。为达成这一目标，主要采取了两项措施。一是推广“欧洲学分转换积累系统”（ECTS）。在欧洲不同国家地区的高校之中，学生学习的内容、时间、知识含量等都有所差别，在跨国交流、升学时容易产生衔接转换上的不便。为解决这一问题，博洛尼亚进程采用了脱胎于“伊拉斯谟项目”的ETCS，原则上以学习量和学习成果作为积分标准，将学生在高校内的学习转化为一目了然的分值，并以修满一定学分作为完成本科或硕士阶段学业的必备条件。ECTS不仅为学生跨国就学提供了便利，也成为不同高校颁布“联合学位”（joint degree）的重要前提。

第三，普及“文凭补充文件”（Diploma Supplement）。“文凭补充文件”也叫“附加证书”，意在说明证书文凭“背后的信息”，包括毕业文凭的特点、层次、内容、类型以及与其他证书的关联等，以便毕业生在升学和就业时可以得到更全面、更合理的评估。

第四，建立高等教育质量保障体系。高等教育质量保障体系的主要功能是确保高等教育机构、项目、资格认证等能够达到并维护教育、学术及基础设施的特定水准，为高等教育的利益相关者提供水准保证，进而促进高等教育系统的发展壮大。质量保障体系对高校人才培养的资格、标准、效率、成果提出了问责，使其具有更高的透明度和社会参与度。

第五，促进高校人员的自由流动。在建立“欧洲高等教育区”的过程中，促进高校人员流动是至关重要的一环。从欧洲层面讲，高校内部人员的跨国交流，有助于加强高等教育机构之间的合作与竞争，保持欧洲高等教育的多样性与活力，增强其在世界范围内的吸引力；对于各参与国和各高校而言，同样具有改善教育科研质量的作用；对学生个人来讲，则能够通过跨国交流经历开阔眼界，培养对不同文化的适应力，有益于学术或职业的发展。“促进高校人员自由流动”可以被看作是博洛尼亚进程的核心目标，推广统一学制、促进学位互认等其他目标在某种程度上也是为它服务的。2009年的《鲁汶公报》中特别提出新阶段的目标：到2020年欧洲高等教育区的毕业生至少有20%应有出国留学或培训的经历。

第六，提升毕业生的就业能力。博洛尼亚进程将“就业能力”定义为获得初期就业、维持就业，以及在劳动力市场流动的能力。学生在高校学习期间能不能获得相应的能力，以适应竞争激烈的劳动力市场，不仅关系到学生个人物质与精神生活的质量，也关系到欧洲高等教育的吸引力与竞争力，更关乎教育在维护社会稳定和发展中所起的作用。

第七，倡导“终身学习”理念。“终身学习”概念最早由联合国教科文组织终身教育局局长保罗·朗格朗（Paul Le Grand）于1965年提出，其含义主要是：第一，每个人都有发展自己的可能性，同时也要适应社会接连不断的挑战，因此教育应通过人的一生持续进行；第二，未来的教育是社会全部教育和训练机构与渠道的统合，从而使人们在其生存的所有部门（不单单是学校），都能根据需要方便地获得受教育的机会。“终身教育”理念纳入博洛尼亚进程，意味着高等教育不再是终身教育，而只是继续教育的第一步；高校将参与到同其他教育训练机构及渠道的统合过程中，以多种形式为社会提供高等教育服务。同时也预示着高校人才培养的对象与方式将进一步扩展。

第八，关注教育公平等社会维度。《博洛尼亚进程》最初的目标只涉及教育、文化、经济方面，自2001年起，开始兼顾“民主”这样的关乎社会公平稳定的目标。2005年《卑尔根公报》中，首次将“社会维度”（social dimension）单独列为工作重点，致力于确保高等教育入学机会的公平，并提供条件，以便学生能够不受出身地位和经济条件的约束完成学业。2007年《伦敦公报》和2009年《鲁汶公报》也再次重申了高等教育在促进社会团结与平等方面的作用，指出应为学生，尤其是弱势群体的学生提供适当的服务，创造灵活的渠道，使他们能够更广泛地参与各个层次的高等教育，充分地发展自身。从而达到促进社会流动，维护平等与稳定的目标。

在博洛尼亚进程的推动下，德国的高等教育进行了一场根本性的学制改革，改革力度之大、影响之深，可谓史无前例。

其实，引入英美式的“本科—硕士”学制、与国际接轨的呼声，在德国的高等教育政策中并不是新的话题，只是这一建议一直未能实施。1999年6月签署《博洛尼亚宣言》之后，德国高校的学制改革得到了新的契机：推行本—硕两级式学制，不仅可以缩短学习年限、减少财政开支、增加高等教育与学生就业的联系，更顺应了欧洲高等教育一体化的趋势，是应对国际竞争的必然需求。2002年8月，德国《高等教育总纲法》进行了第6次修订，增加了推行“本科—硕士”两级学位体制的规定，集中在第19款中①，为以下四点。

（1）高校可设置学士（Bachelor/Bakkalaureus）和硕士（Master/Magis-

① 引自《高等学校总纲法》（Hochschulrahmengesetz），1999年1月版，2002年8月8日第6次修订，见 http：//www. bmbf. de/pub/hrg_ 20020815. pdf. 2002－08－15。

ter）两级学位。

（2）当学生通过考试，达到第一阶段的从业资格要求后，学校可向其颁发“学士”学位。学士阶段规定修业年限不少于三年，不多于四年。

（3）当学生通过考试，达到第二阶段的从业资格要求后，学校可向其颁发“硕士”学位。硕士阶段规定修业年限不少于一年，不多于两年。

（4）如连续进行第二条和第三条中所指的第一和第二阶段的学业①，总修业年限最多为5年。

按照规定，本科阶段获得的学士学位为第一级具有从业资格的学位，以教授基本的学科知识和研究方法为主，不区分“应用”或“学术”导向，学制3—4年；硕士学位为第二级具有从业资格的学位，分“偏重应用”和“偏重研究”两种导向，学制1—2年②。学士学位理论上与高等专科学校的毕业文凭Diplom（FH）等值；硕士学位则与传统学制中的大学第一级学位Magister Diplom等值。本硕两级之间的衔接渠道畅通：原则上只要拥有学士学位，即可申请攻读任意一所高校的硕士③。

在新学制中，获得第一级学位的时间被缩短为三年，意味着教师授课和学生学习都要安排得更加系统、紧凑。为此，新建的本科、硕士专业在课程安排上采取“模块式”，根据专业学习的要求，将课程分为若干个“模块”（Modul），每个模块对应一定的ECTS学分值，围绕该学科的一个主题，设置讲座、研讨课、习题课、实习等，结束时以考试形式进行测评，通常学生每学期要修多个模块的课程④。

新学制改革出台十余年来，在“本科—硕士”学制的普及上取得了巨大成效。1999—2000年冬季学期，全德所有类型高校内仅有本科专业123个，硕士专业60个。根据德国高校校长联席会议和德国联邦统计局提供的数据到2010年夏季学期，总共13 421个高校专业中却已有5 817个本科专业和4 989个硕士专业，占总数的80.5%；2008—2009冬季学期，共有868 276名学生在新学制下学习，占总数的42.9%。

---

① 此处的“连续进行学业”指在同一学校、同一专业内进行学习。如在某一所高校学习4年拿到本科学位后，赴另一所高校攻读另外一门专业的硕士，用两年拿到学位，虽总共用时6年，但也不算违规。

② HRK. Texte und Hilfestellungen zur Umsetzung der Ziele des Bologna-Prozesses an deutschen Hochschulen. Bonn［G］. Bologna-Reader. 2004：25.

③ 同②，31－33.

④ 同②，89－92.

在博洛尼亚进程中，2003年的《柏林公报》提出，为在“欧洲高等教育区”与“欧洲研究区”之间建立更为紧密的联系，加强“研究”在欧洲高等教育中的地位，将博士培养阶段也纳入“分阶段式学位体制”框架，构成第三级。此举意在发挥科学研究在技术、社会、文化发展中的助推作用，从而提高欧洲高校的吸引力和效益①。根据《柏林公报》，德国高等教育主管部门将博士阶段纳入了博洛尼亚进程框架下的新学制中。获得大学或与之地位相同的其他高校颁发的硕士学位者，都有权申请攻读博士；特别有学术能力的本科毕业生也可在证明自己能力的前提下直接攻读博士②。

将博士阶段纳入新学制体系的同时，高等教育主管部门也通过政策性和倡议性的文件，对博士培养提出了新的要求：核心是发挥博士生培养在推进跨学科知识研究、改善大学教育质量、增强大学竞争力方面的作用③。特别强调，大学在制订博士培养计划时，应考虑到就业市场的多样化需求，为博士生日后在大学内外从事科研导向的具体工作打下基础。

配合上述培养导向，大学中具体的博士培养过程也须做出一定调整。主要有：将博士培养纳入规范的、机构化的框架内（例如设立“研究生院”）；引入“结构化博士项目”（Strukturiertes Promotion Programm），缩短培养时间，为更多外国留学生提供攻读博士的机会；增加“授课”在博士生培养中所占的比例，巩固其基础知识，培养“核心能力”；改善针对博士生的学业与职业辅导等④。

第二节　德国大学卓越战略的提出与实施

从高等教育国际化及全球化的视角看，无论是大学生的国际流动或国际

① Realising the European Higher Education Area [C]. Communiqué of the Conference of Ministers Responsible for Higher Education, Berlin, 2003: 7.

② KMK. Zugang zur Promotion für Master-/Magister-und Bacholer /Bakkalaureus Absolventen [G] // HRK. Bologna-Reader. Texte und Hilfestellungen zur Umsetzung der Zieledes Bologna-Prozesses an deutschen Hochschulen, 2004: 60 - 61.

③ Gemeinsame Erklärung der Rektorenkonferenz der Schweizer Universität (CRUS) der Österreichischen Rektorkonferenz (ÖRK) und der Hochschulrektorkonferenz (HRK) [G] // HRK. Bologna ReaderII: Neue Texte und Hilfestellungen zur Umsetzung der Ziele des Bologna-Prozesses an deutschen Hochschulen, 2004: 118.

④ KMK, BMBH. Bericht zur Umsetzung des Bologna-Prozesses in Deutschland [R]. Berlin, 2009: 7 - 8.

合作的加强，还是高等教育学制的改革，这些是德国所有高等学校都面临的问题。就是说，所有高等学校，不分老大学和新大学，都必须参与其中，使自己与国际接轨。但是，随着高等教育全球化趋势的加强，德国大学的一个根本原则也开始动摇。传统上所有大学都具有同等的地位、享受同等学术地位的观念开始发生变化，精英大学成为高等教育政策的一个新的目标。就是说，德国的大学体系内部开始形成等级差异。按照德国的传统，大学虽然有历史长短的之分，学科有多少之别，但作为整体，所有大学都是兼顾科研和教学的研究型大学，整体上没有高下之分，区别只存在于学科层面。自从19世纪洪堡大学改革以来，所有的大学都重视教学与研究的统一，强调科研的重要性。所以，德国的大学均为研究型大学。

但是在高等教育全球化的浪潮中，德国的研究型大学显得缺乏世界一流的声誉。建设德国的“世界一流”大学成为德国面临一个新的任务。就是说，承认大学体系内部的差异，重点打造精英大学，正是在高等教育全球化过程中出现的一个新的发展趋势。

在高等教育全球化的浪潮中，大学排名无疑是一种重要的推动力量。在全球大学排名的逻辑下，各国大学的传统不再重要，重要的是一所大学在全球化的尺度下的显示度和排名位置。德国的大学长期以来最看重各个专业的学术水平，习惯于不同大学中同一专业的排名，而不认可大学作为整体的评比。但是，在全球化的大学排名趋势下，世界一流大学更具有显示度和号召力，而专业排名则意义不大。

在目前流行的种种国际大学排名中，德国大学的排名位置通常很难进入前50名。如在上海交通大学2005年公布的“世界大学学术排名”中，德国有5所大学入围前100名，其中排位最靠前的慕尼黑大学仅排在第51位，在数量和位次分布上都无法与美国相抗衡，也不敌欧洲近邻英国（详见表5-1）。国际排名只是一种现象，其背后的逻辑意味着大学必须在全球的层面上表现其业绩，大学的整体业绩应该在全球的范围中得到认可。而“德国拥有较高水平的高等教育机构，但是这些机构以及它们的学术水平缺乏多样性，同时也缺少‘卓越中心’”①。所以在国际排名中一直显得暗淡。

① Berning, E. Die Internationale Attraktivität des Beschäftigungsbereichs Hochschulen und Wissenschaft in Deutschland. Beitrag für die Vergleichsstudie von Jürgen Enders/ Egbert de Weert: The International Attractiveness of Academic Work Place in Europe [R]. Germany, München. National Report, 2003: 19.

表5－1　世界前500名大学的国家分布（上海交通大学2005年版）①

序号	国家	前20名	前100名	前200名	前300名	前400名	前500名
1	美国	17	53	90	119	140	168
2	英国	2	11	19	30	36	40
3	日本	1	5	9	13	24	34
4	德国	0	5	16	23	33	40

同时，在全球化的背景下，留学生的大潮往往是追随明星大学而流动的。德国大学对国外学生的吸引力也在下降。根据联合国教科文组织2003年度数据报告中的世界各主要国家留学生人数统计，2000—2001学年度留学德国的国际学生为199 132名，占其总学生人数的10%；同期英国的国际学生数为255 722名，占其学生总数的11%；而当时美国的留学生人数更是多达475 169名。并且赴德留学学生的来源相对单一，多为欧洲国家，来自经济特别活跃的地区（如东亚）的留学生数量从20世纪80年代初到90年代末几乎没有增长。可见，在这场全世界范围的“人才争夺战”中，德国显得有些落后。同时，由于顶尖的大学的吸引，德国也面临人才外流的问题。据调查，在赴美留学的德国学生中，“有将近三分之一的德国青年学者长期在美国从事科研和教学活动，最优秀者常常就留在了美国。德国的诺贝尔奖获得者中约有四分之三是在大洋彼岸从事科学研究工作”②。据德国联邦统计局统计，2002年有近12万人离开德国，在国外获得工作。据《科学家》杂志报道，在自然科学领域有大约1/7的博士学位获得者到了美国。

德国联邦政府于2005年做出了实施卓越战略的决定，希望通过重点资助的方式，打造德国乃至世界的一流大学。卓越战略的具体做法就是：在全国范围内评选出少数优秀研究生院、卓越研究集群和未来构想大学，由联邦政府和各州政府按照比例对其投入巨资，以培养德国科学的未来人才并提升德国大学的科研实力。重点资助主要有这样三个方面。第一，研究生院（德国由于具有其特殊传统，研究生院只包括博士研究生的培养）。研究生院对于培育德国科学领域在国际上具有竞争力的卓越基地具有重要意义，是培养未来学术人才的质量保障工具，遵循在卓越环境中培养优秀博士生的原

① 刘念才．世界一流大学：特征·排名·建设［M］．上海：上海交通大学出版社，2007：7.

② Elite. Die SPD möchte Spitzenuniversitäten schaffen. Was muss sich an unseren Hochschulen ändern?［EB/OL］．［2008－05－16］．http：//www. zeit. de/2004/03/B-Eliteumi.

则，在一个较宽的科学领域内提供理想的攻读博士环境，作为在国际上有影响的整体机构促进博士生对于各自研究生院的身份认同。第二，卓越集群（主要是指跨学科的研究中心、所）。通过卓越集群要在德国大学建立国际上有影响的、具有竞争力的研究和培养机构，建立网络和合作。卓越集群应该是高校动议和主题计划的重要组成部分，要求取得优先发展的地位。此外，还应该为科学未来人才提供卓越的培养条件和事业发展条件。［卓越集群、研究生院和基于项目的扩展大学尖端研究的未来构想（以下简称未来构想）三位一体，共同增强德国作为学术重镇的地位，改善其大学教育的国际竞争力。］第三，未来构想，目的是扩展德国大学的尖端研究，使其具有国际竞争力。具有资格申请未来构想的大学必须对本校的长远发展提出可行性愿景，制订出提升学校整体科研实力和国内外竞争力的计划，巩固并扩展其优势领域，在世界一流大学的国际科学竞争中树立其机构形象。以增强德国作为大学和科学基地的地位，更加突出其现有的卓越水平。

“精英大学”的设想最初来源于时任德国社民党总书记的肖尔茨（Olaf Scholz）。2004 年 1 月，时任德国联邦教育部部长的布尔曼（Edelgard Bulmahn）女士首次正式提出在德国打造数所哈佛式的精英大学，希望借此来改变德国大学在世界上的二流地位，培养大批世界一流的各类精英人才，再造德国大学的辉煌①。在教育领域一贯主张机会平等的社会民主党在世纪之初破除了对“精英”概念的禁忌，自然引起了社会各界不小的震动②。在政治讨论中，人们希望德国出现一所德国的“哈佛”或者多所“斯坦福”。自此引发了关于德国高等教育发展和改革的讨论，实施改革是社会各界的共识，但是在具体做法上却存在很大争议。

2005 年 6 月，联邦政府和各州政府最终达成一致，根据《基本法》91b 款通过了“联邦与各州促进德国高校科学与研究的卓越战略”（简称卓越战略 Exzellenzinitiative）。联邦及各州将在五年内（2006—2011 年）对入选卓越战略的研究生院、卓越集群及未来构想的大学给予 19 亿欧元的资助，其中 75% 由联邦提供，25% 由各州筹措。在卓越战略第一个五年到期前，2009 年各方将讨论是否继续延长或调整该动议。

根据 2005 年 7 月 18 日联邦政府和各州政府正式签署的“联邦与州关于

① Münch, I. Eliteuniversität, Leuchttürmer oder Windräder? ［M］. Hamburg: Reuter Kloeckner, 2005.

② Hartmann, M. Exzellenzinitiative – Ein Paradigmenwechsel in der deutschen Hochschulpolitik ［J］. Leviathan. 2006 (4): 447.

共同实施德国高校卓越战略的协议”，协议签署方（联邦政府和各州政府）将共同资助申请高校及其在高校领域内的合作伙伴的科学研究活动，包括校外研究和经济领域。具体来说包括以下三条资助线：研究生院、卓越集群以及基于项目以扩展高校尖端科研的未来构想。资金申请和接受的主体均为大学。在立法机构资金到位的条件下，2006 年到 2011 年，整个项目的总资助额为 19 亿欧元；2007 年到 2011 年，每年 3.8 亿欧元，2011 年 1.9 亿欧元。

研究生院（Graduiertenschulen）：就是资助一些优秀的博士生培养项目，培养年轻的科研后备人员，为博士研究生进行国际化、跨学科的研究提供良好的科研环境，从而提高德国博士生培养的总体水平。计划将资助大约 40 个博士生培养项目，每个项目将获得每年 100 万欧元的资助①。

卓越集群（Exzellenzcluster）：主要是支持大学建立具备国际竞争力的卓越研究和培养机构。同时利用德国大学校外研究机构实力强的特点，促进大学与校外研究机构、应用技术大学及经济界的合作。计划打造约 30 个卓越集群，每个卓越集群将获得每年 650 万欧元的资助。

未来构想（Zukunftskonzepte）：其实就是最初提出的所谓“精英大学计划”。帮助德国顶级大学拓展各自尖端科研，提高国际竞争力，并最终奠定德国高校在国际竞争中的优势。通过建设一批大学的未来构想，达到持续提高德国作为大学和科学发展的重镇地位，显示其卓越地位。未来构想计划最多资助 10 所大学的尖端特色科研，至少有一个研究生院和一个卓越集群获得资助的大学方可申请“未来构想”。获得“未来构想”的大学每年将获得高达 2 100 万欧元的资助。

按照卓越战略协议的规定，整个计划的实施由德国科学研究基金会和德国科学理事会共同承担。德国科研协会在联邦—州特别资助的框架下实施卓越战略，并保持与科学理事会的合作。德国科研协会和科学理事会共同组建共同委员会，成立审批委员会。审批委员会由共同委员会和联邦与州负责科学的部长组成。共同委员会由专家委员会和战略委员会构成，专家委员会由德国科学研究基金会评议会任命，有 14 名成员；战略委员会由科学理事会的科学委员会任命，有 12 名成员。两个委员会的成员半数以上是在科学研

---

① 卓越战略资助的研究生院指的是 Graduiertenschule，即英文中的 Graduate School，它区别于德国在 20 世纪 80 年代兴起的研究生院（Graduiertenkolleg）。Graduiertenkolleg 是由若干名教授联合申请成立，在获得资助的条件下招收博士生，开展科研项目，后来的 Graduirtenschlue 是在 Graduiertenkolleg 的基础上仿效美国的研究生院而设置的，是更加制度化的博士培养模式，这在后面会有进一步的相关论述。

究、高校管理或经济界具有长年海外经验的专家。共同委员会可以对该项目进行外部专家考察。

德国科研基金会统一开展该项目三条资助线的招标工作。共同委员会根据协议内容，确定资助条件。有权提出申请的单位主体是大学，申请书由各州主管科学的行政机构提交给德国科研协会。每所大学可以申请一个或者多个研究生院，一个或者多个卓越集群，以及第三条资助线。招标分两步进行（申请草稿与完整申请），是否递交完整申请将由共同委员会决定。在专家科学评估基础上，共同委员会将对所有申请做出最终推荐意见。审批委员会根据推荐意见做出决定。共同委员会的成员每人拥有 1.5 票，各州部长分别拥有 1 票，联邦教育与科研部部长拥有 16 票。最终的资助决定将由联邦和各州负责科学的部长联合公布。德国科学研究基金会在 2008 年 11 月 30 日前要提交一份关于共同委员会项目执行进度方面的报告。

三条资助线的财政资助应该用于学校所申请项目执行中的人员、物质和投资开支，同时也包括校外非营利性的科研机构。联邦和州要承担德国科研基金会和科学理事会的行政费用（共同委员会的费用）；行政费用根据项目计划第一条第二款所规定的分担比例由联邦和州共同负担。卓越战略资助条件除了要满足协议第一条第三款所规定之准则外，还要重点考虑以下几个方面的问题。

（1）研究生院：特色科学领域里具有决定意义的研究和学习计划的质量；对国内外大学毕业生的吸引力；对科学后备力量最优化的指导以及他们尽可能早地独立承担科研任务。现代研究型大学发源于德国，美国在 19 世纪末 20 世纪初仿效德国洪堡大学模式，改造其传统大学，建立起美国研究型大学。德国大学培养博士的模式直到现在还体现出很强的“师徒”特色，即教授指导博士生从事科研活动，完成博士论文；研究生院（Graduierten-kolleg）是 20 世纪 80 年代以来德国博士生培养的新型模式，这些研究生院通常是由一位或多位教授带领若干博士生制定某个研究项目，向 DFG 申请获得项目资助。博士生在协助导师完成项目的同时，也将项目的子课题作为自己的博士毕业论文内容。这两种模式都缺乏稳定性和制度性约束，无法胜任当代高质量、高效率培养博士毕业生的任务。所以德国借鉴了美国研究型大学博士培养模式，在研究型大学内部建立起研究生院。德国大学的研究生院不同于美国之处在于：德国研究生院只是培养博士研究生，硕士研究生不在其培养之列。卓越战略把研究生院作为培养科学后备人才的重点来资助，说明研究生院将会是德国培养博士的最主要形式。这种形式以机制化的固定结构来培养博士，有利于保障博士的数量和质量。

（2）卓越集群：在科研领域已经取得的尖端成就以及所计划的科研项目的卓越性；国际竞争中所取得的地位以及未来所追求的目标（国际影响力）；合作网络的关联性和效率；卓越集群的组织机构和未来发展潜力；知识转化的质量及其经济相关性。在这里，卓越集群重点强调了跨学科、跨领域的合作，以及科学技术与经济部门的紧密联系，特别是鼓励大学与校外科研结构合作组成科研团队，这既是当今科学技术发展的主要趋势，也是整合社会资源、实现大学服务社会功能的内在需要。

（3）基于项目的拓展大学尖端科研的未来构想：在多个不同科学领域以及形成大学特色的科学领域所取得的卓越成就；通过研究生院和卓越集群可以证明的超群的科研质量；跨学科性；与校外科研单位和其他科研伙伴的合作紧密度；参与国际合作的程度；有针对性地培养学术后备力量；持续扩展卓越科研的保障；高校提出的每份申请都必须包含具体的项目计划。这里的未来构想就是前联邦教育部长所提出的德国大学的“灯塔”，要求申请未来构想的大学在各学科领域的整体上具有较高的发展起点。参考这些指标，我们发现它们正是美国一流大学所具有的共性，因此我们可以认为，“未来构想”的目标就是要在德国已有的大学发展基础上建立德国自己的世界顶级大学。

第一期进行了两轮评选（见表 5 –2a 和表 5 –2b）。

表 5 –2a 卓越战略两轮评选三条资助线机构数目

	研究生院	卓越集群	未来构想
第一轮 2006. 10. 13	18	17	3
第二轮 2007. 10. 27	21	20	6

表 5 –2b 卓越战略三条资助线资助金额分布比例

每条资助线资助金额比例（总额度 1 969. 1 百万欧元）		
	资助金额（单位：百万欧元）	所占比例（单位:%）
研究生院	223. 7	11. 4
卓越集群	1 179. 8	59. 9
未来构想	565. 6	28. 7

2006 年年初，对第一轮招标的申请草案进行了预选，研究生院和精英集群均有 39 份申请进入下阶段的评审程序。这 78 份申请被归入 24 个专业小组，接受国际审查小组的评估，并由德国科研协会任命的专业委员会进行讨论。在将近 300 名评估专家中，大概有 60% 来自欧洲其他国家，30% 来自欧洲以外的国家，只有 10% 为德国本土专家。评估的标准为：考察被评估对象的学术质量、跨学科研究程度、国际影响力以及地区科研能力的整合程度。由科学理事会任命的战略委员会负责对 10 份未来构想进行评审。国际评估小组首先进入申请学校，进行实地评估。专业委员会和战略委员会构成共同委员会，对所有申请报告和评估结果进行讨论。最后由共同委员会形成资助意见，其结果于 2006 年 10 月 13 日揭晓，总额 8.73 亿欧元的资助额得主尘埃落定。经过对三条资助线总计 88 份申请的评估和考察，卓越战略审批委员会决定对 18 个研究生院、17 个卓越集群和三个未来构想进行资助。获选单位涉及全德国 22 所高校，每年资助总额约 1.747 亿欧元。

第二轮评选中，三条资助线共收到 305 份申请草案，其中有 278 份是申请研究生院和精英集群的，27 份是申请未来构想的。2007 年 1 月预选之后，44 个研究生院、40 个精英集群和 8 个未来构想提交了完整的申请报告。研究生院和卓越集群总共 84 份申请被划分成 29 个专业小组，接受国际审查小组的评估，并由德国科研协会的专业委员会进行讨论。在 320 名评估专家中，80% 是外国专家，只有 20% 来自德国。评估的标准是考察申请单位的学术质量、跨学科程度、国际影响力以及地区科研能力的整合能力。对第三条资助线八份申请的评估工作由科学理事会任命的战略委员会负责。首先由国际评估小组进入所在高校进行审查。由专业委员会和战略委员会组成的共同委员会对申请报告和评估结果进行协商。共同委员会形成评选结果建议，其结果于 2007 年 10 月 19 日公布。由德国科学理事会和研究协会共同组成的共同委员会对 92 份申请进行了评估和审查，卓越战略审批委员会决定对 21 个研究生院、20 个精英集群和 6 个未来构想进行资助。该论评选结果中共有 28 所高校获得不同程度的胜利，资助额达到 10 亿欧元。

卓越战略 2011 年完成了第一期，2009 年 6 月，联邦总理与各部部长共同签署了《德国联邦与州关于继续实施德国高校卓越战略的协议》，决定实施第二期（2012—2017 年）卓越战略。卓越战略第二期于 2011 年正式启动。按照联邦政府和各州政府的协议，卓越战略第二期的总经费提高到 27

亿欧元，比第一期的资助总额度增长 30%，其中 75% 由联邦提供，25% 由各州筹措；其目标是提高德国科研水平，进一步提高德国大学的国际显示度和国际竞争力；建设的重点与第一期基本相同，第一是研究生院的建设，加提高博士生的培养质量；第二是跨学科的科研团队建设；第三是面向未来的尖端科研项目。卓越战略第二期仍然是采取竞争的方式申请的。第二期的申请截止期限为 2011 年 9 月 1 日。大学共提交了 143 项申请，其中 84 项来自第一期受资助的大学，来自其他大学的申请有 59 项；63 项是研究生院项目，64 项是科研团队项目，16 项是面向未来项目。目前，143 项目均在评审过程中，2012 年 2 月底出结果，6 月项目正式启动。

第三节　关于卓越战略问题的争论

卓越战略的实施，使沉寂多年的德国高等教育重新受到世人的关注。对于世界上大多数国家来说，对大学采取重点发展政策，区别对待所谓的“精英大学”与“普通大学”是很常见的国家发展政策和实践。英国、美国，以及像法国这样拥有“精英”传统的国家及日本、中国等亚洲国家和地区都已经存在或者正在实施大学重点发展政策。德国大学长期以来均等主义的观念和实践因卓越战略而受到挑战，但是德国固有的历史文化传统始终是德国大学生存和发展的土壤，当今德国大学所面临的历史条件虽然发生了改变，但是观念的更新有时落后于时代的发展，同时卓越战略是一场高等教育资源配置方式的改革，是对高等教育机构利益相关者的利益关系的调整。因此卓越战略从政策酝酿开始，就成为包括教育界、政治界在内的社会各界的讨论焦点。由于政策本身包含的内容与人们传统的对德国大学的理解有很大程度的悖论，因而也成为政策批评家们诟病的对象。对于卓越战略政策及其实施的批评可以归结为以下几个方面：

一、卓越战略限制学术竞争

持此种观点的批评者认为，卓越战略塑造“学术精英”，形成学术寡头。卓越战略的政策出发点就是要改变德国“千校一面”的状况，激活大学体制，促进学术竞争。但是有人对此提出不同的意见，其代表人物就是班贝克大学教育社会学教授理查德·蒙西（Richard Münch）。他认为卓越战略大学使科研资源越来越集中到少数处于绝对优势的地区和机构，使大学在组织上出现鲜明的等级结构，从而形成学术领域的卡特尔，学术寡头会限制多样性和创新性。他在《学术精英》中对此这样总结道：科研资金集中到少数大学机构，就会在明显等级化的学术体系内部形成卡特尔（在象征性资本和资源分配上造成封闭网络）和垄断（象征性资本和科研资金使用者的特权地位），在国家科研机构和大学内外科研机构的组织层面形成科研寡头（许多科研助手依附于少数教授）。这种卡特尔、垄断和寡头现象通过自我增强的过程获得越来越多的资源，不断增加其象征性资本……主流学术思想处于统治地位，限制了学术之间的相互争鸣①。

这样的结果从长远来看，不是提高德国大学的国际竞争力，而是不利于德国大学在学术和科学研究方面国际竞争力的提高。这种观点的逻辑是学术垄断不利于形成竞争，但是卓越战略是否真的会不可避免地走向少数地区和大学机构的学术垄断呢？卓越战略的确以少数具有发展潜力的大学机构作为重点资助对象，这些少数机构有可能如政策设计所预期的那样，成为德国大学的"灯塔"。但是另一方面，卓越战略并不是大学机构的唯一资助手段，第三方资金仍然对所有大学的科研工作者开放，不仅有对个人科研项目的资助，还有对合作科研项目的资助。所以从这种意义上说，没有进入"卓越行列"的大学机构仍然能够继续获得第三方资金的资助，也能够通过自身努力取得科研成就，甚至在将来某个时间进入"卓越行列"。

二、卓越战略经费杯水车薪

这种观点恰好与上面的批评相反，认为不能高估或者过分乐观地估计卓越战略的影响。卓越战略第一期五年的经费总额达到 19 亿欧元，是德国政府历史上最大规模资助大学发展的举措，但是这只相当于美国顶级大学如哈佛、耶鲁一家学校的一年预算。原联邦总理施罗德曾呼吁建立起德国的哈佛大学，但是世界一流大学的打造必须有经费的支持。斯坦福大学每年的预算约为 25 亿美元，是柏林自由大学的 10 倍之多。"哈佛大学是世界上仅次于罗马天主教廷的最富有的非国家组织"②。石油大亨洛克菲勒曾经问哈佛大学校长，创立一所精英大学需要花费多少？他得到的答案是"200 年时间和五千万美元（19 世纪末）"。几十个研究生院、卓越集群和九所大学五年内

① Münch, R. Die akademische Elite. Zur sozialen Konstruktion der Wissenschaftlichen Exzellenz. [M]. Frankfurt am Main: Suhrkamp Verlag, 2007: 374 – 375.

② Münch, I. Eliteuniversitäten. Leuchttürme oder Windräder? [M]. Hamburg: Reuter Klöckner, 2005: 38.

共同分享这19亿欧元，每个机构所能得到的资金虽然相对于自身的正常预算已经是不菲的数目，但是要打造美国的哈佛或者斯坦福大学，似乎还远远不够。所以人们开始理性考虑德国大学以哈佛大学为榜样是否实际，“相对于建设德国的哈佛，建设德国的芝加哥大学可能更好”①。美国学者阿什也认为，像哈佛和斯坦福这样的美国精英大学，拥有多元化的学校财政收入渠道，德国大学几乎完全依赖于政府公共经费，难以满足建设精英大学的财政需要②。

关于卓越战略，不能只看到受资助大学机构具体获得了多少数额的资助，而必须看到卓越战略给大学带来的象征性资本——声誉。卓越战略入选的研究生院、卓越集群和大学被赋予“卓越”的桂冠，在社会上被称为“精英”，获得“精英”声誉的机构即获得象征性资本，有可能获得更加优秀的生源、聘请到更加杰出的教授以及吸收到社会上的经济资源。欧洲领先通信供应商沃达丰（Vodafone）宣布，公司愿意为第一轮获胜的三所大学（慕尼黑大学、慕尼黑工业大学和卡尔斯鲁厄大学）免费提供最先进的技术和通信手段，涉及金额上千万欧元。同时，卓越项目的工作人员可以享受五年打电话和上网免费的服务。慕尼黑工业大学高级研究所办公大楼的经费完全由一家巴伐利亚公司承担。这说明，在德国完全可以采用美国的模式，即企业赞助高等教育机构。德国的经济精英们在过去几个月里有了这样的想法，即在卓越战略19亿欧元的基础上再增加同样数额的资助。“卓越”这个关键词对于大学生也有十分重要的广告效应。慕尼黑工业大学系统神经学研究生院院长本尼迪克·葛洛特（Benedikt Grothe）认为：“我们现在可以招收到最优秀的博士生，这在以前是无法想象的。”在获得精英大学的头衔之后，这样的效果会更加显著。

三、地区平衡问题

德国的联邦制政体决定了联邦各州都有很明确的利益，各州都试图从中央政府获得尽量多的财政支持，高等教育也不例外。卓越战略是联邦政府主导的大规模高校资助举措，联邦各州都力图从卓越战略这块大蛋糕中

---

① Spiewak, M. Elite. Die SPD möchte Spitzenuniversitäten schaffen. Was muss sich an unseren Hochschulen ändern? [EB/OL]. [2008-05-16]. http://www.zeit.de/2004/03/B-Eliteuni.

② Ash, G. Bachelor of What, Master of Whom? The Humboldt Myth and Historical Transformations of Higher Education in German-Speaking Europe and the US [J]. European Journal of Education, 2006, 41(2): 258-259.

分到尽可能多的份额。但是正如德国科学研究基金会 DFG，前任主席魏纳科尔教授（Ernst-Ludwig Winnacker）所强调的那样，“卓越战略资助对象的评选完全依据学术本身的卓越性”，只以学术的标准来决定资助对象，不考虑地区比例和各联邦州特殊的利益。由于各州的经济发展水平存在差异，而大学的发展基本上都是各州政府提供财政资助和管理，所以德国大学的发展已经不完全是在同样的水平线上，各个联邦州的大学实力已经出现了某种程度的差异，因此在不考虑地区平衡和资助数量有限的条件下，入选的机构在地理上的分配将会是不平均的，两轮评选的结果也明显体现了这一点（见表 5－3）。

表 5－3　卓越战略资助对象地区分布

		研究生院		卓越集群		未来构想	
新联邦州（原东德）	第一轮	2	6	1	2	0	0
	第二轮	4		1		0	
老联邦州（原西德）	第一轮	16	33	16	35	3	9
	第二轮	17		19		6	

资料来源：此表为笔者手工统计结果。

注：柏林自由大学和柏林工业大学位于前西柏林，因此归入原西德地区；柏林洪堡大学位于前东柏林，因此归入原东德地区。

从两轮评选结果可以看出，卓越战略资助对象在地理空间分布上很不均匀。总共 39 所研究生院中原东德地区只有 6 所，37 个卓越集群中原地区只有 2 个，甚至 9 个未来构想全部位于原西德地区。如果我们再按照南北来划分，南方州在评选结果中也明显占有优势，特别是巴伐利亚州和巴登—维腾堡州囊括了 6 个未来构想，获得“精英大学”的桂冠。再从资助经费的地区分配来看，第一轮的结果使整个原东德地区（包括柏林）只获得了该轮总资助额的 3%，包括下萨克森州的北部德国共获得 10%，而巴伐利亚州和巴登—维腾堡两个州就获得了总资助额度的 2/3[①]。显然易见，卓越战略的评选没有考虑地区平衡和各联邦州的利益，“结束了目前德国大学财政拨款

① Schnabel, U. & Spiewak, M. Die Topographie der Exzellenz [N]. Die Zeit. 2006－10－19.

的均等主义”①。新联邦州在卓越竞选的过程中处于明显的劣势，南北和东西区域的失衡展露无遗。面对社会对卓越战略评选地区失衡的批评，魏纳克说，“在竞争中不仅有获胜者，德国科研必须适应这一点”②。

四、人文社会科学受到冷遇

第一轮评选结果中，人文和社会科学受到忽视，17 个卓越集群中只有 1 个，18 个研究生院中只有 4 个。未来构想中有两个是工业技术大学，甚至是作为人文科学重镇的慕尼黑大学，人文社会科学也只是配角。正因为如此，第一轮结果受到多方面的指摘，认为卓越计划演变成了对自然理工科学的资助，人文社会科学的利益没有得到体现（见表 5 –4a）。尤其是德国素以哲学、社会学和文化科学著称于世，卓越战略没有对这些德国大学的传统优势学科加强资助。显然这样的批评也引起了评审机构的高度重视，联邦政府特意将 2007 年定位为德国的“人文社科年”，为人文社会学科批出可观的专项经费（见表 5 –4b）。

表 5 –4a　卓越战略资助学科领域分布

	人文社会科	生命科学	自然科学	工程科学	交叉学科
研究生院	11	12	8	6	2
卓越集群	6	12	10	9	0

表 5 –4b　卓越战略三条资助线金额的学科分布（单位：%）

	人文社科	生命科学	自然科学	工程科学	交叉学科
研究生院	26.4	29.9	21.9	15.8	6.0
卓越集群	16.8	31.2	25.2	26.8	0
未来构想	100				

许多学者在第二轮评选后就呼吁改变评选程序，不能用同样的标准对所有学科进行评判，因为这明显对理工科更为有利。所以 2007 年 10 月第二轮评选结果与第一轮相比，在人文社科的比例上出现了明显的变化。人文社会

① Joachim, P. Endlich elitär. Die Exzellenzinitiative der deutschen Universitäten hat das bisherige Gießkannen-Prinzip der Geldervergabe beendet. [EB/OL]. [2008 –02 –26]. http://debatte.welt.de/kommentare/44583/endlich+elitaer.

② Spiewak, M. Disziplinär bunt, regional ausgewogen [N]. Die Zeit. 2007 –01 –18.

科学在评选出的21个研究生院中占了7个，20个卓越集群中占了4个，6个未来构想中只有亚琛工业大学具有明显的理工科学科倾向，其余5所大学都是综合型大学。综合考察两轮评选的结果，我们看到人文和社会科学在研究生院中所占比例不到1/3，在卓越集群中约占1/6；如果按照资助金额比例来算，研究生院全部资助金额中人文社科只获得了1/4强，卓越集群中人文社科所得资助金额的比例仅为1/6。

综上所述，人文社会科学在整个卓越战略的资助体系中所占的比例仍然较小。批评家指出，“与美国的常青藤联盟大学相比，德国优秀大学在人文社科方面的投入少了很多。这些所谓的无用学科是成功的精英教育不可或缺的，精英大学正是因其免除了经济的束缚并制度化而成为精英”①。第一，此次评选从理念上来说，非常重视大学科研单位尤其是校内外科研单位之间的跨学科合作，而人文社会科学在大型科研联盟中的合作还很少，哲学家需要对话和交流，但首先是需要沉思的时间和悠闲②；第二，理工科学相对于人文社会科学来说，更加依赖于大型的科研设备和仪器，需要有高昂的资金投入，而同时人文社会科学有其自身内在的发展规律，需要长时间的沉淀和积累。人文学科的研究工作并不主要依赖于科研经费，“人文学科最需要的不是经费，而是时间”③。而对理工科学和自然科学的有针对性地投入，可以在相对短的时间内获得预期的科研成果，最容易实现赶超世界一流水平的目标；第三，联邦与州关于卓越战略的协议明确指出，卓越战略的首要和核心目的就是要提高德国大学的“国际知名度”（Internationale Sichtbarkeit）。自然科学、工科和医学领域与人文社科相比，可以不受或者较少受民族语言文化的限制，通过国际上大的研究项目和课题、获得包括诺贝尔奖在内的国际奖项等来提高研究机构的国际知名度④。

五、教学与科研失衡

德国古典大学观认为大学的使命在于教学和科研相结合，这个观点被全

---

① Münch, I. Eliteuniversitäten. Leuchttürme oder Windräder?[M]. Hamburg: Reuter + Klöckner, 2005: 38.

② Schnabel, U. & Spiewak, M. Die Topographie der Exzellenz [N]. Die Zeit. 2006-10-19.

③ Kaube, J. Befreiungsschlag. Geisteswissenschaften: Was der Wissenschaftsrat empfielt [N]. Frankfurter Allgemeine Zeitung, 2006-01-27.

④ Hartmann, M. Die Exzellenzinitiative—Ein Paradigmenwechsel in der Deutschen Hochschulpolitik. [J]. Leviathan. 2006, 34 (4) 456.

世界广泛接受。教学和科研直到今天仍然是大学活动的核心内容。“除了自由以外，研究和教学的统一，亦即研究者和教师的统一，可视为德国大学的支柱。只有教师在创造性的活动中取得的研究成果，才真正称得上大学教学或大学学习”①。这种教学与科研相结合的观点，成为现代大学的灵魂，为德国研究型大学的出现奠定了基础，也使西方高等教育哲学获得了新的发展。

无论是从理论还是从实践上来说，教学与科研两项活动是相辅相成、互相促进的。但是具体考察当前德国大学的活动，就会发现二者的关系出现了失衡现象。对于大学教师来说，从事学术研究、著书立说才被认为是在进行学术活动，而向学生传授知识或者将知识应用于实践则不被认为是学术的范畴。“越来越多的大学向着研究型大学的学术模式靠近……整个高等教育界出现了一种盲目的‘攀比’倾向，盲目仿效高级研究院，以提升自己的地位”②。美国高等教育思想家的担忧在德国大学得到了印证。一方面，长期以来，德国大学生认为学校在聘用教授时过分重视候选人在科学研究方面的资格，而较少去考虑他们在教学方面的能力。究竟是好的科研可以带来好的教学，还是好的教学引向好的科研？“年轻人对于科学研究的兴趣常常是在教室里或者研讨班上，即在学术型教师的课堂上被唤起的（教师的）榜样效果”③。德国大学教授把更多的时间和精力都花在个人的科研上，教学往往没有得到足够的重视；另一方面，在当今多元化的社会里，只有少数人将来会“以学术为业，”主要从事科学研究活动，而绝大多数人要回归社会之中。从大学毕业生的流向上来看，绝大部分学生不再从事科学研究，而是从事社会实际工作。尤其是博洛尼亚进程在德国实施以后，德国大学本科、硕士的学术导向与实践导向分化将更加明晰。在这个意义上，加强教学就是使学生更好地获得从事实际工作的能力，同时也为学术型大学生打好从事科学研究活动的基础。

卓越战略的政策目标在联邦与州的协议书中的表述为“继续努力支持科学研究，以持续增强德国的科学研究重镇地位，提高国际竞争力以及大学和科研领域的世界影响力。”在其三条资助线中，研究生院担负培养科学后

---

① 彼得·贝拉格·威廉·冯·洪堡传［M］．袁杰，译，北京：商务印书馆，1994：84．

② 张斌贤．博耶的高等教育思想［M］．西方高等教育哲学．北京：北京师范大学出版社，2007：332．

③ Münch, I. Eliteuniversität. Leuchttürme oder Windräder?［M］. Hamburg: Reuter + klöckner, 2005: 63.

备力量的责任，注重改善博士生从事科研活动的环境，培养他们的科研能力；卓越集群强调跨学科科学研究，重视大学科研机构与校外科研机构在科研方面的合作；未来构想“资助的对象是德国高校以科研为中心的科学项目，目的是增强和发展这些高校的国际优势领域”。由此可见，卓越战略的全部内容都旨在实现顶级科研，几乎没有涉及任何改善大学教学的内容。三条资助线的资助标准为“在国际标准衡量下已经取得的优秀科研成就基础上，取得和保持持续卓越的发展愿景”。从大学教学与科研所占经费在整个大学预算中的比重来看，以2004—2005年巴伐利亚州大学为例，该州所有大学教学和科研经费均占47.5%①。随着卓越战略对大学科研投入的加大，大学科研经费势必占到更加优势的地位。鉴于此，很多人都担心原本已经倾斜的教学与科研的关系，在卓越战略的催化下会变得更加突出，大学教师很有可能形成教学型教授和科研型教授两类。由于是否能成功提交一份科研机构未来发展计划书，对于能否获得资助起着重要作用，因此也有人担心德国大学出现所谓争取项目而忽略科研的“学术资本主义”现象。“两所慕尼黑高校（慕尼黑大学和慕尼黑工业大学）计划利用所获得的卓越战略资金，在数年内将其最优秀的学者从教学和管理工作中解放出来，使他们全心投入到科研工作中”②。

第四节　德国传统大学理念面临挑战

高等教育扩张是德国整个大学教育理念和政策转变的宏大历史背景，高等教育规模扩大由此带来的质量问题必然导致对高等教育内部结构的讨论，大学是应该保持其原来的均衡发展模式，还是引入欧美的分层非均衡发展模式，自然成为教育界乃至政界讨论的话题。乌尔里西·泰希勒（Ulrich Teichler）认为国家教育体系的数量和结构问题是近年来高等教育政策讨论的中心议题。关于德国高等教育的结构问题，他提出了一个在德国已经长期存在的问题，即“德国在将来需要更加多样化的高等教育吗?”③ 对这个问题我们不能简单地用是或者否来回答。回顾半个世纪以来德国高等教育所经

① Leszczensky, M. Staatliche Hochschulfinanzierung durch Indikator gestützte Mittelverteilung. Dokumentation und Analyse der Verfahren in 11 Bundesländern [M]. Hannover: Kurzinformation HIS, 2004.

② Schnabel, U. & Spiewak, M. Die Topographie der Exzellenz [N]. Die Zeit. 2006-10-19.

③ Teichler, U. Quantitative und Strukturelle Entwicklungen des Hochschulwesen. Siehe: Hochschullandschaft im Wandel, Zeitschrift für Pädagogik. 50. Beiheft. [J]. Bertz Verlag, 2005, 52.

历的历次变革，我们可以日渐清晰地看到大学结构逐步发生的变化。每次变革和变化，都是人们对于高等教育更新认识的结果，带来的却是更为深层次地对德国大学教育理念的变化。在德国高等教育政策史上，卓越战略是第一次明确提出和实行由国家主导的大学重点发展政策，它颠覆了以往长期影响德国大学教育的“平等”观念，意味着德国大学理念以卓越战略为契机发生了重要转变。

为了更加清楚地理解这个问题，我们首先要对近现代德国高等教育的基本发展脉络，尤其是在发展理念和大学机构发展范式方面的演变过程进行简单梳理。

从洪堡创立柏林大学，开创德国近现代高等教育时代直至希特勒法西斯独裁之前，德国高等教育保持着新人文主义传统的大学理念，高等教育完全是各邦内部事务，科研和教学活动的基本单位是教席，政府平均地为每个教授配置资源。第二次世界大战是德国高等教育的转折点。“二战”后联邦德国曾经一度试图恢复洪堡式的德国大学，但是新时代的要求不允许德国完全复制以往的大学模式。20 世纪 60 年代中期至 80 年代初期，德国大学教育在数量和结构方面经历了巨大的变革，主要原因是教育在这个时代被当作公民基本权利提出来，同时在皮希特（Georg Picht）关于德国教育灾难的论点提出之后，德国高等教育进入大众化发展阶段。在这个阶段高等教育的主要任务是满足大众对高等教育的需求，按照需求平等地为高校及高校院系、教席分配资源，在个人科研继续存在的同时，一批高校科研中心也相继成立；20 世纪 80 年代中期以来，世界高等教育表现出越来越明显的国际化趋势，在教育作为人力资源的观念下，德国高等教育开始引入竞争、评估观念，开始追求学术上的世界卓越地位。通过有组织的竞争机制，使得高等教育资源日渐集中到少数精英机构，无论是在大学之间还是在学科内部，都逐渐形成中心、半边缘和边缘的关系。高等教育体系在纵向上出现等级分化。从总的改革和发展趋势来看，德国大学从洪堡思想下的共同发展，到“二战”后的平等竞争，再到正在实践的非平等竞争。“大学从平等走向竞争，意味着高等教育发展基本范式的改变”[①]。而卓越战略的实施正是第三阶段的重要举措。

---

① Einhäupl, K. Der lange Marsch zu den Gipfeln [N]. Die Zeit, 2004 - 11 - 11.

一、平等均衡的大学发展观

德国现代大学教育始于1810年柏林大学的建立，而真正现代德国高等教育体制的形成则是从1860年德国普鲁士统一德国开始。在统一之前，德国处于邦国林立、诸侯割据的分裂状态，虽然普鲁士以"铁血政策"完成了国家统一，但是在新成立的德意志第一帝国国家体制上，极其鲜明地体现了邦国联合的特点，政体也采用了与之相应的联邦制。联邦制的中央与地方分权特点使得联邦各州在多数领域拥有自主权，其中就包括文化教育事业。按照1949年颁布的《基本法》精神，在德国联邦制体系下，高等教育属于各联邦州的文化事业，由各州自主举办，联邦政府无权干涉。在高等教育领域，直到20世纪70年代以后高校基本建设和科学研究才成为联邦与各州的共同责任。众多联邦州非常重视自身在文化教育领域的独立于联邦政府的权限，拥有相对独立的高等教育事业，形成了各自的特色。在这种特殊的背景之下，德国大学长期信奉平等均衡发展理念。

德国的大学一直受到国家的巨大影响①。大学的财政经费几乎完全依赖于政府公共财政资助，大学要执行严格的财政预决算，几乎没有其他财政来源。在很长一段时间里，这对大学的建立及其财政支持都是有益的，并且这也是德国大学发展的源泉。直到最近，几乎所有的大学都是州立的，他们在财政、政治和法律上受到州政府的指导和管理。以2001年财政年度为例，当年德国大学全部经费中79%来自政府补贴，18%来自第三方资金②。这种政府垄断大学财政、高校财政收入来源单一化的制度安排，使得各个大学的发展均质化，几乎不存在少数学校脱颖而出的可能性。

在经历了20世纪60年代和70年代的改革后，德国高等教育系统的特征表现为双轨制：由大学（学术导向和学科全面）和应用技术学院（通常在专门的学科领域开展实践性的工作培训）共同组成。"我们由公共财政资助的学术知识体系中没有正式的精英机构，这些机构虽然不同，但是地位是平等的"。③ 现在德国有100所大学（Hochschulen）和265所高等专科学校（Fachhochschulen）。他们在学生规模、建校历史、专业设置、国际影响力、

① Proemel，H. 追求卓越：洪堡大学的经验.［M］. 上海：上海交通大学出版社，2007：207－217.

② Leszczensky，M. Paradigmenwechsel in der Hochschulfinanzierung.［J］. Aus Politik und Zeitgeschichte，2004，25.

③ Einhäupl，K. Der lange Marsch zu den Gipfeln［N］. Die Zeit. 2004－11－11.

所在地区等方面存在不同，但是从根本上来说他们地位平等（Gleichwertigkeit），没有类似于体育比赛领域的甲级联赛、乙级联赛的区别，更没有由国家建立和资助的联赛①。

二、大学地位平等的具体表现

在大学治理和财政体系中，平等是普遍的指导思想。德国大学传统中质量相对总体一致的特点塑造了德国大学格局，而这种大学平等的格局使得大学财政分配、大学教授和学生的可流动性、入学的公平性等制度得以实现，这主要表现在以下这几个方面。

1. 所有的大学在结构和决策上都有相同的法律构架

联邦法律在国家层面上规定了高等教育的框架。16 个州都有各自对联邦法律的解释，这使大学受到更多的限制，很少有机会做出独立的选择。这还意味着，国家政权和当前的政治利益对大学的影响经常要超过大学自身的需要和传统，限制了大学按照自身逻辑发展的潜力。由于联邦法律限制了各州的自主权，所以联邦政府和州政府都各自立法，实际上强化了这种家长制的管理模式。此外，各州内部固有的要求平等对待每个大学的体制，再一次限制了大学的发展，使各个大学平均化。在一些根本性的问题上，当联邦政府和州政府有不同的目标并相互冲突时，联邦制度妨碍改革的弊端就会显现（比如在废止教授资格和启动精英大学计划等问题上，各方难以达成一致意见）。

2. 政府对大学的财政支持均等

政府为高校提供经费支持，确保教学和科研活动在一定数量规模内进行。长期以来，大学财政资源的分配仅取决于大学规模的大小，主要是学生人数和教席数量，而和它取得的成绩无关，不具有竞争性。大学财政收入主要包括三个部分：政府的共同财政投入、第三方资金和大学自营收入。其中第三方资金是以教授为单位的科研经费分配，虽然存在一定的竞争性，但是和大学自营收入一起只占大学财政的一小部分。政府对大学的基本经费支持主要是依据大学的规模，所以政府对于大学的财政支持也是均等的。虽然 20 世纪 90 年代以来陆续有联邦州进行了高等教育财政分配体制改革，将高校的绩效纳入分配的指标，开始重视对大学产出的评估，并将其作为政府对

---

① Münch, I. Eliteuniversitäten: Leuchttürme oder Windräder? [M]. Hamburg: Reuter Klöckner. 2004: 47.

高校的财政激励因素，但是，“高校绩效主要还是通过大学教育的需求量来衡量，在校生人数在决定大学财政预算时占到了50%以上的权重……而毕业生人数的权重不到8%，获得博士学位人数的权重不到2%”①。因此德国大学财政分配模式中缺乏激励因素，学校所获得的财政资助在这种条件下不能形成明显的校际差别。

3. 相同职级的职员酬劳相等

所有大学的职员都是国家的雇员，都必须遵守公务员法和联邦雇员薪资协议，根据他们所处的地位等级，拿固定的工资。1976年的《高等教育基准法》规定，高等学校教授分为三级，即C2、C3、C4。这三个等级，代表工资的差别和学术上的差异，但是大学对所有同级别的教授都必须根据同样的工资标准进行支付，在同一个工资系统里领取报酬，因此无法反映出他们工作性质的不同，工资待遇水平没有明显区别。

4. 所有学生进入大学的机会是均等的，这起源于大学教育应该成为公益事业的理念

大学不允许单独招收学生，如果某个专业的申请者过多，按规定大学可以从中选择成绩最好的。随着限制性热门专业的出现，大学入学机会统一由大学名额分配中心（ZVS）② 来管理。德国大学招生长期没有自主权，获得中学毕业文凭的大学入学申请者都必须向大学名额分配中心提出大学和专业的入学申请，名额分配中心通过综合考虑申请人的中学毕业成绩、入学等候时间、高校具体要求以及社会因素③，决定申请者所将要就读的专业和学校。在这里，首先是决定入学申请者的专业选择，然后才是学校选择。

5. 由于不存在不同大学的等级划分，所以大学毕业生在劳动力市场上具有相同的机会

毕业于这所国立大学的毕业生与毕业于那所国立大学的毕业生相比较，并不能自然获得就业方面的优势。1981年的一次调查研究表明，只有16%的大公司人事部门负责人承认他们在雇用大学毕业生的时候会在意这些毕业

---

① Leszczensky，M. Staatliche Hochschulfinanzierung durch indikator gestützte Mittelverteilung. Dokumentation und Analyse der Verfahren in 11 Bundesländern. ［M］. Hannover：Kurzinformation HIS，2004：1.

② 大学名额分配中心（Zentralstelle für Vergabe der Studienplätzen）是1973年成立于多特蒙德的政府机关，其任务是对全国大学中有名额限制专业的录取名额进行调配。

③ 社会因素按照有限顺序依次为残疾、配偶或子女在同一个大学就读、健康或经济原因、离家距离远近。

生获得文凭的大学水平[①]。与美国、英国、法国不同，德国不存在少数大学是通往政治和经济精英俱乐部的现象[②]。

尽管单个教授在学术声誉及其他方面存在差异，但是上述这些制度使得大学资源呈平均分配态势，高等学校只有种类的差别而没有等级层次的高低之分。这种宽泛的平等体系制约了大学的多样化，大学很难发展自己的特色。这也导致德国没有一所大学在所有学科都能达到优秀的标准。在专业和科系的层次上，德国各大学在“二战”后经过长期发展形成了不同学校的优势学科。这些优势学科的所在地有较好的声誉和吸引力。这与大学整体的排名水平差异相比，“在不同学科专业内部形成的优势和弱势地位并不会引起社会的强烈反响”[③]。总地来说，政府的巨大影响导致了一个稳定的大学体系，该体系有着比较高的学术标准。

三、从平等均衡发展到平等竞争

20 世纪 80 年代以来，以现代经济学和企业管理理论和方法作为自己的理论基础的新公共管理理论，广泛盛行于英、美等西方国家，并成为国家行政改革的主导思想之一。首先，新公共管理从现代经济学中获得诸多理论依据，如从“理性人”（人的理性都是为自己的利益，都希望以最小的付出获得最大的利益）的假定中获得绩效管理的依据；从公共选择和交易成本理论得出政府应以市场或顾客为导向，提高服务效率、质量和有效性；从成本—效益分析中得出对政府绩效目标进行界定、测量和评估的依据等。其次，新公共管理又从私营管理方法中汲取营养。新公共行政管理认为，私营部门许多管理方式和手段都可为公共部门所借用。如私营部门的组织形式能灵活地适应环境，而不是韦伯所说的僵化的科层制；对产出和结果的高度重视（对私营部门来说，产出就意味着利润，而在高度竞争的市场环境中，要获取利润就必须给顾客提供高质量的服务，同时尽可能地降低成本），而不是只管投入，不重产出；人事管理上实现灵活的合同雇佣制和绩效工资制，而不是一经录用，永久任职，等等。总之，新公共管理认为，那些已经

---

① Teichler, U. Hochschulstrukturen im Umbruch. Eine Bilanz der Reformdynamik seit vier Jahrzehnten. [M]. Frankfurt am Main: Campus Verlag, 2005: 42.

② Münch, I. Eliteuniversitäten: Leuchttürme oder Windräder? [M]. Hamburg: Reuter + Klöckner, 2004: 47.

③ Teichler, U. Hochschulstrukturen im Umbruch. Eine Bilanz der Reformdynamik seit vier Jahrzehnten. [M]. Frankfurt am Main: Campus Verlag, 2005: 42.

和正在为私营部门所成功地运用着的管理方法，如绩效管理、目标管理、组织发展、人力资源开发等并非为私营部门所独有，它们完全可以运用到公有部门的管理中。由此可见，“新公共管理理论（在德国被称为公共部门新管理模式）的核心思想是最大化资源的利用效率，以最小的成本获得最大的收益”①。新公共管理理论在西方国家行政改革行之有效之后，其影响力很快就延伸到高等教育管理领域。新公共管理理论运用于高等教育管理，实质上就是以绩效导向的原则分配有限的高等教育资源。在新的理论指导下和影响下，高等教育管理便引入了评估、竞争等市场概念。

在新管理主义的影响下，德国的高等教育政策逐步开始强调竞争以及用以促进竞争的评估方法。1988 年 5 月，科学理事会发表了《德国高等学校九零年代发展展望》的咨询报告，报告强调：“委员会相信，大学今后的发展将带有更多的竞争、重点建设和分工的特点。”② 1998 年修订的《高等教育基准法》第 6 款规定：高等学校必须接受有关研究、教学、科学后备力量的支持以及男女平等机会的保障等方面工作的定期评估；除此之外，修订的《高等教育总纲法》还确定了建立以绩效为导向的高等学校财政拨款制度，目标是在经费的使用中取得最大的效益或者以最小的投入获得预期的成效。

以绩效为导向的财政分配，必须要有相应的工具来进行绩效评价。20 世纪八九十年代以来，欧洲许多国家高校的评估活动逐渐增多，但是德国对于高校评估一直持非常谨慎的态度。2006 年修订后的《高等教育总纲法》强调：“高校在科研、教学、培养学术后备人才和促进性别平等方面的工作要接受定期评估，学生应参与评估，公布评估结果。”高等教育评估也就从原来的地区性的、偶然性的逐渐成为全国性的、常规性的实践，其结果也逐渐对高等教育行为体产生影响。

在所有的 OECD 国家中，只有德国还没有在国家层次上确定具有约束力的教育评估方案。德国的教育评估还处在实验阶段，评估活动也才刚刚开始。德国大学校长联席会（HRK）近年来开展“质量保障”项目，由于没有统一的方法，因此还无法对这些评估的实际效果做出比较。大学校长指出：“只有获得所有大学的积极参与，才能成功地形成一套具有国际竞争力

---

① Leszczensky, M. Paradigmenwechsel in der Hochschulfinanzierung ［J］. Aus Politik und Zeitgeschichte, 2004, 25.

② 吕达．当代外国教育改革著名文献（德国卷、法国卷）［M］．北京：人民教育出版社，2004：37－38.

的质量保障程序。”评估是否能与大学的财政收入联系起来，是评估能否继续生存和发挥作用的关键因素。随着博洛尼亚进程（学士、硕士学位）的引入和贯彻，德国高校评估活动又逐渐兴起。由16个联邦州、高校、学生、企业代表组成的评估委员会负责新的课程和教学设计，但是还需要获得各州教育主管部门的同意。在德国，高校评估结果和它的财政经费分配之间没有明显的联系，而且评估也招致各方面的批评，主要是认为评估会形成高校之间的竞争局面，保障高校在财政、人事和招生上的自治、以征收学费来改善教学质量等这些以需求为导向的问题就会更加突出。“没有竞争，评估就会成为无效的官僚制度”①。

四、高等学校之间竞争的形成

古典德国高等教育理念里其实是包含竞争这个元素的，德国古典大学也是一个竞争的世界，但是这里的“竞争”是有别于我们今天的定义的。德国古典大学的逻辑是“由科学达至修养”，学术科研活动中竞争的内容是科学的完善，除此之外并无其他功利之目的。自由和寂寞是德国古典大学观的核心概念，是大学学术活动的基本组织原则②。达尔文“物竞天择，适者生存”的自然规律后来被广泛用于解释社会领域的竞争现象，但是德国古典大学观的学者们则倡导没有任何外在影响和压力下的纯学术研究。自由，即不受任何外在力量的束缚；寂寞，则是放弃对精神以外世界的追求，达到“宁静致远”的心境，只追求知识本身的完善与通达的境界。

“二战”结束以后直到20世纪70年代末，德国大学主要经历的是一个重建过程。在这20多年的时间里，各州大学主要专注于自身的学校建设，没有联邦范围内对教学与科研质量的考察和评估，所以这个阶段德国大学缺乏竞争。特别是20世纪80年代以来，传统的寂寞和自由观念已经难以得到真正的贯彻和执行。教育尤其是高等教育与社会和经济发展的联系日益紧密，大学已经从社会的边缘走向社会的中心。昔日的象牙塔无法避免社会外在压力对其的影响，二者进入互相渗透的阶段。一方面，大学教育对社会经济的影响不再是洪堡所设想的那样间接了，时代的发展要求大学教育直接服

① Konegen-Grenier, C. Akademikerbedarf und Strukturreform [G] // Klös, H, P, Weiß, R. (Hrsg.): Bildungsbenchmarking Deutschland—Was Macht ein Effizientes Bildungssystem aus? Köln: Dtsch. Inst. -Vlg., K. 2003: 245.

② 陈洪捷. 德国古典大学观及其对中国的影响 [M]. 北京：北京大学出版社，2006：60－64.

务于社会经济的方方面面，满足社会的各种需要；与此同时，大学领域以外的原则、观念也日益渗透到大学中来，最有代表性的就是“竞争”。反对精英大学计划的蒙西教授认为“竞争是任何以绩效为导向的活动的生存因素”，但是“大学学者之间的永久的日常的竞争，不应该是以争夺国家经费、排挤同行为目的，而应该朴素地追求科学知识的意义。对学者最大的认可在于，人们讨论或者接受、运用他的科研成果”①。蒙西的观点明显带有非常鲜明的洪堡色彩，即科学的目的在于科学的本身，这与德国古典大学观关于学术的论述异曲同工。

固守学术自治观念的德国大学对竞争和质量评估虽然一直在极力排斥，但是随着新公共管理思想在公共行政领域逐渐产生影响和80年代世界高等教育质量保障运动普遍开展，德国高等教育也开始慢慢接受竞争这个概念，从政策导向上推行这一理念。“目前的高等教育改革正试图在大学内部以及大学之间形成竞争机制。但是作为市场经济概念的竞争，是以成本节约和成果量化为导向，可能损害高等教育的质量，如教授辅导、人格培养以及学术自由”②。直到20世纪70年代末，才出现了一些单项指标的大学排名。最早的德国大学排名可以追溯到1978年，当时《南德意志报》按照企业的对大学的认可度对德国大学进行了排名尝试③。德国大学排名是从美国引入的，经过十几年的发展，德国大学排名逐渐走向成熟。通过高校排名，“我们可以知道哪个系发展最好，哪些学校能够保证培养出最好的学生，哪些机构能够取得最佳的、与实践紧密联系的科研成果”④。德国大学排名的主要机构可以分为三类，一是德国高等教育发展研究中心（CHE）大学排名；二是新闻媒体，如《明镜周刊》和《时代周刊》每年都会发布新的大学排名情况，既有学校的综合排名，也有分专业、科系的具体排名。以往所厉行的平等均衡发展政策，导致各个联邦州、不同大学、不同学科各具优势，排名也较为分散。还有一个排名机构是德国科研协会等，它们以纯学术的标

① Münch, I. Eliteuniversitäten. Leuchttürme oder Windräder? [M]. Hamburg: Reuter + Klöckner, 2005: 62.

② Käpernick, R. Bildungsausgaben und Bildungseinnahmen: Die Verantwortung des Staates. In: Globalisierug und Bildung. Hochschulfinanzierung im Kreuzfeuer [J]. Freie Arbeitsgruppe Hochschulpolitik Marburg (Hrsg.) BdWi-Verlag. Marburg, 1998: 70 - 71.

③ Teichler, U. Hochschulstrukturen im Umbruch. Eine Bilanz der Reformdynamik seit vier Jahrzehnten [M]. Frankfurt am Main, Campus Verlag. 2005: 252.

④ Turner, G. Hochschulpolitik. Bilanz der Reformen und Perspektiven. [M]. MUT-Verlag. Asendorf, 1995: 76.

准，主要是按照各个大学各个州获得第三方科研经费的数目来排名。德国科研协会 1999 年至 2001 年第三方资金分配的统计显示，32% 的经费集中在资助排行榜的前 10 所大学，25% 的经费集中在接下来的 10 所大学，也就是说这 20 所大学获得了德国科研协会全部资助额的 57%；后 20 所大学获得的资助只相当于前 20 所的一半，第 41—50 所大学只分到了全部经费的 8%①。慕尼黑大学从德国科研协会获得的资金几乎是梅克伦堡—前波莫瑞州两所大学总额的十倍②。

德国高校发展研究中心在 2003 年 12 月发布的德国高校科研排行榜上，慕尼黑大学和柏林洪堡大学名列榜首，同时名列前茅的还有弗莱堡大学、海德堡大学、图宾根大学以及亚琛工业大学。洪堡基金会按照德国高校接纳洪堡学者数量进行了排名，结果表明，从 1997 年到 2001 年，接受洪堡学者最多的高校依次是慕尼黑工业大学、慕尼黑大学、柏林自由大学；按照每百位教授中洪堡学者的数量计算，乌尔姆大学、拜洛伊特大学和卡尔斯鲁厄大学排在前三位③。媒体排名因其读者的广泛性，产生的社会影响力也更大。但是值得注意的是，媒体排名的标准主要是大学的社会贡献和社会对大学的评价。此时大学的排名并未对高校产生显著影响，高校教师和大学生的行为方式事实上也没有出现明显的变化。因为大部分高校教师都是终身制，他们所在学校的排名是否靠前，对他们的影响甚微。高中毕业生在择校方面也很少受到高校排名的影响④，德国约有四分之三的中学毕业生在选择大学时，都是以离家距离近为原则⑤。

此时的大学竞争还处于萌芽阶段，竞争的内容也主要是第三方科研经

---

① Teichler, U. Hochschulstrukturen im Umbruch. Eine Bilanz der Reformdynamik seit vier Jahrzehnten [M]. Campus Verlag. Frankfurt am Main. 2005: 269. 这里是以大学整体为单位制定的资助排行榜，如果考察每个大学平均每位教授获得的资助，则各大学之间并没有显著差距，这一点在泰希勒的这部著作中也有相关表述。

② Sentker, A. & Spiewak, M. Uns fehlt Fantasie [N]. Die Zeit, 2006 - 10 - 19.

③ Centers of Excellence. Humboldt-Ranking offenbart Vorlieben In: Humboldt Kosmos 79/2002: 8.

④ Münch, I. Elite-Universitäten. Leuchttürme oder Windräder? [M]. Hamburg: Reuter + Klöckner, 2005: 20.

⑤ Teichler, U. Hochschulstrukturen im Umbruch. Eine Bilanz der Reformdynamik seit vier Jahrzehnten. [M]. Frankfurt: Campus Verlag, 2005: 260.

费①的获得。在卓越战略启动之前，德国的大学已经出现了明显的分化。德国科研协会对高校科研的资助在客观上已经形成了重点与非重点的区分，各种大学排行榜也将德国大学划分为不同的等级。竞争形成了优势学科、优势院系和优势高校，这便成为下一步非均衡发展策略的基础。但是这个阶段，大学竞争总地来说是公平和平等的。在联邦体制下，主要是联邦州对本州的高等教育事业负责，联邦政府的干涉很少。由于各州经济发展水平存在差异，也就导致了各个大学在获得州政府财政支持上的不同，由此在一定程度上形成了高等教育强州，如南部的巴伐利亚州和北莱茵—威斯特伐利亚州。但是从全国来看，每个大学都是在相对公平和平等的条件下发展和竞争的。

五、从平等竞争到非均衡发展

随着卓越战略的推进，德国大学逐步告别了平等竞争原则，开始走上非均衡发展的道路。非均衡发展本是地区经济学中的概念，指的是对地区经济采取优先发展战略，使地区间存在差异性的特征。把非均衡发展概念移植到高等教育领域，指的则是大学优先发展战略。这里的大学非均衡发展至少可以从两个方面来理解：一是在大学体系内部选择基础好并且有发展潜力的机构重点资助，使高等教育体系内部出现等级性分化，形成“一流”、“二流”和“三流”大学的区分；二是地理意义上的非均衡。国家放弃对所有区域的“均等主义原则”（Gießkannenprinzip），根据纯学术原则评选出卓越机构并加以重点资助。

只有支持学术中已经存在的优质部分，放弃学术上的平均主义，才能促进大学之优质和卓越观念的形成。与经济领域一样，大学需要增强强者并避免现存的弱势，不应试图将弱者变为强者，而是将弱者的资源投向现有的强者。持续采用这种机制将不可避免地导致大学体系的分化，造成不同机构之间学术质量和卓越程度的差异以及大学之间的不平等。德国大学体系将来继续以较小规模的形式，在核心上保持均质的想法是不切实际的②。

卓越战略的实质就是德国政府在高等教育财政严重不足的情况下，以联

① 根据德国科学审议会的定义，大学第三方资金（Drittmittel）指的是在大学正常预算之外，从公共或者私有部门获得的、用于资助科学研究、发展以及科学后备力量的资金。具体可以参见 Ulrich Karpen（Hrsg.）：Hochschulfinanzierung in der Bundesrepublik Deutschland [M]. Nomos Verlagsge-sellschaft Baden-Baden，1989：88.

② Mittelstraß, J. Die Modernität der klassischen Universität. Vortrag zum 457-Jährigen Jubiläum der Universität Marburg [R]. Juli 2002.

邦政府和州政府共建的形式，重点扶持少数已经取得发展优势并具有广阔发展前景的研究生院、卓越集群和研究型大学。“卓越战略首先是记录下了已经存在的不平等”①。从卓越战略评选标准来看，是否被选为重点资助机构，核心标准是看该机构在过去是否取得了优秀的成就，是否对未来发展具有符合未来导向的计划，是否能够通过实施发展计划在一定时间段之后达到该领域的世界先进水平。这次评选资助对象的理念就是资助优秀者，使之获得卓越发展。原本已经优秀的机构，因获得额外资助而取得更好的发展条件，在马太效应下，起初已经存在的并不明显的机构之间的差距极有可能被逐渐放大。

在过去的几十年里，德国大学已经在科研实力、获第三方资金资助、对外影响力等方面逐步表现出校际差异和地区性差异。以德国科研协会1999—2001 年对各大学科研经费的资助为例，在评选出的九个未来构想中，亚琛工业大学、慕尼黑大学和慕尼黑工业大学在受助总额上分列第一、第二和第三名，海德堡大学第六名，卡尔斯鲁厄大学第十名，弗莱堡大学第十一名，哥廷根大学第十三名。如果按照平均每个教授获得的科研资助水平，卡尔斯鲁厄大学以 325 800 欧元名列第三位，亚琛工业大学第四位，康斯坦茨大学虽然在总量上排在十名开外，但是每位教授的平均经费为第五位②。由此可见，所评选出来的未来构想在战略实施之前，就已经具备良好的科研基础和学术竞争力。如今这些基础好、有实力的大学将获得来自联邦政府和州政府的共同资助，同时被赋予“精英大学”的美誉，能够在世界范围内聘请到最优秀的教授，吸引最有天赋的学生，得到众多基金会和社会资源的青睐，因而增强大学的社会认可度，优者更优的马太效应更加显著。

在校际差异加大的情况下，地区差异也凸显出来。两轮卓越战略评选结果如前文所分析的那样，原东德地区的大学及其研究生院、科研机构鲜有斩获，与其地区面积和人口极不相称。莱比锡大学校长弗朗茨·豪泽尔（Frank Häuser）认为：“此次竞争对我们（原东德地区大学）来说来得太早了。”③ 他指出，西德的兄弟院校曾经领先东德 40 年，两德统一后，东德大学要进行自我调整，需要追赶西德大学的发展。因此现在进行的卓越竞争在起点上是不公平的，已存在的学校之间的差距、包括地区之间的差距会更加

① Sentker，A & Spiewak，M. Uns fehlt Fantasie［N］. Die Zeit，2006－10－19.

② Münch，R. Die akademische Elite. Zur sozialen Konstruktion der wissenschaftlichen Exzellenz. Frankfurt am Main：Suhrkamp Verlag，2007.

③ Interview mit dem Leipziger Uni-Rektor［EB/OL］.［2008－05－03］. http://www. unibusreputation. com / unibusblog/leipziger-uni-rektor-die-bedingungen-waren-sehr-unfair-136. htm.

凸显，受到资助和没有受到资助的大学机构的差距也会扩大。评选出来的三条资助线的卓越机构主要集中在原西德和南部德国地区，这表明德国高等教育破除了“均等主义原则”，成为德国高等教育政策的历史性转折点。

六、从个体竞争到机构竞争

德国近现代意义上的大学教育经历了近200年的发展历史，按照大学的组织单位可以划分为以下三个时期：一是威廉·洪堡确定的以教席为中心的大学活动组织形式。这个时期从柏林大学建立一直到二十世纪六十年代中期，教授的身份是学者，大学组织形态是教授个人；接下来是20世纪60年代中期到80年代初，在达伦多夫倡导下的以院系为单位的大学活动组织形式，这个时期的主要特点是倡导教育是公民权利，高等教育大众化飞速发展；最后是80年代以来的新自由主义时期，这个时期大学活动组织单位是研究中心，大学教授既是高校教师又是科研管理者①。随着大学活动的组织形式从教授到科系，然后从科系到研究中心，大学之间竞争的范式也随之发生了变化。特别是卓越战略强化了科研机构作为科研主体的地位，使得现在的高校竞争较之以前具了有新的特点。

卓越战略对高校科研的资助与以前不同，在以“个人”、“项目”为对象的基础上增加了“机构”。德国科研基金会的使命是“资助各个科学领域的科研计划，包括个人研究计划和合作项目，奖励杰出的科研成果，资助科研基础设施和科研联系建设”②。这里的“个人”指的是大学教授，他们以个人名义制订研究计划，向DFG提交资助申请。DFG专门委员会对申请进行评估，做出资助决定；“项目”指的是学科范围内或者是跨学科科研人员共同参与实施的科研任务，比如研究生院（Graduiertenkolleg）就是依靠德国科研基金会的资助，由若干博士生组成团队，在教授带领下共同完成一项科研任务，博士生的毕业论文一般也是该项目的子课题。卓越战略不同于以往这种以个人或者项目为资助对象的地方，就在于它是以实体“机构”为资助对象。卓越战略三条资助线，无论是研究生院、卓越集群还是未来构想，都是以实体机构为单位提出申请，所获资助也是以机构的名义进行使用。个人或者项目资助与机构资助的不同点在于：前者受资助的可能性主要

---

① Münch, R. Die akademische Elite. Zur sozialen Konstruktion der wissenschaftlichen Exzellenz [M]. Frankfurt am Main: Suhrkamp Verlag, 2007: 302.

② 德国科研基金会使命 [EB/OL]. [2008-04-27]. http://www.dfg.de/dfg_im_profil/aufgaben/index.html.

取决于教授个人的科研能力和研究计划的质量，不受所在院系和学校的声望、排名等的影响。换句话说，从理论上讲，任何一位教授都不会因为他所在的高校籍籍无名使其资助申请受到影响；同时，这种资助也是短期的，随着项目的结束而结束，不具有可持续性。然而当资助的对象是实体机构（如研究生院、卓越集群、大学）时，机构申请资助主要取决于该机构整体的科研实力和发展潜力，个体作为机构的一分子，不直接面对资助，而是被一个常设的实体机构代替，并且按照政策的设计，这种对机构的资助具有相对的稳定性和持续性（五年）。在这里，不是科研个体，而是整体决定机构的质量，所以个体的主观能动性隶属于机构整体的效能。

随着“机构”成为大学科研资助对象，德国高校科研的竞争方式会发生相应变化。正如前文所分析的那样，以往常规的高校第三方科研资助主要针对的是高校教授个人或者由教授领衔的合作科研项目，法国科研基金会在原则上是同等对待每位教授提出的申请，以同等的标准进行项目评估，做出资助决策。在这种情况下，高校科研竞争主要还是体现为教授个体之间对第三方资金的竞争。虽然此间也出现了对高校所获取的第三方资金的排名，各个高校在第三方资金获取上存在了事实上的差异，但是这种差异并不明显，排名也还不具有实质性意义。当大学、研究生院、研究中心以实体机构作为竞争性资助对象时，高校科研的竞争就不仅仅是科研个体之间的竞争，而是机构与机构之间争夺科研资源的竞争了。“许多分散于全国不同大学机构的杰出学者不属于‘灯塔所在地’的，灯塔政策对机构的笼统资助，会使他们处于更加不利的地位”①。

随着竞争主体与方式的变化，对大学科研工作者的评价标准也发生了改变。当对大学科研的第三方资金资助对象是教授个体或者合作项目，即对大学科研第三方资金的竞争方式主要是研究者个体时，对大学科研的评价主要还是作为对个体成果的评价，个人的声誉和成就主要取决于其个人科研成果的数量和质量。“一项国际比较研究表明，德国大学教师对其所在大学的认同感是非常小的。大学教育质量的核心单位是教授，而不是大学。大学或者院系的声誉对于教授几乎没有任何影响”②。在卓越战略将高校机构作为资助对象和竞争主体之后，教授个人退隐到机构之后，此时个人的声誉和成就

① Münch, R. Die akademische Elite. Zur sozialen Konstruktion der wissenschaftlichen Exzellenz. [M]. Frankfurt am Main: Suhrkamp Verlag, 2007: 307.

② Teichler, U. Hochschulstrukturen im Umbruch. Eine Bilanz der Reformdynamik seit vier Jahrzehnten. [M]. Frankfurt am Main: Campus Verlag, 2005: 42.

不仅仅取决于个人的科研成果，而会在很大程度上受到所在机构的影响。这是因为机构成为实体竞争单位以后，机构的卓越赋予机构象征性资本，机构成员因其身份归属机构而享有机构的象征性资本。“精英大学政策将卓越赋予机构，使其与相关人员脱离关系。科研人员因为身份隶属于某个精英大学，而不是由于个人绩效而变得卓越”①。也就是说，卓越战略将会改变对学者的评价标准，由原来的个人绩效转变为个人对卓越机构的归属。

第五节　卓越战略的深远影响

卓越战略从 2005 年启动到 2007 年 10 月圆满完成两轮评选，前后共有 39 所研究生院、37 个卓越集群和 9 个未来构想（大学）成功入选受资助行列。按照预先的设计安排，这些大学和所属机构将在未来五年内连续获得不菲的资助额度。从政策所要达到的目的和具体内容和实施情况来看，德国大学卓越战略是德国在高等教育国际化背景下，为参与世界高等教育国际竞争而学习和模仿美国甚至是中国等国的大学重点发展政策。政策所带来的结果和影响，在短时期内还难以看到；而政策的连续性，还得视未来五年计划实施的效果而定。但是，卓越战略毕竟是德国高等教育在世纪之初所做出的重大举措，战略设计的初衷是否或者在多大程度上能够实现，还有待时间考验。无论如何，卓越战略在德国高等教育史上第一次深深打下了国家重点扶持的烙印，必然在一定程度上重塑德国高等教育格局。“10 月 13 日②可能是德国大学史上最为重要的日子之一，卓越竞争带动了德国大学和整个学术体系”③。

过去的四十多年，是德国高等教育历史上最具有改革活力的历史时期。20 世纪 60 年代，在传统的以人文教育为导向的大学之外建立了以职业为导向的高等专科学校，大学教育从此开始出现多样化；大学教师不再享受同等的待遇，而是出现了不同等级的薪资福利标准；以往大学毫无招生权的现象逐渐改善，在限制性专业上大学开始有了部分自主权招生；基本上已经打破高校收费的禁忌，大学教育付费开始成为普遍现象；国家对大学的传统资助

---

① Forneck, H. Spitzen-Unis: Irrwege der Forschung. Unter den Rezepten für die Bildungs stätten der Zukunft gilt das von der Eliteuniversität gegenwärtig als Favorit. Die Nachteile sieht man kaum [N]. Frankfurter Allgemeine Sonntagszeitung, 2004 - 06 - 27.

② 2006 年 10 月 13 日，卓越战略第一轮评选结果公布。

③ Sentker, A. & Spiewak, M. Uns fehlt Fantasie [N]. Die Zeit. 2006 - 10 - 19.

方式受到质疑，越来越多地采取以绩效为导向的财政资助方式，等等。以上这些改革举措都以德国大学所处的当代为背景，卓越战略正是在这些政策背景下进行的。把卓越战略及其他相关改革措施联系起来，以及从政策的发展趋势和国际经验来看，德国高等教育正在或者将会出现以下发展趋势。

一、高等教育从分流走向分层

第二次世界大战以后，世界高等教育进入黄金发展时期，高等教育的多样化发展成为主要趋势。德国在“二战”后随着社会经济文化的迅速发展，迫切要求高等教育适应社会的发展，以满足社会日益多样化的对高等教育的需要。回顾德国“二战”后高等教育的发展脉络，可以看出德国高等教育多样化主要体现在高等教育的分流以及正在发展的高等教育分层两个方面。“德国古典大学观的基本价值是大学自由和学术寂寞，大学可以为以后的职业做准备，但不是培养某方面技术专家的职业学校”①。然而随着高等教育分流和分层，这样的观点正在发生改变。高等教育多样化的动力来自于高等教育的大众化扩张。世界各国在高等教育扩张时期，都呈现多样化的发展趋势。随着高等教育大众化时代的到来，学生的入学动机、能力和职业愿景也出现多样化，大学出现分化是必然的趋势，因为“在高等教育扩张时期平均分布科研和教学质量是不现实的”②。在高等教育多样化方面，世界各国的实践也是不尽相同的。美国和日本的高等教育包括了种类繁多的高校类型和大学课程，满足不同动机、天赋和职业愿景的学生的需要，虽然德国对这样的差异化非常谨慎，但是仍然在朝着这个方向发展。高等教育的结构和多样化趋势可以用横向和纵向的坐标来表示，横向侧重于功能分化，强调不同办学特色的并存；纵向则是质量、吸引力、声誉和劳动力市场价值的分化。20 世纪 60 年代以来德国高等教育正是经历着这样一个双向的分化过程。

高等教育分流是高等教育的功能分化，指的是“二战”后随着德国经济的飞速发展，以往统一的大学教育模式已经不能满足社会对于专门技术人才的需求，于是在高等教育内部出现功能分化，中学毕业生进入不同取向的高等教育机构。这里的不同取向包括纯学术取向、技术取向和具体专业取向。德国古典大学观认为大学是从事纯学术研究的地方，提倡学与术的分

---

① Turner，G. Hochschulpolitik. Bilanz der Reformen und Perspektiven［M］. Asendorf：MUT-Verlag，1995：10.

② Teichler，U. Hochschulstrukturen im Umbruch. Eine Bilanz der Reformdynamik seit vier Jahrzehnten.［M］. Frankfurt am Main：Campus Verlag，2005：12.

离。19 世纪为了适应经济发展的需要，德国开始建立起以工程技术为导向的工业大学。“工业大学不是从一开始就取得了与大学一样的地位，包括授予学位的学术地位。随着时间的推移和工业大学的不断发展壮大，才使得工业大学逐步取得了与传统大学一样的学术地位”①。这样，传统综合型大学和工业大学就均以学术研究为导向，可以称之为研究型大学。德国高等教育分流的另一个重要阶段便是 20 世纪 60 年代高等专科大学（Fachhochschulen）和职业学院（Berufsakademie）等以实用技术和就业为导向的高等教育机构的产生：1968 年，联邦德国各州总理签署了《联邦德国各州统一专科大学的规定》协议，着手建立高等专科大学。高等专科大学的前身是“二战”前就存在的工程学校，是专门为培养工程技术方面人才服务的学校。“二战”后，这些学校加强了基础理论课程，延长了学习年限，实际上成为从事中学后教育的高等教育机构了。高等专科大学是与大学平行的非学术型高等教育机构，大部分强调某一专门的科学领域，以实践为导向，培养年限较短，主要适应经济领域和社会工作的需要。同样在 60 年代，在社民党提出的“教育是公民权”和“机会均等”的政治口号下，联邦德国进行了创建“总和大学”② 的探索。这样的“全科大学”的目的是综合不同高等教育类型（大学、教育学院、艺术学院、音乐学院和高等专科大学），提供不同种类的高等教育课程。学生来自不同的中学类型，允许学生在不同课程之间流动，试图消除不同类别高校之间的差异③。但是随着时间的推移，“总和大学”教育不但没有扩大，反而逐渐萎缩，直至消亡。后来，联邦与州又建立了行政管理高等专科大学④，培养非技术领域的公共行政管理和服务人才，如公共行政管理、图书情报、职业代理等专业人才。根据德国联邦统计局 2008 年最新统计显示，在 2007—2008 年冬季学期总共有 1 932 355 名大学生就读于德国不同类型的学校（见图 5 – 1）。

---

① 于富增．国际高等教育发展与改革比较［M］．北京：北京师范大学出版社，1999：222.

② 总和大学即 Gesamthochschule，是曾经在德国兴盛一时的高等教育模式，即把一个地区的数所高校合并起来，成立总和大学的目的是把传统大学的学术导向特点和其他高等教育机构的职业导向特点结合起来，提高不同种类课程之间的可渗透性，提高非传统大学的科研分量，更好地利用高等教育资源，同时使大学学习的目的呈现多样性。以上对总和大学的描述参见：Teichler，U. Hochschulstrukturen im Umbruch. Eine Bilanz der Reformdynamik seit vier Jahrzehnten［M］. Frankfurt am Main：Campus Verlag，2005：116.

③ Turner，G. Hochschulpolitik. Bilanz der Reformen und Perspektiven［M］. Asendorf：MUT-Verlag，1995：55.

④ 行政管理高等专科大学不招收中学毕业生，而是招收已经在国家机构担任公职的公务员。

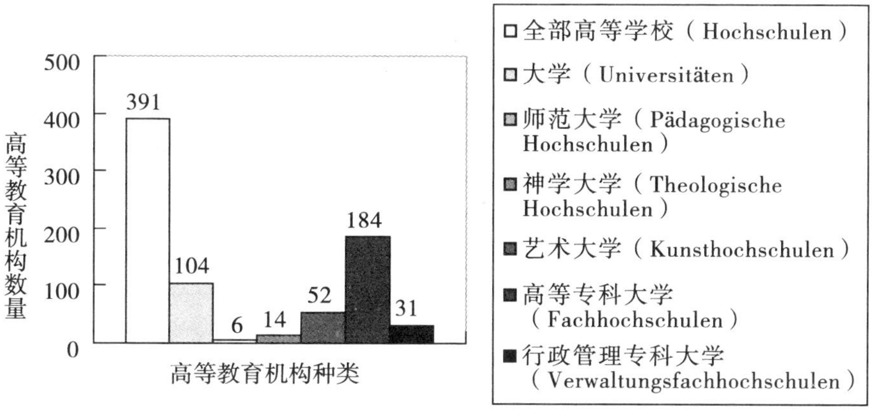

图5－1　2007—2008年冬季学期德国各类高等教育机构数量①

如果说20世纪六七十年代是联邦德国高等教育分流的黄金时期，表现为尝试和创建了不同于传统大学的多种类型的新型高等教育机构，那么正在进行之中的卓越战略则是在这种高等教育分流的基础上，对学术型和研究型的大学以政策导向的方式实施分层（见图5－2）。尽管也有批评者指出，卓越战略区区十亿欧元的财政资助根本无法与美国名牌大学的预算相比，对于长期陷入财政困境的德国大学来说是杯水车薪。但是我们应该看到，卓越战略的意义不仅局限于具体资金的投入，更重要的是入选的这些研究生院、卓越集群和未来构想被赋予的象征性意义。同时值得注意的是，此次卓越战略主要是对大学科研的资助，“以往对于高等教育结构的讨论主要是围绕教学进行的，但是科研在近些年来起着越来越重要的作用。多数专家都认为，大学越来越按照科研功能进行分化”②。此次卓越战略的目的“不是从横向上普遍提高所有大学的学术质量，而是要塑造少数单个的世界一流大学，即所谓的学术‘灯塔’”③。

① 这里的大学包括传统的以学术为导向的综合型大学和以工科为主的工业大学。像其他欧洲大学一样，德国不是在传统的大学里建立工程教育，而是建立以工程教育为主的独立的工业大学。在学与术分家的传统下，工业大学不是从一开始就取得了与传统大学一样的地位，包括授予学位的学术地位。但随着当今各产业的迅速发展，对知识的需求量亦急速增加，原来的一些工业大学纷纷设立哲学、医学、法学等专业，积极朝综合化方向发展。可以看到不少综合大学仍以“工业大学”为校名，实际上却是综合大学。

② Teichler，U. Hochschulstrukturen im Umbruch. Eine Bilanz der Reformdynamik seit vier Jahrzehnten［M］. Frankfurt am Main：Campus Verlag，2005：10.

③ Hartmann，M. Die Exzellenzinitiative-Ein Paradigmenwechsel in der deutschen Hochschulpolitik［J］. Leviathan，2006（4）：448.

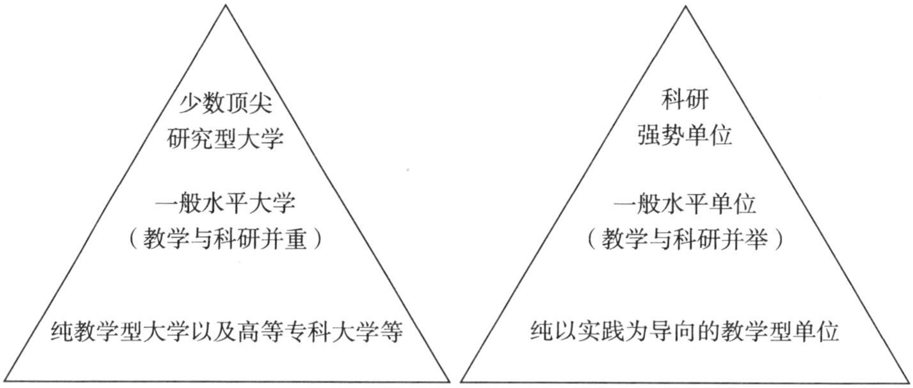

图5-2 卓越战略下的德国大学及学科等级化分层

可以预见，传统的、建立在洪堡理念基础之上的德国高等教育体系将逐渐被类似金字塔形的分层结构所代替。“德国众多大学不仅不会得到卓越战略资助，而且还获得了缺乏竞争力的标签”①。位于金字塔顶层的是少数有政府重点支持的研究型大学，它们的整体水平能够代表德国大学教育科研的最高成就；位于金字塔中部的是众多一般水平的大学，它们科研与教学并重。慕尼黑工业大学校长在评选获胜之后认为，他的学校在五年之后将会跻身于世界大学排名前25位②；位于金字塔底端的则是数目庞大的纯教学型的大学和以专业知识和实践为导向的高等专科大学，金字塔的中下部承担了高等教育大众化的主要任务。无论从机构数量，还是从容纳的人数来说，都形成了典型的金字塔结构。同样的道理，卓越战略在同一学科内部评选出杰出单位进行重点资助（如卓越集群），也会根据科研能力的强弱使学科内部不同单位之间出现纵向分化，形成金字塔最上层的科研强势单位、科研和教学并举的一般中层单位以及主要从事教学的以实践为导向的下层单位。“普遍的规律是，当个别大学在相对于其他学校获得优势地位时，便会产生这些大学之间的竞争”③。因此，卓越战略赋予少数大学机构以先发优势，会促进整个大学体系内部个体之间的竞争。

高等教育的核心议题是知识的生产、加工和传授，而高等教育结构则决

---

① Hartmann, M. Die Exzellenzinitiative-Ein Paradigmenwechsel in der deutschen Hochschulpolitik [J]. Leviathan, 2006 (4): 449.

② Schnabel, U & Spiewak, M. Die Topographie der Exzellenz [N]. Die Zeit. 2006-10-19.

③ Turner, G. Hochschulpolitik. Bilanz der Reformen und Perspektiven [M]. Asendorf: MUT-Verlag, 1995: 75.

定了知识生产、加工和传授的数量和质量的分配。德国高等教育体系在过去四五十年的发展就是该体系从分流到分层的过程，也就是该体系逐步实现多样化的过程。分流是高等教育横向的多样化，旨在为国民提供不同导向和不同种类的中学后教育；分层是高等教育结构纵向的等级层次化，客观上实现提供不同层次和级别的高等教育产品。分流是发生在不同类型高等教育机构，分层则主要是发生在同类型的高等教育机构之间，甚至是同一个高等教育机构内部，比如前面所讲的大学教授出现科研型教授和教学型教授的分化。从这个意义上来看，卓越战略正从纵向上改变着德国高等教育体系的结构布局。“德国高等教育体系将继续从相对均质朝着相对异质的方向发展，高等教育机构的种类和提供的课程还会增加”①。事实上，高等教育机构之间以及机构内部出现明显分化，也是国际高等教育的普遍发展趋势。

德国古典大学时期直至20世纪六七十年代高等教育大众化时代到来以前，德国大学一直沿袭着精英教育的传统，大学是培养社会政治、经济、文化、宗教等领域领导人才的场所。大众化使得大学教育无法在整体上保持精英教育传统，而采用体系内部分层的形式，有意或无意地使金字塔顶部回归精英教育传统。这也说明，大众化时代并不排斥精英教育，二者是可以以某种特殊的关系同时存在的。马丁·特罗也认为，其他学生进入金字塔的中层和下层，实则是对精英教育的保护②。

二、高等教育资源趋向非均衡

首先，国家高等教育公共财政的分配出现了两个维度的不均衡。第一，国家公共高等教育财政重点扶持少数合法化的卓越机构。卓越计划三条资助线经过两轮评选，共资助39个研究生院、37个卓越集群和9个未来概念大学，但总共被涉及的高校只有20余所，相对于德国350多所大学来说仅仅是少数，这就意味着国家高等教育经费更加密集地投向这些少数学校。“联邦与州精英竞争涉及高等教育资助经费达19亿欧元，但是绝大部分的教授和学生会两手空空”③。第二，正如本文前面所分析的那样，卓越战略使德国高等教育地区不平衡更加突出。东部和西部、南方和北方的高校因为所在

① Schwarz, S. Thematischer Überblick zur Tagung Universities of the Future—Research, Knowledge Acquisition [M]. Bonn: Corporate Identity and Management Strategies. 2002.

② Teichler, U. Hochschulstrukturen im Umbruch. Eine Bilanz der Reformdynamik seit vier Jahrzehnten [M]. Frankfurt am Main: Campus Verlag, 2005: 100.

③ Schnabel, U. & Spiewak, M. Die Topographie der Exzellenz [N]. Die Zeit. 2006-10-19.

州经济社会发展水平存在差异，高等教育的竞争力也存在相应的差距。卓越战略以学术竞争力为标准决定资助对象，实质上是承认并强化了业已存在的差别。联邦高等教育资源更加集中于基础好的地区，失去竞争先机的地区将出现高等教育“荒芜化”的潜在危险。卓越战略结束以后，联邦各州为了保持其所辖“精英大学”的竞争力和发展水平，很有可能继续投入更多的资金，相对来说也就减少了对其他普通大学的投入，所以精英竞争结果有可能永久化①。

其次，民间高等教育资源趋向非均衡分布。传统的德国大学资源配置是政府处于绝对主导地位，市场对于高校资源配置的影响甚为微弱，但是也在逐渐发展。1998 年德国高校第三方资金中约 28.3% 来自企业和私人的科研委托项目及捐赠；到 2003 年的比例为 26.7%，略有下降，维持在比较低的水平，因此具有很大的发展空间②。卓越战略的首要直接结果就是评选出了一批被冠以“卓越”、“精英”称呼的高等教育机构，在这个信号发出后，处于上层的大学及其机构必然成为市场投资的潜在对象，大量资源就会在这些地方累积；而其他普通大学则因为失去发展的先机而可能处于越来越不利的地位。德国的民间资本和社会资源在投资高等教育方面具有非常深厚的潜力，卓越战略的重要影响之一就是引导这些资源寻找具有发展潜力的投资对象，就是那些通过有组织的全国性评估评选出来的、被赋予“卓越”桂冠的大学教育机构。随着国家和社会高等教育资源的非均衡配置，少数机构将有能力主动延请该领域最为优秀的教授，在德国长期实行的“本校留任禁令”③ 受到质疑，卓越战略所引发的高校师资人才竞争，使多数高校将有可能面临人才匮乏的窘境。

最后，高等教育师资也趋向非均衡分布。蒙西在谈到德国大学时，认为德国大学制度优点之一就是：学生在大学期间具有很大的流动性，可以很容易从这所大学换到另外一所大学，大学地位和办学水平的平均化使这种校际

---

① Hartmann, M. Die Exzellenzinitiative—Ein Paradigmenwechsel in der deutschen Hochschulpolitik [J]. Leviathan, 2006 (4).

② Konegen-Grenier, C. Zukunftskonzept Hochschulautonomie. Rahmenbedingungen für Exzellenzin Forschung und Lehre [M] Köln: Deutscher Instituts-Verlag, 2006: 38.

③ 即 Hausberufungsverbot，这是德国大学不成文的规定，意思是大学不能聘任本校培养出来的教授。此前的《高校基准法》规定聘任本校培养的教授必须提供充足理由，虽然此项规定已从该法中取消，但是在许多州政府的高校法律中仍有类似的条款。“基本法”第 33 条第 2 款规定：“任何德国人都有按照自己的能力和专业素质进入任何国家公共部门工作的权利。”即便如此，德国大学为了防止裙带关系，事实上是默认并执行了所谓的“本校留任禁令”。

学生流动成为可能①。但是卓越战略意在使大学通过竞争分层，各个学校的办学能力、师资力量和教学科研水平呈金字塔形结构，这种分层使得原有的学生流动渠道受到阻碍，形成学校之间的屏障。与之相应的便是大学教师的流动性，在各大学地位平等时期，大学教师在任何一所德国大学任教都是一样的，因为他们的工作和待遇不会因为学校的不同而有太大差异。但是卓越战略塑造的大学等级结构，使得大学教师的名誉和声望与所在大学的名誉和声望紧密联系起来。“必须使顶尖科研人员获得顶尖薪酬”②。卓越机构吸引着全国甚至全世界的优秀师资力量，优者更优的效应凸显，大学教授的流动极有可能变为向上的单向流动，这也是卓越机构招募优秀师资力量的渠道之一。

三、卓越战略对大学招生和就业的影响

到目前为止，德国为了确保大学入学的公平性，招生仍然主要是委托第三方机构及大学学额分配中心（ZSV）来进行。大学入学申请者要向分配中心提出书面申请，分配中心根据对不同专业申请人的多寡而实行不同的分配办法。尤其对于热门专业，分配中心会综合考虑学生的学习成绩、等候时间以及对残疾人、已婚者、家庭经济困难和离家距离的优先照顾等因素，决定学额的分配。这种分配方式存在两个特点：一是大学作为招生单位，不具有招生自主权；二是真正的优秀生源很难顺利进入知名大学。

随着卓越战略对整个德国高等教育格局的改变，不同层次的大学则对应着不同层次的生源。首先从大学的角度来看，卓越战略使扩大大学招生自主权有了紧迫性。在过去的二十多年里，大学一直在为扩大招生自主权而努力，但是在以往大学发展均等主义的呼声下，政府为了确保学生入学的社会公平性，对大学自主招生始终持谨慎态度。而现在的卓越战略意在使大学之间出现水平和层次上的分化，评选出的卓越机构理所当然地希望能够自主招收到全国甚至世界范围内最为优秀的学生，以持续增强其现有的卓越地位。“大学必须有权选择学生，如果德国主流思想拒绝大学的招生自主权，那么就不可能奢望‘精英’教育”③。因为精英的大学教育需要

① Münch, I. Eliteuniversitäten. Leuchttürme oder Windräder? [M]. Hamburg: Reuter + Klöckner, 2005: 44.

② Sentker, A. & Spiewak, M. Uns fehlt Fantasie [J]. Die Zeit, 2006-10-19.

③ Münch, I. Eliteuniversitäten. Leuchttürme oder Windräder? [M]. Hamburg: Reuter + Klöckner, 2005: 38.

有精英的生源作为基础。"慕尼黑大学和慕尼黑工业大学将改变大学招生程序，与巴伐利亚州最优秀的文理中学合作，招收最优秀的学生"①。随着卓越战略的实施，大学招生尤其是卓越教育机构的招生将获得更多自主权，扩大高校招生自主权以及对优秀生源的竞争也将是大学之间竞争的表现之一。

其次，从大学入学申请者的角度来看，此前中学毕业生的"升学压力"并不明显，因为德国不同大学之间并无实质上的区别，他们更看重自己喜欢的专业，至于在哪所大学和哪个院系学习并无太多不同。然而卓越战略实施以后，卓越大学机构因为可获得更多资源而提供更好的学习、科研条件，从而形成良好的社会声誉，对大学入学申请者构成巨大的吸引力，所以越来越多的优秀生源也希望能够进入到优秀的大学中去。"精英竞争的胜利者也极有可能削减招生人数，为招收的少数学生设置精英课程"②。德国是否会出现类似我国的高考制度或是法国精英学院"Grandes Ecoles"组织的单独招生考试，是一个非常现实的问题。"传统意义上的机会平等是指所有学习者不受其家庭出生和其他因素影响，都有获得同样教育的可能性。社会的公平性就体现在教育的开放性和通过教育来决定个人的社会地位"③。但是卓越战略下大学出现等级分层，教育的公平性失去了其传统意义，在不同等级的大学教育机构中则以另外的方式呈现。

均等主义政策下的德国大学所培养的毕业生，在劳动力市场上是拥有同等的就业机会的。大学毕业生不会因为所毕业的学校不同，而出现就业资格上的差异。卓越战略使得大学呈现出如前面所描述的金字塔结构，那么不同层次大学的毕业生也将形成类似的金字塔结构。处于上层的卓越大学因为提供能更加优质的教育，特别是所在学校的社会声誉，使其毕业生在人才市场上获得更多的认可。由于"声誉对于大学的重要性甚至超过学术质量，越有名气的学校其声誉起到的作用就越大"④，所以名牌大学的毕业生可以获得更好的工作愿景，而不直接与其真实的教育质量相关；相反，处于下层的大学毕业生则有可能在就业市场上面临不利的境地。这种劳动力市场的分

① Schnabel, U. & Spiewak, M. Die Topographie der Exzellenz [N]. Die Zeit, 2006-10-19.

② Hartmann, M. Die Exzellenzinitiative—Ein Paradigmenwechsel in der deutschen Hochschulpolitik [J]. Leviathan, 2006 (4).

③ Teichler, U. Hochschulstrukturen im Umbruch. Eine Bilanz der Reformdynamik seit vier Jahrzehnten [M]. Frankfurt am Main, Campus Verlag, 2005: 52.

④ 同②.

割，也会增加中学毕业生进入上层大学的竞争压力。按照市场经济的成本分担理论，高等教育，尤其是优质的高等教育具有很高的投资回报率，因此，按照所提供的高等教育质量的不同而让学生分担相应的高等教育成本，这在世界上绝大多数国家和地区是普遍存在的。几年前，大学征收学费在德国是高校政策的禁忌，但是近些年来赞成者越来越多，甚至超越了党派的界限。是否应该在大学征收学费成为大学政策的重要讨论议题。卓越战略意在使德国高等教育呈现等级分化，学生也将根据特定标准进入这个等级秩序，找到属于自己的位置。进入上层卓越高等教育机构的学生将获得更为优质的教育服务，也会预期获得更好更多的教育回报，根据市场法则，他们有理由承担教育成本。所以巴伐利亚州总理施托伊波尔（Stoiber）认为："支持精英大学政策，就没有理由反对收取学费。"①

在大学教育呈等级分化的国家里，大学入学必然是社会选择的重要因素。"精英大学的一项重要社会功能就是稳定现存的社会权力关系以及社会的不平等结构"②。传统的德国大学体系与美国等选择性很强的高等教育比较而言，最大的特征就是大学入学与学生父母及其家庭背景无关，只取决于中学成绩和其他具有社会公平性的考虑因素。随着大学收费禁忌的打破和不同质量高等教育机构的出现，按照不同质量收取不同额度的费用是极有可能的发展趋势；此时，家庭背景和父母职业都将对子女大学入学产生不可低估的影响。德国大学格局的等级分化将导致精英大学更多地招收来自社会上层家庭和学术背景家庭的子女，其他中下阶层子女只能就读普通大学或者高等专科大学。在同样等级化的大学生就业机会格局中，毕业于卓越教育机构的毕业生，因为享有"卓越光环"，在被分割的劳动力市场上自然具有更强的竞争能力，获得更好的工作和待遇。由此导致更多大学入学者竞争进入高等教育金字塔的顶层，这也正是很多分析家所担心的地方。

---

① Stoiber. Nicht mit der CSU [J]. Frankfurter Allgemeine Zeitung, 2004 (1).

② Hartmann, M. Die Exzellenz-initiative—Ein Paradigmenwechsel in der deutschen Hochschulpolitik [J]. Leviathan, 2006 (4).

* * *

本章参考文献

中文文献

[1] 彼得·贝拉格·威廉·冯·洪堡传 [M]. 袁杰，译. 北京：商务印书馆，2004：84.

[2] 安东尼·吉登斯. 失控的世界 [M]. 周红云，译. 江西人民出版社，2001.

[3] 戴维·赫尔德. 全球大变革——全球化时代的政治、经济与文化 [M]. 杨雪冬，等，译. 北京：社会科学文献出版社，2001.

[4] 陈洪捷. 德国古典大学观及其对中国的影响（修订版）[M]. 北京：北京大学出版社，2006.

[5] 陈永明. 大学理念、组织与人事 [M]. 北京：中国人民大学出版社，2007.

[6] 刘念才. 世界一流大学：特征·排名·建设 [M]. 上海：上海交通大学出版社，2007：7.

[7] 吕达. 当代外国教育改革著名文献（德国、法国卷）[M]. 北京：人民教育出版社，2004：37－38.

[8] 泰希勒. 欧洲诸国高等教育制度：多模式的稳定性 [M] 1990.

[9] 希拉斯劳特、莱斯利. 学术资本主义政治、政策和创业型大学 [M]. 梁骁，黎丽，译. 北京：北京大学出版社，2008.

[10] 谢安邦. 比较高等教育 [M]. 桂林：广西师范大学出版社，2002.

[11] 许庆豫. 国别高等教育制度研究 [M]. 徐州：中国矿业大学出版社，2004.

[12] 徐小洲，王家平. 卓越与效益：大学重点发展战略研究 [M]. 杭州：浙江教育出版社，2007.

[13] 于富增. 国际高等教育发展与改革比较 [M]. 北京：北京师范大学出版社，1999：222.

[14] 张贤斌. 西方高等教育哲学 [M]. 北京：北京师范大学出版社，2007：322.

外文文献

[1]Ash. M. Bachelor of What, Master of Whom? The Humboldt Myth and Historical Transformations of Higher Education in German-Speaking Europe and the US [J]. European Journal of Education, 2006 (2): 245 -267.

[2] Bayer, C. Hochschul-Ranking-Übersicht und Methodenkritik [G]. Sonderheft: Beiträge zur Hochschulforschung, 1999.

[3]Becker, W. (Redaktion). Zur Finanzierung der Hochschulen [C]. Entschließung des 179. Bonn: Plenums der Hochschulrektorkonferenz, 1996.

[4]Elite-Uni für Hamburg? Scholz-Forderung löst kontroverse Reaktionen aus [N]. Hamburger Abendblatt, 2004 -01 -06.

[5]Hartmann, M. Chancengleichheit trotz Studiengebühren: die USA als Vorbild? [J]. ApuZ, 2006 (48): 32 -38.

[6]Hermann J. Spitzen-Unis: Irrwege der Forschung. Unter den Rezepten für die Bildungs-stätten der Zukunft gilt das von der Eliteuniversität gegenwärtig als Favorit. Die Nachteile sieht man kaum [N]. Frankfurter Allgemeine Sonntagszeitung, 2004 -06 -27 (26).

[7]Hummel, T. R. Leistungsorientierte Kennzahlen im Spannungsfeld Hochschulen und Staat [M]. Frankfurt am Main (Hrsg.), 1988.

[8]Käpernick, R. Bildungsausgaben und Bildungseinnahmen: Die Verantwortung des Staates [M]. Globalisierung und Bildung. Hochschul-finanzierung im Kreuzfeuer. Freie Arbeitsgruppe Hochschulpolitik Marburg: BdWi-Verlag (Hrsg.), 1998: 70 -71.

[9] Karpen, U. Überlegungen zu einem effektiveren Mitteleinsatz [M]. Berlin: Duncker &Humblot, 1983.

[10]Karpen, U. Hochschulfinanzierung in der Bundesrepublik Deutschland. Eine Einführung [M]. Nomos Verlagsgesellschaft, Baden-Baden (Hrsg.), 1989.

[11]Konegen-Grenier, C. Hochschulen im Wettbewerb. Die Novellierung des HRG. [M]. Deutscher Instituts-Verlag, 1997.

[12]Klös, H. -P. ; Weiß, R. (Hrsg.): Bildungs-Benchmarking Deutschland-Was macht ein effizientes Bildungssystem aus? [M]. Köln: Dtsch. Inst. - Vlg, K. 2003: 215.

[13] Konegen-Grenier, C. Zukunftskonzept Hochschulautonomie. Rahmen bedigungen für Exzellenz in Forschung und Lehre [M]. Deutscher Köln: Instituts-Verlag, 2006: 38.

[14] Kramer, Jost W. (Hrsg) Hochschulen im Spannungsfeld zwischen Lehre und Forschung [M]. Rainer Hampp Verlag, 2005.

[15] Länder einig: Keine Eliteuniversität auf Kosten der Hochschullandschaft. Für differenzierten Wettbewerb/Bulmahn verteidigt ihre Pläne [N]. Frankfurter Allgemeine Zeitung. 2004 -01 -30 (25).

[16] Leszczensky, M. Staatliche Hochschulfinanzierung durch Indikator gestützte Mittelverteilung. Dokumentation und Analyse der Verfahren in 11 Bundesländern [M]. Hannover: Kurzinformation HIS, 2004.

[17] Leszczensky, M. Paradigmenwechsel in der Hochschulfinanzierung [J]. Aus Politik und Zeitgeschichte B 2004: 25.

[18] Mlynek, J. Die Zukunft der Hochschulfinanzierung. Qualitäts-und wettbewerbsfördernde Impulse [M]. J. P. Bachem Verlag, Köln, 2002.

[19] Mittelstraß, J. Die Modernität der klassischen Universität [R]. Vortrag zum 457-Jährigen Jubiläum der Universität Marburg, Juli, 2002.

[20] Münch, I. Eliteuniversitäten: Leuchttürme oder Windräder? [M]. Hamburg, Reuter + Klöckner, 2005: 3844, 63 -62.

[21] Münch, R. Die akademische Elite. Zur sozialen Konstruktion wissenschaftlicher Exzellen. [M]. Frankfurt am Main, Suhrkamp Verlag, 2007.

[22] Neusel, A. Hochschule-Staat-Politik. Festschrift für Christoph Oehler. Schwerpunktreihe Hochschule und Beruf. [M]. Campus Verlag (Hrsg.). Frankfurt am Main, 1993.

[23] Schwarz S. Thematischer Überblick zur Tagung Universities of the Future-Research, Knowledge Acquisition [M]. Bonn: Corporate Identity and Manage-ment Strategies, 2002.

[24] Teichler, U. (Hrsg.). Hochschullandschaft im Wandel [J]. Zeitschrift für Pädagogik. 50. Beiheft. 2005, 52.

[25] Teichler, U. (Hrsg.). Hochschulstruktur im Umbruch. Eine Bilanz der Reformdynamik seit vier Jahrzehnten [M]. Frankfurt: Campus Verlag, 2005: 252.

[26] Turner, G. Hochschulpolitik. Bilanz der Reformen und Perspektiven

[M]. Asendorf: MUT-Verlag, 1995.

网络资源

[1] 德国科研基金会（DFG）网站，http://www.dfg.de.
[2] 德国科学理事会（WR）网站，http://www.wissenschaftsrat.de.
[3] 德国联邦教育与科研部（BMBF）网站，http://www.bmbf.de.

第六章　全球化与国际化对建设“世界一流”大学的启示

目前，高等教育的全球竞争是一个不争的事实，从本书四个国家的案例分析中可以看到，越是发达国家，越看重高等教育国际化和研究型大学建设，因为它们是参与全球竞争的重要国家发展战略。

第一节　“世界一流”的全球传播

2000年，联合国教科文组织（UNESCO）在《世界高等教育宣言》（World Declaration on Higher Education）中强调：没有足够的高等教育和研究型大学培养足够规模的有技术和有修养的人才，就不可能有真正的可持续发展。尤其是发展中或欠发达国家在全球竞争中，只有有了充足的高等教育和研究型大学，才有能力分享知识经济、国际合作和新技术带来的好处。所以说，《世界高等教育宣言》为我国建设“世界一流”作了明确的诠释。为了能够跻身于世界高等教育强国之林，赶超世界先进水平，1998年，我国开始把建设“世界一流”大学上升到国家高等教育发展战略的高度。建设“世界一流”大学是减少贫困、实现国家可持续发展的重大决策，也是应对全球化、打破发达国家优质教育资源垄断的重要战略。因为这样的大学不仅是培养和造就高素质的创造性人才的摇篮，也是认识未知世界、探求客观真理、为人类解决面临的重大课题提供科学依据的前沿，是知识创新、推动科学技术成果向现实生产力转化的重要力量，是民族优秀文化与世界先进文明成果交流借鉴的桥梁。“世界一流”大学是整个国家科学和教育发展水平以及未来发展潜力的重要标志，是国家核心竞争力的重要组成部分，代表着国家的根本利益。

由于其在国家发展战略中的重要性，我国建设“世界一流”大学的政策一出台，就引起了世界许多国家的关注。韩国几乎在同时实施了“21世纪智力（Brain 21）”计划。日本也在2002年推出了“大学法人化”改革，意在提高日本公立大学的绩效和加强其竞争能力。接着2005年，德国政府开始了德国高等教育的“卓越中心”战略。目前，法国、俄罗斯、泰国、巴西和南非等一些有实力的国家也开始探讨建设“世界一流”大学。争建“世界一流”已经成为世界各国重组本国高等教育的政策基础和追求的目标。

但是，“世界一流”大学是一个非常难定义的概念，因为没有一个统一的对“世界一流”大学进行评价的标准。然而，在建设“世界一流”大学的过程中，又非常需要某种工具或手段来衡量其发展水平，世界大学排名就是在这样的背景下产生的。2004年，当上海交通大学发表了世界大学排名结果时，全世界的高等教育为之一震。首先，大学管理者们的第一反应是“我的大学在哪个位置?”并开始以其评价指标为办学方向。随后，世界大学排名机构全球发酵，目前世界上有四十多个大学排名机构。受世界大学排名影响，一些以赢利为目的的各种提高大学排名的机构也粉墨登场，迎合大学管理者和政策制定者的口味，这就是高等教育全球化的一个直接结果。但是，当人们冷静下来以后，开始反思：大学的文化与内涵是否能用数字来衡量，科学研究的出版能否代表大学科学研究的全部？目前，许多学者，包括大学管理者已经开始意识到大学中蕴含的精神气质和文化内涵无法用指标体系进行监测，大学肩负的人类文化传承使命也很难用指标体系衡量。因此，应该理性地认识世界大学排名。

第二节 何为“世界一流”大学

那么“世界一流”大学到底指的是什么？我国从1998年实施“985项目”以来，中外学者都试图对其进行定义和解释，但是似乎都没有一个准确的可以被广泛认可的说法。实际上，我国建设“世界一流”大学采取的许多策略和措施都借鉴了欧美国家研究型大学的经验，世界大学排名也主要依据的是欧美国家的大学中的科研实力和学术声誉。我国的“世界一流”大学建设的主要目的也是要提升大学中科学研究的能力、技术创新和科研成果转化能力，解决目前我国经济和社会发展过程中的问题，以此提高其国际学术影响力。如果可以这样解释的话，那么，“世界一流”大学概念就应该与本书第一章中提到的“全球性研究型大学”的概念是一致的。发达国家中的全球性研究型大学的出现增强了我国建设“世界一流”大学的紧迫感，要赶超世界先进水平，我国需要付出双倍甚至多倍的努力。因为，我国在建设“世界一流”大学的时候，其他国家的研究型大学也在发展，甚至发展的速度更快。因此，全球性研究型大学的出现对我国的“世界一流”大学的建设提出了双重压力：首先是来自全球性研究型大学竞争的挑战，其次是来自我国对优质教育资源需求的挑战。

目前，在全球化过程中，发达国家的高等教育在向外扩张的过程中采取了多种发展战略：合作办学便是其中的策略之一。这些战略从表面上看迎合了发展中国家高等教育国际化的需求，但是从深层次上看，可能不然。比如，在一些国际合作中，其商业行为造成的教育资源的隐性流失可能比显性流失更大。因为在国际合作中处于弱势的一方很难实现学术与学生培养的双赢，有时一些国际合作项目甚至会降低大学的国际声誉和学术质量。

作为一个新兴经济体，目前我国的经济与社会发展面临许多亟须解决的问题。“世界一流”大学在知识生产、技术创新和科研成果转化上大有作为；在人才培养模式上，应该拓宽学生的知识面和解决实际问题的能力。从四个国家的经验来看，全球性研究型大学的崛起首先是建立在服务国家经济发展基础之上的。人们不难想象在美国如果没有哈佛大学与麻省理工学院，大波士顿经济区（128 公路）的工业转型和结构调整会是什么样；在加州的硅谷，如果没有斯坦福大学和伯克利加州大学长期的知识推动，它的三次产业升级会如何发展。因此，注重务实是我国建设“世界一流”大学的基础。所谓的注重务实，就是我国的“世界一流”大学应该在影响我国经济发展的实际问题中寻找理论和实践上的突破，而不是热衷于国际论文发表数量和世界大学排名。

国际化对于建设“世界一流”大学至关重要，因为它在建立全球学术秩序中意义深远。在过去的 50 年中，美国研究型大学对于国际学生和科研人员具有无穷的吸引力。目前，欧盟也不甘于落后，在高等教育一体化进程中设立的各项针对亚洲学生和学者项目就是企图吸引该地区学生和学者到欧洲留学，高等教育的全球竞争将变得更为激烈。在我国，随着“世界一流”大学建设的深入和人才强国战略的提出，扩大对外开放，将会全面提升我国高等教育国际化水平，特别是“世界一流”大学的国际竞争力，实现我国从人力资源大国到人力资源强国的发展目标已经成为目前高等教育发展的热点问题。笔者也曾经感到疑惑不解的是：国际化对大学来讲并不是一个新的概念，在大学诞生之初就出现了国际化特征，几百年来，学生和教师的国际交流从来就没有间断过，为什么今天却引起了人们如此的重视。因为，研究型大学的全球竞争和高等教育国际化在民族振兴和国家强盛中具有不可替代的作用。对于这一点，本书在前几章详细地分析了四个发达国家的案例，具体地阐释了高等教育国际化在国家发展中的战略地位和作用。当高等教育国际化被政府和大学用来实现其特定的目的和目标时，它就带上了更多的政治理性和功利主义色彩。

第三节　高等教育国际化的国家工具理性

在本书第二章到第五章的论述中，可以看到无论在美国、英国、日本，还是在德国，政府为了实现特定的国家目标通过不同的政策使高等教育国际化为国家服务。这使高等教育国际化增添了明确的国家工具理性特征。但是，在不同的国家里，使用这一工具的目的不同，其中，包含着长远的国家政治理念、外交战略、国防意识、文化传播和经济诉求。在本书的分析中，美国高等教育国际化的政治目的和文化理念远远大于商业理性；而通过输出教育实现商业利益的最大化是英国高等教育国际化的战略目标之一。在日本和德国，以政府主导的高等教育国际化起步都较晚，且带有很强的区域性特征。两国之间所不同的是德国高等教育国际化是建立在欧盟高等教育一体化框架之中的，而且德国政府目前把精英大学建设放到了国家战略高度。日本作为亚洲最发达国家，由于语言和文化的差异，同时又面临国内人口老龄化的问题，在国际化方面，更注重从周边国家获得人才资源。

在四个国家案例中，高等教育国际化或多或少都经历了这样的发展阶段：从学生和学者“自由探索”的学术理性发展到目前的政治和商业理性。在美国，1862 年，联邦政府虽然将办公立高等教育的权力授予了各州，但美国联邦政府始终没有忽略美国高等教育中的科学研究和国际化对美国的政治、国家安全和文化传播中的作用。1909 年，美国联邦政府用“庚子赔款”建立中国留美学习基金就为高等教育的国际化奠定了基础，为美国研究型大学走向世界打开了大门。在过去的一个世纪中，美国联邦政府对美国高等教育的国际化可谓“呕心沥血”。为了获得欧洲的科学家，加强美国大学的科学研究实力，在 1930 年前后，有针对性地修改了移民法；为了促进学者间的国际理解，1946 年建立了富布莱特项目；为了国家安全，1958 年通过《国防教育法案》改革了大学的课程、课程内容和知识结构；1960 年前后，在《外援法案》带动下，又将大学中的科学研究推出国门。仔细分析美国高等教育国际化的过程，不难发现在国家发展的不同时期，美国联邦政府都将高等教育国际化中的跨文化理解、意识形态博弈、外交政策、国家安全、国际和平、经济增长和国际竞争，以及劳动力市场和发展贸易等相关政策有机地融为一体。

美国高等教育国际化的独特之处还在于具有广泛的社会共识。美国一些富有的大财团和大企业家们设立的“大型基金会”总能在美国高等教育国际化的每一个关键时刻，动员起相关的力量——政策、资金和人员——为高等教育国际化服务。这些大型基金会不仅为大学的国际化提供经费支持，而且将其工作目标与美国联邦政府的各项法案有机地结合起来，从而影响美国高等教育国际化进程。

目前，英国是世界第二大留学生目的地国，其留学生约占全球留学生总量的15%，仅次于美国。高等教育已经成为英国的第三大出口产业，仅2006年外国留学生就为英国创造了85亿英镑的收入。吸收大量留学生和外国学者，还改变了英国高校的学术人员构成，如2004—2005学年外籍学术人员在英国高校占17.9%。国际化促进了英国高校教学科研质量的提高，培养和造就了一批学术领军人物，取得了一批重大原创性的科研成果。英国在高等教育国际化方面取得的成绩，很大程度上得益于英国高等教育国际化进程中的商业化战略。其中，英国政府发挥了不可替代的重要作用。尤其是从20世纪80年代以来，英国政府实施了多项高等教育国际化政策。英国政府一方面帮助大学打造英国教育品牌，扩大英国在国际教育市场的份额；另一方面，根据国际留学生市场需求的变化，打造了一整套国际化课程，并建立了高等教育质量监控机制。在欧盟内部，英国凭借其优质的高等教育资源和采用英语教学的独特优势，成为欧盟成员国中接受欧洲以外学生人数最多的国家。

从20世纪80年代起，国际化是日本研究型大学发展的战略性选择。早在1877年东京大学建立时，日本政府就提出过建设“世界性大学”（World University）的目标，但并没有采取实施的措施。到了1956年，受UNESCO国际理解教育思想的影响，在《关于促进教育、学术、文化的国家交流》报告中，日本政府第一次正式提出了国际化概念。虽然该报告只是一个研究报告，非国家政策，但是它为日本政府以后制定大学国际化的政策提供了依据。80年代初，为了改变日本高等教育封闭落后的状况，树立“世界中日本人的形象”，日本政府启动第三次教育改革运动。其间，正式出台了与国际化最直接相关的政策，如1984年颁布的《关于面向21世纪留学生发展政策》和1988年颁布的《发展国际间的理解和合作——通过各种教育、科学、文化和体育活动》等。2000年以后，日本的高等教育国际化上升为国家发展战略。2007年，安培政府为了使日本大学在亚洲保持领先地位，将日本高等教育国际化列入国家政策议事日程。2008年，福田政府将教育作为外交工具，提出实施“30万留学生计划”。2008年，麻生政府也试图提升日本高等教育国际化水平，化解经济危机，目前又在积极推动“亚洲校园”（Campus Asia）计划。

从日本早期的发展模式上看，日本大学国际化是以政府主导、大学被动接受为特征的“单一流向”发展模式；而后期的大学国际化战略则逐渐成为一种以“政府拨款引导，院校主动参与”为特征的“双向互动”发展模式。这一模式使得政府和大学成为大学国际化战略的利益共同体。日本大学国际化有明显的地区和国家依赖性特征。例如，在接收的留学生中，93%以上来自亚洲，而中国学生占63%。虽然日本的高等教育国际化起步较晚，但是发展的速度很快，日本国际学生份额占到了国际学生总量的5%。因此，日本高等教育在区域内有着很强的竞争能力。

德国高等教育的国际化主要是在欧洲一体化的框架下进行的，因此起步较晚。近20年来，在欧盟的一系列政策推动下，德国高等教育国际化趋势日益凸显。高等教育和知识的全球化也有力地推动着德国高等教育的国际化步伐。在学生交流方面，1987年启动的伊拉斯谟项目是欧盟框架下大规模的高校学生交流计划。此项目每年支持近20万名高校在校学生到其他欧盟国家的高校交换学习3个月至1年，目的是增加学生国际交流经验，增进欧洲高校之间的合作。1997年之后，教师交流计划也被纳入伊拉斯谟框架；2007年，伊拉斯谟被纳入“欧洲终身学习计划”（Lifelong Learning Programme，2007—2013）。德国是欧盟伊拉斯谟项目最重要的学生输出及接收国。此项目极大地促进了德国大学生的国际交流和德国留学生的数量。根据欧盟官方网站公布的数据，2008—2009学年度，德国共接收近22 000名来自其他欧盟国家的学生，在欧洲大陆，仅次于法国和西班牙。

为了提高德国大学的竞争力，德国借鉴了美国的经验，开始采取项目资助的形式，资助大学里的科学研究和人才培养，提高德国大学的国际竞争力。其中，“卓越倡议”就是2005年由德国研究会和科学审议会发起，由德国联邦政府和各州政府共同资助的项目。这项计划在大学、科研团队和研究生院三个层次通过竞争和评选确定若干重点对象进行资助，对顶尖科研、科研人才培养以及跨学科科研合作进行支持，从而提升德国大学的科研水准，增强国际竞争力。目前，此计划第二阶段项目已经启动，从 2012 到 2017 年，德国联邦政府将通过德国自然科学基金向进入卓越计划的大学投入 27 亿欧元。

“卓越倡议”改变了德国传统上大学平衡发展的局面，促成了德国意义上的“世界一流”大学建设，从而提升德国高等教育在世界上的竞争力和吸引力；重点资助战略进一步强化了德国高校的优势学科和科研领域，有利于吸引国内外一流科研人员；“卓越倡议”本身就定位于世界一流大学和一流科研的国际化。

第四节　四国国际化战略对我国的启示

我国开始大规模地派遣留学生出国留学已经有 30 多年的发展历程。目前，在国家层面上，高等教育国际化的政策日渐清晰，高等教育国际化的战略性地位以及发展目标也在相关政策中进一步得到明确。比如，在《国家中长期教育改革和发展规划纲要（2010—2020）》第 7 章中强调大学要面向世界，其中包括：参与和设立国际学术合作组织，建立国际科学计划，支持与境外高水平教育合作，加快创建世界一流大学和高水平大学的步伐。培养拔尖创新人才，形成一批世界一流的学科，为提升我国综合国力贡献力量。与此同时，一些大学也认识到国际化在创建“世界一流”中的重要性，因而将国际化活动延伸到了大学教学、科研、管理等方方面面。在大学中，对高等教育国际化活动的管理也逐渐形成了制度并有专门的管理人员和管理机构负责其运作。然而，认真地审视我国的“世界一流”建设和高等教育国际化的发展水平，就会发现其中存在的问题。最近新浪新闻网刊登了《法制晚报》的一组数据：在 2006 年，我国赴美国留学的学生为 62 583 人，2010 年上升到 127 628 人。2012 年 9 月 17 日，中国社会科学文献出版社发布的《国际人才蓝皮书：中国留学发展报告》显示：2011 年中国出国留学人数达 33.97 万人，占全球总数的 14%，居世界第一。该报告指出影响出国留学因素可能包括两个方面：一是人民收入水平提升了，二是国内教育资源不足。

目前，我国的高等教育毛入学率已经达到 24%。一些地区甚至已经进入了高等教育的普及阶段，毛入学率已经达到了 50% 以上。因此，对许多青年人来讲，在国内上大学不是没有机会，为什么还要花高价出国留学呢？

这一现象的出现有多种因素。其中重要因素之一就是学生们不是上不了大学，而是上不了好大学。这说明我国高等教育的优质教育资源满足不了青年人的需要。因此，必须扩大我国的优质教育资源，加快建设“世界一流”大学，并全面提升我国大学科学研究水平和教学质量。

从我国学生出国留学人数和来华留学生人数上涨的速度上看，我国的教育国际化似乎轰轰烈烈。但是，我国大学课程国际化程度远比不上发达国家。就拿语言教学来讲，2009 年，美国研究型大学平均开设了 58 门非常用外语语种，向全校的学生开课；而在我国的大学除了一门必修课公共英语外，很少有向全校学生开设其他语言类课程。这一英语独霸的语言教育政策既不适应学生国际竞争力的培养，也不适应我国的国家发展战略。

我国建设“世界一流”的大学多是综合性大学，社会科学研究与自然科学研究应同等重要。但是，目前的科研投入和高级人才招聘出现了向自然科学一边倒的现象，这不符合大学的发展目标，因此，在建设“世界一流”大学的过程中，还要关注大学中人文与社会科学等学科和自然科学学科的平衡发展问题。

办高等教育本身就是昂贵的，无论是发达国家还是发展中国家，办学经费永远是一个热门话题。在我国，建设“世界一流”大学就更显得昂贵。由于办学经费不足，一些大学也试图开发急功近利的社会资源，如办公司、招收短期学生和办培训班等。这些办学行为看上去似乎没有错，但是却频遭质疑，影响着大学的公信力。对于建设“世界一流”大学来讲，不能也不应该采取商业化的办学模式，这不仅是策略问题，而且是发展战略问题，同时，我国大学在管理体制和运行机制上并不适应市场运作。因此，在建设“世界一流”大学的经费投入上，国家应该建立长效机制。在我国，社会和企业对高等教育的经费支持相对薄弱，这说明我国的大学和社会之间存在着距离；大学通过社会服务和科研成果转化等手段赢得社会和企业的支持是解决“世界一流”大学建设和高等教育国际化经费问题的另一重要途径。

后　　记

2009年秋，北京大学国际合作部和教育学院一批有共同学术兴趣的学者和行政人员走到一起，组建了北京大学国际高等教育研究中心。该中心的成立打破了传统的学术研究与行政管理分家的现象，学术研究与行政管理通力合作，形成了优势互补的局面；既提高了学术人员在研究中对研究问题的敏感度和针对性，也加深了行政管理人员对学术研究严肃性的理解，并促使他们积极地参与到学术研究中，提高了自身的管理水平。在学术研究与行政管理的彼此提携和精诚合作中，北京大学国际高等教育研究中心表现出了非常好的发展势头。2010年春，受教育部财务司的委托，北京大学国际高等教育研究中心对世界一流大学建设和高等教育国际化问题展开了深入的研究。2011年年底，该中心在教育部国际教育交流与合作司的鼓励与支持下，又承担了建设北京大学国际高等教育培育基地的重任。

中心成立以来科研成果显著。2010年，中心编译出版了《多样性与领导力：马丁特罗论美国高等教育与研究型大学》，并出版了《北京大学教育评论》专刊。同时，中心成员还在国际SSCI上发表了多篇论文。2012年春，在改版的基础上出版了《海外高等教育动态》季刊。该刊为内部发行，主要对目前海外高等教育关注的热点问题、重大政策和发展趋势进行广泛的介绍。

经历了三年的努力，《全球化时代的研究型大学——美英日德四国的政策与实践》一书就要与读者见面了。在本书即将出版之际，我首先要感谢我的团队，是他们严肃的治学态度在不断地激励着我要对该书的写作和编辑精益求精。该书是集体合作的结果，其中第一章、第二章和第六章由马万华著，第三章由蒋凯、屈仁丽、陈明慧、崔骋骋等著，第四章由施晓光著，第五章由陈洪捷和王乾坤著。全书的统稿、编目和后记由马万华撰写，北京大学副校长、国际高等教育研究中心主任李岩松研究员为该书写了序。

该书的出版要感谢北京大学原党委书记闵维方教授，是他的厚望不断地激励着北京大学国际高等教育研究中心的工作；感谢北京大学副校长、北京大学国际高等教育研究中心主任李岩松研究员，是他的不断督促和监督，才使该书能尽快脱稿；感谢教育学院文东茅院长、闫凤桥副院长、李文利副院长和陈学飞教授，他们在中心发展和课题研究的不同阶段献智献策。此外，还要感谢中心秘书须珺老师，中心工作和课题研究中一些琐碎不起眼的事都是由她默默承担的。另外，除要感谢参与该书部分章节文献整理的郭楠、金帷和耿月同学外，还要感谢温剑波同学，他为本书第一章、第二章的注释和格式进行了修改。

最后，教育科学出版社的罗永华老师也为本书的编辑做了大量细致的工作，在此特别致谢。

马万华

北京大学燕北园

2012 年 9 月 16 日

出 版 人　所广一
责任编辑　罗永华
版式设计　贾艳凤
责任校对　贾静芳
责任印制　曲凤玲

图书在版编目（CIP）数据

全球化时代的研究型大学：美英日德四国的政策与实践／马万华等著. —北京：教育科学出版社，2013. 5
ISBN 978 -7 -5041 -7209 -9

Ⅰ. ①全…　Ⅱ. ①马…　Ⅲ. ①高等教育—研究—美国②高等教育—研究—英国③高等教育—研究—日本④高等教育—研究—德国　Ⅳ. ①G649. 1

中国版本图书馆 CIP 数据核字（2012）第 290329 号

全球化时代的研究型大学——美英日德四国的政策与实践
QUANQIUHUA SHIDAI DE YANJIUXING DAXUE——MEI YING RI DE SIGUO DE ZHENGCE YU SHIJIAN

出版发行	教育科学出版社		
社　　址	北京·朝阳区安慧北里安园甲 9 号	**市场部电话**	010 -64989009
邮　　编	100101	**编辑部电话**	010 -64981252
传　　真	010 -64891796	**网　　址**	http://www. esph. com. cn
经　　销	各地新华书店		
制　　作	北京金奥都图文制作中心		
印　　刷	保定市中画美凯印刷有限公司		
开　　本	169 毫米 ×239 毫米　16 开	**版　　次**	2013 年 5 月第 1 版
印　　张	16. 75	**印　　次**	2013 年 5 月第 1 次印刷
字　　数	284 千	**定　　价**	43. 00 元